新编高职高专经济管理类规划教材

基础会计

徐 佳 编著

清华大学出版社

北 京

内 容 简 介

本书贯彻了"以就业为导向,以能力为本位"的职业教育理念,打破了传统的《基础会计》编写体例,在第 1 章介绍了企业的基本常识,让学生了解企业,对会计工作形成初步认识。第 2 章介绍了会计的基础知识,让学生了解会计的起源和基本理论。第 3 章至第 9 章介绍了会计循环。第 10 章介绍了会计档案的相关内容。

本书以学生为主体,强调综合素质教育,着重培养学生的创新精神和独立思考能力,比如在介绍工业企业一般业务核算时,对每项工作进行了讲解,让学生从企业全局的视角来理解会计工作,使学生获得社会所需要的会计基础知识和基本技能,并在学习的基础上了解企业之间的差异,培养合作精神和社会公德意识。

同时,本书每章均配有大量的分层次练习。基础练习可以巩固所学知识,加强对基本内容的理解;从业资格考试习题为想参加会计从业资格考试的学生提供了帮助。

本书可以作为高职院校会计学专业、金融学专业等经济管理类专业的教学用书,也可作为广大企业会计及财务管理人员的学习参考书和继续教育培训教材。

本书配有课件,下载地址:http://www.tupwk.com.cn/downpage。

图书在版编目(CIP)数据

基础会计 / 徐佳 编著. —北京:清华大学出版社,2016(2025.7 重印)
(新编高职高专经济管理类规划教材)
ISBN 978-7-302-44409-1

Ⅰ.①基…　Ⅱ.①徐…　Ⅲ.①会计学—高等职业教育—教材　Ⅳ.①F230

中国版本图书馆 CIP 数据核字(2016)第 168660 号

责任编辑:施　猛　王旭阳
封面设计:常雪影
版式设计:方加青
责任校对:牛艳敏
责任印制:刘海龙

出版发行:清华大学出版社
　　　　　网　　　址:https://www.tup.com.cn, https://www.wqxuetang.com
　　　　　地　　　址:北京清华大学学研大厦 A 座　　　　邮　　编:100084
　　　　　社 总 机:010-83470000　　　　　　　　　　邮　　购:010-62786544
　　　　　投稿与读者服务:010-62776969, c-service@tup.tsinghua.edu.cn
　　　　　质 量 反 馈:010-62772015, zhiliang@tup.tsinghua.edu.cn
　　　　　课 件 下 载:https://www.tup.com.cn, 010-83470236
印 装 者:涿州市般润文化传播有限公司
经　销:全国新华书店
开　　本:185mm×260mm　　印　张:16.5　　字　数:392 千字
版　　次:2016 年 8 月第 1 版　　印　次:2025 年 7 月第 9 次印刷
定　　价:49.00 元

产品编号:067793-04

🌐 前　言

　　本书阐述了会计学的基本理论、基本方法和基本技能。在章节安排上，既考虑到会计工作的实际流程，又兼顾了学生的认知规律。本书以企业认知开篇，介绍了企业注册的基本流程及企业中会计岗位的基本情况，引导学生了解会计工作流程，为学生今后能更深刻理解会计工作流程奠定基础。本书以基础会计的基本理论、基本操作技能为学习内容，突出了对学生基本会计操作技术和能力的培养。既与基础会计理论的教学过程相结合，又以真实的会计核算流程指导会计业务实操，是本书的最大特色。同时，本书提供了分层次习题，既能巩固每一章所学的知识，又为想参加会计从业资格证考试的学生，提供了大量的练习题。

　　本书依据最新会计准则编写，并在课后配有大量的案例及习题，既适合高职院校会计专业及相关专业的学生使用，也可作为经济管理人员的参考用书。

　　大连职业技术学院徐佳老师根据多年从事基础会计、财务会计、会计报表编制与分析等课程的教学经验以及在企业中的工作经历，编写了本书1～10章的内容。参与本书编写的还有尹鹏程老师，他常年从事会计从业资格证书考前培训工作，对会计从业资格考试的重点与难点能够准确把握，本书从业资格考试习题部分由其根据以往的辅导经验编写而成。

　　本书配有丰富的立体教学资源，为教师教学提供了大量素材。

　　因作者水平有限，本书如有不当之处，希望读者批评指正！反馈邮箱：wkservice@vip.163.com。

2016年5月

编者

目　录

第1章
企业认知

本章介绍企业的基本知识，主要包括企业的概念、类型及企业设立的流程。

通过对企业基本知识的学习，能够认识和了解会计与企业的关系，了解企业活动如何转化为会计信息，并对会计工作有全面整体的认识。

学习本章后，要求：

1. 了解企业的概念及类型；
2. 了解企业与会计的关系；
3. 掌握会计的核算流程。

1.1 企业的概念及类型

企业是从事生产、流通、服务等经济活动，以生产或服务满足社会需要，实行自主经营、独立核算、依法设立、具有经济法人资格的一种营利性的经济组织。

传统的企业大多是劳动密集型，现代的高科技企业大多是知识型创新企业，中国的企业正在向知识型企业转型。

简言之，企业是指依法设立的以盈利为目的、从事商品的生产经营和服务活动的独立核算经济组织。

需要注意的是企业的概念大于公司。公司是指依照《公司法》设立的以盈利为目的的企业法人。

企业作为一种经济组织，具有多重属性与复杂形态。我们可以按照不同的标准对其进行分类。

1.1.1 按照行业性质划分

按照行业性质，可将企业划分为工业生产企业、商品经营企业、服务企业三大类，而每一大类企业又可以划分为不同类型的企业。

1. 工业生产企业

工业生产企业是以产品的加工制造和销售为主要生产经营活动的营利性经济组织，包括生产加工企业、工程与服务企业、工商一体化企业等。

生产加工企业是指生产各种产品或进行产品加工的企业。大多数工业企业都属于这一类。

工程与服务企业是指从事建筑、安装、施工、运输、储存及其他工业服务的企业。

工商一体化企业是指集生产与销售于一体的企业。许多现代公司都属于这一类。

2. 商品经营企业

商品经营企业是指不生产产品,但通过向其他企业购买产品再销售给顾客的营利性经济组织,包括批发企业和零售企业。

批发企业是指将生产企业的产品转售给零售企业用于再销售或供给生产企业用作生产原料的企业。其特点是进行大宗交易。

零售企业是指通过商品销售直接满足消费者需要的商业企业。其特点是零星销售,交易频繁。具体形式有:百货商店、超级市场、专业商店等。

3. 服务企业

服务企业是指给顾客提供服务而不是产品的营利性经济组织,包括餐饮服务企业、金融保险企业及中介服务企业。

餐饮服务企业包括专门从事餐饮食品加工与烹制的餐饮企业,提供洗浴、美发、娱乐等服务的服务企业,以及集餐饮、住宿及其他服务于一体的现代饭店企业。

金融保险企业是指为社会提供金融保险服务的银行、保险公司等企业。

中介服务企业是指专门提供各种智力产品和其他中介服务的企业,如会计师事务所、各种中介公司等。

1.1.2 按照企业规模划分

企业规模是指依据从业人员、营业收入、资产总额等方面进行衡量,可划分为大型企业、中型企业、小型企业和微型企业。中型企业标准上限即为大型企业标准的下限,国家统计部门据此制定大中小微型企业的统计分类标准。具体划分参见国家统计局2011年制定并发布的《统计上大中小微企业划分办法》和工信部、国家统计局、发改委、财政部2011年制定并发布的《中小企业划型标准规定》。其中大、中、小型企业必须同时满足所列指标的下线,否则下划一档。

1.1.3 按照企业组织形式划分

根据市场经济的要求,现代企业的组织形式按照财产的组织形式和所承担的法律责任划分。国际上通常分类为:独资企业、合伙企业和公司企业。

1. 独资企业

独资企业,西方也称"单人业主制"。它是由某个人出资创办的,有很大的自由度,只要不违法,想怎么经营就怎么经营,要雇多少人,贷多少款,全由业主自己决定。赚了钱,交了税,一切听从业主的分配;赔了本,欠了债,全由业主的资产来抵偿。我国的个体户和私营企业很多属于此类企业。

2. 合伙企业

合伙企业是由几个人、几十人,甚至几百人联合起来共同出资创办的企业。它不同于所有权和管理权分离的公司企业。它通常是依合同或协议凑合组织起来的,结构较不稳定。合伙人对整个合伙企业所欠的债务负有无限的责任。合伙企业不如独资企业自由，决策通常要合伙人集体做出，但它具有一定的企业规模优势。

以上两类企业属自然人企业，出资者对企业承担无限责任。

3. 公司企业

公司企业是指所有权和管理权分离，出资者按出资额对公司承担有限责任的企业。主要包括有限责任公司和股份有限公司。

有限责任公司指不通过发行股票，而由为数不多的股东集资组建的公司(一般由2人以上50人以下股东共同出资设立)，其资本无须划分为等额股份，股东在出让股权时受到一定的限制。在有限责任公司中，董事和高层管理人员往往具有股东身份，使所有权和管理权的分离程度不如股份有限公司那样高。有限责任公司的财务状况不必向社会披露，公司的设立和解散程序比较简单，管理机构也比较简单，比较适合中小型企业。

股份有限公司全部注册资本由等额股份构成并通过发行股票(或股权证)筹集资本，公司以其全部资产对公司债务承担有限责任。应当有2人以上200人以下为发起人，注册资本的最低限额为人民币500万元。其主要特征是：公司的资本总额平分为金额相等的股份；股东以其所认购股份对公司承担有限责任，公司以其全部资产对公司债务承担责任；每一股有一表决权，股东以其持有的股份，享受权利，承担义务。

1.1.4 按照计税基数划分

按照我国现行增值税的管理模式，对增值税纳税人实行分类管理，将纳税人分为一般纳税人和小规模纳税人。区分纳税人的标准包括："经营规模"和"会计核算的健全程度"。其计税方法、凭证管理等方面都不同，需作区别对待。

1. 一般纳税人

一般纳税人是指年应征增值税销售额(以下简称年应税销售额，包括一个公历年度内的全部应税销售额)超过财政部规定的小规模纳税人标准的企业和企业性单位。一般纳税人执行税款抵扣制，可以使用增值税专用发票，取得增值税专用发票后，增值税进项税额可以抵扣销项税额。

2. 小规模纳税人

小规模纳税人是指年销售额在规定标准以下，并且会计核算不健全，不能按规定报送有关税务资料的增值税纳税人。所称会计核算不健全是指不能正确核算增值税的销项税额、进项税额和应纳税额。

一般纳税人和小规模纳税人划分的基本标准是纳税人年应税销售额的大小和会计核算水平；年应税销售额未超过规定标准的纳税人，会计核算健全，能够提供准确税务资料的，可以向主管税务机关办理一般纳税人资格登记，成为一般纳税人。(除国家税务总局另有规定外，纳税人一经登记为一般纳税人后，不得转为小规模纳税人。)会计核算健全，是指能够按照国家统一的会计制度规定设置账簿，根据合法、有效凭证核算。

纳税人发生应税行为年应税销售额标准为500万元。年应税销售额超过500万元的纳税人为一般纳税人，年应税销售额未超过500万元(含本数)的纳税人为小规模纳税人。

年应税销售额，是指纳税人在连续不超过12个月的经营期内累计应征增值税销售额，含减、免税销售额、发生境外应税行为销售额以及按规定已从销售额中差额扣除的部分。

其他个人(非个体户)，"必须"按小规模纳税人纳税；非企业性单位和不经常发生应税行为的企业"可选择"按小规模纳税人纳税。

小规模纳税人发生应税行为，一律适用简易计税方法计税，使用增值税普通发票，住宿业等11个行业的小规模纳税人试点自开票，其他行业小规模纳税人可以向税务机关申请代开增值税专用发票。小规模纳税人征收率为3%。

1.2 企业设立

企业设立是指企业设立人依照法定的条件和程序，为组建公司并取得法人资格而必须采取和完成的法律行为。

1.2.1 企业设立的条件

1. 所有制企业

根据《全民所有制工业企业法》的规定，设立全民所有制企业必须符合以下7个条件。

(1) 产品为社会所需要。它是指全民所有制企业生产出来的产品必须能满足人们的物质需求和精神需求，为了满足这种需求，企业提供的产品必须是符合国家质量标准要求的，不能提供伪劣残次品，给他人造成财产损失；同时对企业来说，生产的产品只有满足人们的需求，才能销售出去，企业提供的劳动价值才能实现，企业才有可能生存和发展。

(2) 有能源、原材料、交通运输的必要条件。能源、原材料、交通运输都是工业企业从事生产经营活动所必不可少的条件，没有这些条件企业就无法从事生产经营活动。

(3) 有自己的名称和生产经营场所。名称是企业的标志，企业名称一是能标明企业的性质和面貌，二是有利于保护企业的合法权益。我国专门制定了《企业名称登记管理规定》。生产经营场所包括企业的住所和与生产经营相适应的处所，住所是企业的主要办事机构所在地，是企业的法定地址。企业从事生产经营活动必须在一定的空间进行，没有场所，企业的生产经营活动就无法进行。

(4) 有符合国家规定的资金。资金是企业赖以生存的必备条件。有符合国家规定的资金包括三层含义：一是企业必须有资金；二是这些资金的来源必须是合法的；三是设立企业所需的资金必须符合国家规定的最低限额。

(5) 有自己的组织机构。企业的组织机构是指企业的法人机关，法人机关对外代表企业承办各种事项，对内实施管理活动。没有组织机构，企业就无法从事生产经营活动。全民所有制工业企业实行厂长(经理)负责制，厂长(经理)是企业的法定代表人。企业内部设立一些职能机构，如财务部、生产部、人事部等，以及职工代表大会。

(6) 有明确的经营范围。经营范围是企业所要从事生产经营活动内容的界定。明确的经营范围限定了企业生产经营活动的内容。国家将经营范围作为设立企业的必备条件，是国家管理的需要，也是明确企业权利义务，保障企业合法经营的需要。

(7) 法律、法规规定的其他条件。主要是指一些特殊要求，如环保、城乡建设总体规划等。

2. 有限责任公司

根据《公司法》的规定，设立有限责任公司，应当具备下列5个条件。

(1) 股东符合法定人数。设立有限责任公司的法定人数分两种情况：一是通常情况下，法定股东数应是50人以下。二是特殊情况下，国家授权投资的机构或国家授权的部门可以单独设立国有独资的有限责任公司。

(2) 股东出资达到法定资本最低限额。法定资本是指公司向公司登记机关登记时，实缴的出资额，即经法定程序确认的资本。在中国，法定资本又称为注册资本，既是公司成为法人的基本特征之一，又是企业承担亏损风险的资本担保，同时也是股东权益划分的标准。

有限责任公司的注册资本为在公司登记机关登记的全体股东认缴的出资额。公司全体股东的首次出资额不得低于注册资本的百分之二十，也不得低于法定的注册资本最低限额，其余部分由股东自公司成立之日起两年内缴足；其中，投资公司可以在五年内缴足。有限责任公司注册资本的最低限额为人民币三万元。法律、行政法规对有限责任公司注册资本的最低限额有较高规定的，从其规定。

股东可以用货币出资，也可以用实物、知识产权、土地使用权等可以用货币估价并可以依法转让的非货币财产作价出资。但是，法律、行政法规规定不得作为出资的财产除外。对作为出资的非货币财产应当评估作价，核实财产，不得高估或者低估作价。法律、行政法规对评估作价有规定的，从其规定。

全体股东的货币出资金额不得低于有限责任公司注册资本的百分之三十。

(3) 股东共同制定章程。公司章程是关于公司组织及其活动的基本规章。制定公司章程既是公司内部管理的需要，也是便于外界监督管理和交往的需要。根据《公司法》的规定，公司章程应当载明的事项有：公司名称和住所、公司经营范围、公司注册资本、股东姓名或名称、股东的权利和义务、股东的出资方式和出资额、股东转让出资的条件、公司的机构及其产生办法和职权及议事的规则、公司的法定代表人、公司的解散事项与清算办法、其他事项。

(4) 有公司名称，建立符合有限责任公司要求的组织机构。公司作为独立的企业法人，必须有自己的名称。公司设立名称时还必须符合法律、法规的规定。有限责任公司的组织机构是指股东会、董事会或执行董事、监事会或监事。

(5) 有固定的生产经营场所和必要的生产经营条件。生产经营场所可以是公司的住所，也可以是其他经营地。生产经营条件是指与公司经营范围相适应的条件。它们都是公司从事经营活动的物质基础，是设立公司的起码要求。

3. 股份有限公司

根据《公司法》的规定，设立股份有限公司，应当具备以下6个条件。

(1) 发起人符合法定人数。设立股份有限公司必须要有发起人,发起人既可以是自然人,也可以是法人。发起人应当在2人以上200人以下,其中须有过半数的发起人在中国境内有住所。国有企业改建为股份有限公司的,应当采取募集设立方式。

(2) 发起人认缴和社会公开募集的股本达到法定资本的最低限额。《公司法》明确规定:股份有限公司的注册资本应为在公司登记机关登记的实收股本。股本总额为公司股票面值与股份总数的乘积。同时还规定,公司注册资本的最低限额为人民币500万元,最低限额需要高于人民币500万元的,由法律、行政法规另行规定。

在发起设立的情况下,发起人应认购公司发行的全部股份;在募集设立的情况下,发起人认购的股份不得少于公司股份数的35%。

(3) 股份发行、筹办事项符合法律规定。

(4) 发起人制定公司章程,并经创立大会通过。

(5) 有公司名称,建立符合股份有限公司要求的组织机构。股份有限公司的组织机构由股东大会、董事会、经理、监事会组成。

股东大会是最高权力机构,股东出席股东大会,所持每一股份有一表决权。董事会是公司股东会的执行机构,由5~19人组成。经理负责公司的日常经营管理工作。

(6) 有固定的生产经营场所和必要的生产经营条件。

4. 合伙企业

根据《合伙企业法》的规定,设立合伙企业应当具备下列5个条件。

(1) 有两个以上的合伙人,并且都是依法承担无限责任者。合伙企业合伙人至少为2人以上,这是最低的限额。最高限额未作规定。与有限责任公司的股东不同,合伙企业中的合伙人承担的是无限责任,合伙企业不允许有承担有限责任的合伙人。

(2) 有书面合伙协议。合伙协议是由各合伙人通过协商,共同决定相互间的权利义务,达成的具有法律约束力的协议。合伙协议应当由全体合伙人协商一致,以书面形式订立。合伙协议经全体合伙人签名、盖章后生效。

(3) 有各合伙人实际缴付的出资。合伙人的出资可以用货币、实物、土地使用权、知识产权或其他财产权利缴付出资。经全体合伙人协商一致,合伙人也可以用劳务出资。对劳务出资,其评估办法由全体合伙人协商确定。

(4) 有合伙企业名称。合伙人在成立合伙企业时,必须确定其合伙企业名称。该名称必须符合企业名称管理的有关规定。

(5) 有营业场所和从事合伙经营的必要条件。合伙企业要经常、持续地从事生产经营活动,就必须有一定的营业场所和从事合伙经营的必要条件。所谓必要条件,就是根据合伙企业的合伙目的和经营范围,如果欠缺则无法从事生产经营活动的物质条件。

5. 个人独资企业

个人独资企业设立条件,有以下6个。

(1) 投资人为一个自然人,且只能是中国公民。

(2) 有合法的企业名称。个人独资企业名称中不得使用"有限""有限责任"或者"公司"字样,个人独资企业的名称字样为××研究院、××研究所、××中心、××经营部、××社、××部等。

(3) 有投资人申报的出资，投资人可以个人财产出资，也可以家庭共有财产作为个人出资。设立个人独资企业可以用货币出资，也可以用实物、土地使用权、知识产权或者其他财产权利出资。采取实物、土地使用权、知识产权或者其他财产权利出资的，应将其折算成货币数额。投资人申报的出资额应当与企业的生产经营规模相适应。以家庭共有财产作为个人出资的，投资人应当在设立(变更)登记申请书上予以注明。

(4) 有固定的生产经营场所和必要的生产经营条件。

(5) 有必要的从业人员。

(6) 个人独资企业不需要注册资金。

1.2.2　企业注册流程

1. 工商局核名

公司名称确定后，就要到核名的阶段了。核名一般需要3个工作口左右，公司注册申请人事先应起好5～8个公司名称，避免因审核时重名而浪费时间。

(1) 名称预查。咨询后领取并填写《名称(变更)预先核准申请书》《投资人授权委托意见》，同时准备相关材料，股东、法人提供身份证。

(2) 名称审核。递交《名称(变更)预先核准申请书》、投资人身份证、备用名称若干及相关材料，等待名称核准结果，区工商局预查通过后，报市工商局审核，一般需要5个工作日左右。

(3) 领取《企业名称预先核准通知书》。市工商局名称审核通过后，由区工商局打印《名称预先核准通知书》，凭受理通知书领取《企业名称预先核准通知书》。《名称预先核准通知书》有效期为半年，若半年内还未办理工商登记，可以延期。

注册公司核名所需材料：

(1) 全体股东的身份证原件、复印件。

(2) 各股东的出资金额及比例。

(3) 拟申请公司名称1～10个。

(4) 公司主要经营范围。

2. 特殊经营范围到有关部门审批

公司注册经营项目涉及前置许可的，应先到相关许可部门取得许可文件，具体如表1-1所示。

表1-1　特殊经营范围审批部门表

经营范围	审批部门	经营范围	审批部门
医疗器械销售、生产(一类医疗器械除外)	区药监局	餐饮	区环保局、区卫生局、区消防处
药品	区药监局、卫生局	旅馆、客房	区公安局、区消防处、区卫生局
图书报刊、报刊出版物零售、印刷	区文化管理所、市新闻出版局	塑料制品、水性涂料生产加工	区环保局

(续表)

经营范围	审批部门	经营范围	审批部门
音像制品销售	区文化管理所	酒类批发	区酒类专卖局
道路运输、水陆运输	市交通局	汽车、摩托车维修	市交委维修管理处
文物经营	文物管理委员会	国画书法	市文化局
食品	区卫生局	人才中介	区人事局
医疗机构设立	区卫生局	劳务服务	区劳动局
烟销售	烟草专卖局	废旧金属收购	区公安局、区环保局
成品油经营、储存	市经委、公安局	加工、销售、回收金银	市人行金融处
咖啡馆、酒馆	卫生部门、公安部门、市酒类专卖局	经营性舞厅	市文化局、卫生局、公安局、消防处
报关业务	海关总署	水泥生产	市建委
工程承包	市建设委员会	化妆品生产	市卫生局

3. 办理工商登记

首先需要提交网审材料，网审通过后再打印纸质材料提交到工商局，工商局审核通过后通知企业领取营业执照。

提交公司注册纸质申请材料后，一般情况下工商局会在7~10个工作日受理完成，但是由于注册公司审批量较大，所以时间会更长一些。在申请营业执照时，企业需要提交的材料包括：

(1) 公司法定代表人签署的《公司设立登记申请书》。

(2) 董事会签署的《指定代表或者共同委托代理人的证明》。

(3) 由发起人签署或由会议主持人和出席会议的董事签字的股东大会或者创立大会会议记录(募集设立的提交)=股东会决议(设立)。

(4) 全体发起人签署或者全体董事签字的公司章程。

(5) 自然人身份证件复印件。

(6) 董事、监事和经理的任职文件及身份证件复印件。

(7) 法定代表人任职文件及身份证件复印件。

(8) 住所使用证明。

(9) 《企业名称预先核准通知书》。

4. 篆刻公司印章

由于目前注册公司已经实行三证合一，即公司执照、税务登记证和组织机构代码证三证合一。在申请营业执照时，无须在三个窗口办理，一个窗口直接办理，三张证号统一到一张营业执照上，所以公司注册申请人无须再单独办理税务登记证和组织机构代码证，营业执照拿到手的当天即可篆刻印章，当天出章，十分方便。

篆刻公司印章需要准备材料有：营业执照副本原件及复印件；法人身份证原件及复印件；委托人身份证原件及复印件。

注册公司需要篆刻的印章：

(1) 企业公章。企业公章用于公司对外事务处理，工商、税务、银行等外部事务处理时需要加盖。有限责任公司印章一律为圆形，直径为4.0cm，专用章和公司所属部门印章直径为3.8cm。股份有限公司印章一律为圆形，直径为4.2cm，圆边宽为0.12cm，专用章和公司所属部门印章直径为4.0cm。圆边宽为0.1cm，中央刊五角星，五角星外刊企业名称，自左而右环行，或者名称前段自左而右环行，后段自左而右横排，印章使用简化的宋体字。

(2) 企业财务章。企业财务章用于公司票据的出具，在出具支票等时需要加盖，通常称为银行大印鉴。财务专用章尺寸主要分为三种：正方形(22×22mm或者25×25mm)；圆形(38×38mm)；椭圆(45×30mm)。

(3) 企业法定代表人个人印鉴。企业法定代表人个人印鉴用于特定的用途，公司出具票据时也要加盖此印章，通常称为银行小印鉴。

(4) 企业合同章。企业合同章通常在公司签订合同时需要加盖。工商企业合同专用章不论何种经济成分一律为圆形，直径为5.8cm，圆边宽为0.15cm，上刊企业名称，自左而右环行，中央不刊五角星，企业开户银行、银行账号、电话号码及企业地址，自上而下横排，如刻多枚合同专用章，印章下端应加刻编号，印文使用简化的宋体字。

(5) 企业发票专用章。企业发票专用章在公司开具发票时需要加盖。2011年2月1日开始启用新的发票专用章，规格为4.0×3.0cm。财务专用章一律为方形，规格为2.2×2.2cm或2.5×2.5cm，边宽为0.1cm，印文自上而下横排或自右而左竖排。法人章一律为方形，规格为1.8×1.8cm，或2.0×2.0cm，自右而左排列。

公章在所有印章中具有最广的使用范围，是法人权利的象征，在现行的立法和司法实践中，审查是否盖有法人公章成为判断民事活动是否成立和生效的重要标准。除法律有特殊规定外(如发票的盖章)，均可以公章代表法人意志，对外签订合同及其他法律文件，具有极高的法律效力，凡是以公司名义发出的信函、公文、合同、介绍信、证明或其他公司材料均可使用公章。

知识拓展

如果确属印章被盗(抢)怎么办？首先因为公章在公安机关有备案，所以丢失后第一步应该由法人代表带身份证原件及复印件、工商营业执照副本原件及复印件到丢失地点所辖的派出所报案，领取报案证明。接着要让公众知晓你丢失的公章已经作废，所以公章丢失后的第二个步骤就是持报案证明原件及复印件、工商营业执照副本原件及复印件在市级以上每日公开发行的报纸上做声明，声明公章作废。报纸会在第二天刊登。在哪个报纸登报声明可询问当地工商局，每个地方规定不同。需要提醒大家注意的是，大部分报社都会要求公司全体股东到场签署同意登报声明才许可予以登报，这也为许多公司的公章遗失补办设置了一定障碍。第三个步骤就应该持以下文件到公安局治安科办理新刻印章备案：《营业执照》副本复印件、法定代表人身份证复印件两份、企业出具的刻章证明、法人委托授权书、所有股东身份证复印件各一份、股东证或者工商局打印的股东名册、派出所报案回执及登报声明的复印件。第四个步骤，办理好新刻印章登记后就可以在公安局治安科的指导下新刻印章了，新刻的印章需要与之前丢失的印章有所不同，些许不同也可以。最后一步就是持以上办理的材料到印章店刻一个新的印章了。

5. 银行开户

银行开户对小企业来说应该是最费时的。银行开户一般会经过以下流程：受理开户材料→报送该银行所属分行→分行报送人民银行账户管理部→人民银行账户管理部对报送材料进行审核→审核通过后分行派人领取开户许可证→开户银行派人到分行领取开户许可证→通知客户领取开户许可证。

6. 税务报到

(1) 到开户行(带上相关文件)签订扣税协议。

(2) 到国税报到，填写公司基本信息。

(3) 拿着扣税协议找税务专管员办理网上扣税。办理完上述业务后，税务局会核定企业该缴纳何种税种。税务局会给公司一个用户名及密码，用于网上扣税相关事宜。如有国税，国税、地税都要办理，如无国税，则只办理地税。

(4) 到地税报到，填写《财务制度及软件备案报告》：

① 报表种类：资产负债表，损益表；

② 折旧方法：直线折旧法；

③ 摊销方法：五五摊销法。

(5) 买发票(有国税，则在国税、地税都要买；无国税，只在地税买)。

1.2.3 新成立企业的会计工作

到新成立的公司工作的会计人员首先要考虑建立健全各项财务规章制度；然后，考虑新公司采用的会计制度、核算方法和涉及的税种；最后，开始建账。

企业的第一份会计记录肯定是：

借：银行存款/固定资产/存货/无形资产等

　　贷：实收资本

第一个月做账要考虑增值税税额计算，同时要根据税法要求，在计算缴纳增值税的同时，还应计提缴纳部分地税税金，主要包括城市维护建设税和教育费附加，多数地区已开始计提地方教育费附加；个别月份如季度、年末结束应计算缴纳所得税；根据税务机关要求按季度或半年缴纳印花税、房产税、土地使用税等。

接下来就要考虑建账的工作了。企业规模与业务量是成正比的，规模大的企业，业务量大，分工也复杂，会计账簿需要的册数也多。企业规模小，业务量也小，有的企业，一个会计可以处理所有经济业务，设置账簿时就没有必要设太多账，所有的明细账可以合成一两本就可以了。

此外要注意，建立账簿是为了满足企业管理需要，为管理提供有用的会计信息，所以在建账时以满足管理需要为前提，避免重复设账、记账。

企业业务量大小不同，所采用的账务处理程序也不同。企业一旦选择了账务处理程序，也就选择了账簿的设置。如果企业采用的是记账凭证账务处理程序，企业的总账就要根据记账凭证序时登记，你就要准备一本序时登记的总账。

1.3　会计循环

1.3.1　会计循环的概念

会计循环是在经济业务事项发生时，从填制和审核会计凭证开始，到登记账簿，直至编制财务会计报告，即完成一个会计期间会计核算工作的过程。从工作流程上看会计循环由确认、计量和报告等环节组成。

企业将一定时期发生的所有经济业务，依据一定的步骤和方法加以记录、分类、汇总，直至编制会计报表。在连续的会计期间，这些工作周而复始地不断循环进行。

简单说就是根据原始凭证做记账凭证，再根据记账凭证记明细账，接着汇总，然后根据汇总表记总账，最后依据总账编制报表。一个月的业务就结束了，接下来就是去报税并纳税。

1.3.2　会计循环的基本内容

(1) 对于发生的经济业务进行初步的确认和记录，即填制和审核原始凭证；

(2) 填制记账凭证，即在审核的原始凭证的基础上，通过编制会计分录填制记账凭证；

(3) 登记账簿，包括日记账、总分类账和明细分类账；

(4) 编制调整分录，其目的是将收付实现制转换为权责发生制；

(5) 结账，即将有关账户结算出本期总的发生额和期末余额；

(6) 对账，包括账证核对、账账核对和账实核对；

(7) 试算平衡，即根据借贷记账法的基本原理进行全部总分类账户的借方与贷方总额的试算平衡；

(8) 编制会计报表和其他财务报告。

会计循环示意图如图1-1所示。

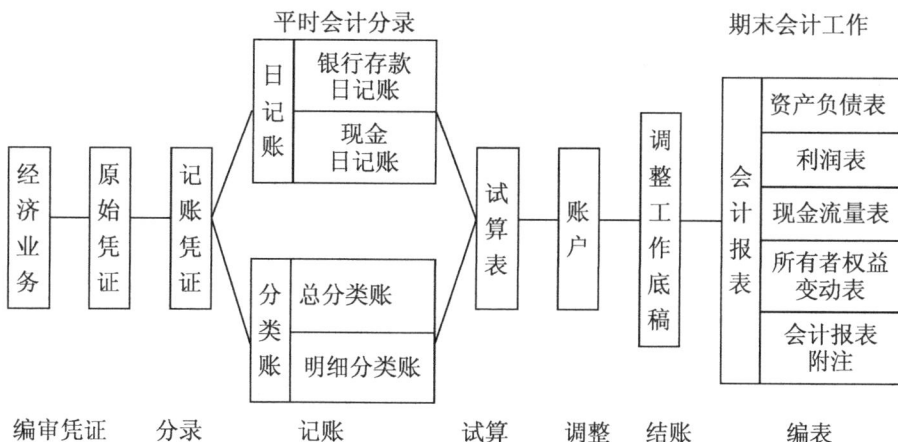

图1-1　会计循环示意图

在会计理论的学习中，为了方便讲解，通常使用经济业务描述来代替原始凭证，以会计分录代替记账凭证，以T字账代替账簿。如表1-2所示。

表1-2 实务工作与理论授课对比表(简要说明)

第一步发生经济业务	实务工作	
	理论	2015年12月1日，收到大连华泰机床股份有限公司欠款95 000元
第二步编制记账凭证	实务工作	
	理论	借：银行存款　95 000 　　贷：应收账款　95 000
第三步登记账簿	实务工作	
	理论	**银行存款** 借　　　　　贷 95 000 **应收账款** 借　　　　　贷 　　　　　95 000

1.4 企业会计岗位及主要工作内容

1.4.1 企业常设会计相关岗位

下面以表格的形式列举会计相关岗位的通用岗位要求。

1. 收银员

收银员岗位要求如表1-3所示。

表1-3 收银员岗位要求

职位名称	收银员	所属部门	财务部	直属上级	会计主管
职位概要： 及时准确收取现金，并登记金额，日清日结					
工作内容： 及时准确向客户收取现金； 及时登记收银金额； 每天盘点收款，做到日清日结					
任职资格： 教育背景： ◆职业高中以上学历。 培训经历： ◆受过会计基本知识、经济法基本知识等方面的培训。 经　验： ◆6个月以上相关工作经验。 技　能： ◆有一定财务会计知识； ◆有一定计算机操作基础； ◆熟练使用办公软件。 态　度： ◆工作作风严谨，认真细致，责任心强，心理素质好； ◆具有良好的沟通、协调能力					
工作场所：收银台					

2. 簿记员

簿记员岗位要求如表1-4所示。

表1-4 簿记员岗位要求

职位名称	簿记员	所属部门	财务部	直属上级	会计主管
职位概要： 建立账户，记录财务交易					
工作内容： 在上级指导下记录组织交易，并做好各种会计凭证的保存工作； 核实、整理、调整各种应收、应付、工资、费用分类明细账目； 准备发票以及凭单； 做好财务报告					

(续表)

任职资格：

<u>教育背景：</u>

◆会计、经济、金融或相关专业专科以上学历。

<u>培训经历：</u>

◆受过经济法基础知识、产品知识等方面的培训。

<u>经　　验：</u>

◆6个月以上相关工作经验。

<u>技　　能：</u>

◆熟悉国家财务政策、会计准则；

◆熟悉行业公司经营范围、业务流程以及会计核算方法；

◆熟悉财务管理、财务分析、管理会计等工作流程、工作业务；

◆良好的沟通及书面表达能力；

◆熟练使用办公软件。

<u>态　　度：</u>

◆严谨，有责任心，有团队合作精神；

◆工作认真负责，细致严谨

<u>工作场所：</u>办公室

3. 出纳员

出纳员岗位要求如表1-5所示。

表1-5　出纳员岗位要求

职位名称	出纳员	所属部门	财务部	直属上级	会计主管

职位概要：
做好货币资金、应收/应付票据、税款的收付及记账、结账工作

工作内容：
负责现金、支票的收入保管、签发支付工作；
严格按照公司的财务制度报销、结算公司各项费用并编制相关凭证；
及时准确编制记账凭证并逐笔登记总账及明细账，定期上缴各种完整的原始凭证；
及时与银行定期对账；
根据公司领导的需要，编制各种资金流动报表；
配合会计人员做好每月的报税和工资的发放工作；
管理银行账户、转账支票与发票；
完成其他由上级主管指派及自行发展的工作

任职资格：

<u>教育背景：</u>

◆会计、财务及经济管理类相关专业大专以上学历。

<u>培训经历：</u>

◆受过经济法基本知识、产品知识等方面的培训。

<u>经　　验：</u>

◆2年以上企业出纳工作经验。

<u>技　　能：</u>

◆熟悉国家财务政策、会计法规，了解税务法规和相关税收政策；

◆熟悉银行结算业务和报税流程；

◆良好的口头及书面表达能力；

◆熟练使用财务软件和办公软件。

<u>态　　度：</u>

◆工作认真细心、责任心强、为人正直、敢于坚持原则；

◆具有良好的团队协作精神、良好的沟通能力和服务意识

<u>工作场所：</u>办公室

4.核算专员

核算专员岗位要求如表1-6所示。

表1-6 核算专员岗位要求

职位名称	核算专员	所属部门	财务部	直属上级	会计主管

职位概要：
建立健全公司经济核算体系，实现公司的成本控制目标

工作内容：
制定与会计核算有关的各项规章制度，随时检查各项财务制度的执行情况，对其中出现的问题及时制止、纠正；
进行成本核算的预测、计划、控制、分析以及考核运作，督促公司各部门降低消耗、节约费用、提高经济效益；
利用财务会计资料进行经济活动分析；
指导会计人员的核算业务工作，改善工作质量和服务态度，做好绩效考核工作；
分析税收、外汇管理政策，负责与税务、外汇管理局等机关的联系与协调工作

任职资格：
教育背景：
◆会计或经济类专业本科以上学历。
培训经历：
◆受过管理学、企业运营流程、经济法、产品知识等方面的培训。
经　　验：
◆3年以上相关工作经验。
技　　能：
◆熟悉公司财务管理、预算管理，具备时间管理技能；
◆熟悉国家有关法律、法规、规章和国家统一会计制度；
◆良好的英文听说读写能力；
◆熟练操作财务软件和办公软件。
态　　度：
◆具有优秀的组织协调和沟通能力；
◆高度的责任心，富有团队精神和创新意识

工作场所：办公室

5.税务专员

税务专员岗位要求如表1-7所示。

表1-7 税务专员岗位要求

职位名称	税务专员	所属部门	财务部	直属上级	财务部成本控制主管

职位概要：
办理公司与税务相关的各种业务，确保企业税务目标的实现

工作内容：
协助财务主管组织拟订企业整体税务计划；
协助推进实施企业的税务计划，确保企业税务目标的实现；
根据国家税收、财务政策对企业税务实际问题提出建议和可行性方案；
承办有关税务方面的其他事务；
及时了解掌握国家、地方的财税政策

任职资格：
<u>教育背景：</u>
◆税务、财务或相关专业大专以上学历。
<u>培训经历：</u>
◆受过管理学、经济法、税收专题、产品知识等方面的培训。
<u>经　　验：</u>
◆2年以上税务管理工作经验。
<u>技　　能：</u>
◆熟悉国家、地方各项税务政策，有具体办税经验；
◆精通国家财税法律规范；
◆熟悉国际和国内相关的财务政策；
◆熟练操作办公软件；
◆良好的口头及书面表达能力。
<u>态　　度：</u>
◆为人正直、责任心强、作风严谨；
◆工作仔细认真，独立性强；
◆有良好的纪律性、团队合作以及开拓创新精神

<u>工作场所：</u>办公室

6. 财务成本控制主管

财务成本控制主管岗位要求如表1-8所示。

表1-8　财务成本控制主管岗位要求

职位名称	财务成本控制主管	所属部门	财务部	直属上级	财务经理

职位概要：
制订全面的成本控制计划，向管理层提供成本信息和改进意见

工作内容：
在各种预算基础上提出成本控制计划；
进行项目清算；
根据月度、季度、年度财务状况主持各项财务分析，并对所得分析结果做出解释；
向上级提出有关改进财务系统和财务运转的建议；
向上级提交财务报告

任职资格：
<u>教育背景：</u>
◆会计、金融、财务或相关专业大学本科以上学历。
<u>培训经历：</u>
◆受过管理学、经济法、企业运营流程、产品知识方面的培训。
<u>经　　验：</u>
◆3年以上财务管理工作经验，有中级会计师以上职称。
<u>技　　能：</u>
◆熟悉公司财务分析、财务管理、预算管理，具备时间管理技能；
◆了解行业、企业的运作、财务系统；
◆具有一定的资本运营能力；
◆流利的中英文表达能力；
◆熟练操作财务软件和办公软件。
<u>态　　度：</u>
◆责任感强、工作自主；
◆有较强的学习能力、思路清晰；
◆有影响力和说服力，有较强的沟通协调能力，具备团队合作精神

<u>工作场所：</u>办公室

7. 会计主管

会计主管岗位要求如表1-9所示。

表1-9 会计主管岗位要求

职位名称	会计主管	所属部门	财务部	直属上级	财务经理

职位概要：
分析、研究会计数据，准备财务报告，向管理层提供财务信息

工作内容：
协助财务总监制订业务计划、财务预算、监督计划；
核签、编制会计凭证，整理保管财务会计档案；
登记保管各种明细账、总分类账；
定期对账，如发现差异，查明差异原因，处理结账时有关的账务的调整事宜；
设计、修订会计制度、会计表单，分析财务结构，编制会计报告、报表；
具体执行资金预算及控制预算内的经费支出，管理往来账、应收、应付款、固定资产、无形资产，每月计提核算税金、费用、折旧等费用项目；
完成财务经理交办的其他工作

任职资格：
教育背景：
◆会计、财务、审计或相关专业本科以上学历。
培训经历：
◆受过管理学、经济法、产品知识等方面的培训。
经　　验：
◆3年以上企业财务工作经验，有丰富财务处理工作经验，有中级会计师以上职称。
技　　能：
◆精通国家财税法律规范、财务核算、财务管理、财务分析、财务预测等财务制度和业务；
◆熟悉国家会计法规，了解税务法规和相关税收政策；
◆熟悉银行业务和报税流程；
◆良好的口头及书面表达能力；
◆熟练应用财务软件和办公软件；
◆熟练的英文读写能力。
态　　度：
◆敬业、责任心强、严谨踏实、工作仔细认真；
◆有良好的纪律性、团队合作以及开拓创新精神

工作场所：办公室

8. 财务助理

财务助理岗位要求如表1-10所示。

表1-10 财务助理岗位要求

职位名称	财务助理	所属部门	财务部	直属上级	财务经理

职位概要：
协助财务经理完成财务部日常事务工作

工作内容：
审核财务单据，整理档案，管理发票；
协助上级审核记账凭证、核对调整账目、分析预算、控制日常费用、管理固定资产；
起草处理财务相关资料和文件；
统计、打印、呈交、登记、保管各类报表和报告；
协助上级与财务部的沟通与协调工作；
保管和发放本部门的办公用品及设备；
完成上级指派的其他工作

(续表)

任职资格：

教育背景：

◆会计、财务或相关专业大专以上学历。

培训经历：

◆受过管理学、经济法、公司产品知识等方面的培训。

经　　验：

◆2年以上财务管理工作经验，有中级会计师以上职称。

技　　能：

◆具有一定的账务处理及财务管理经验；

◆熟悉国际和国内会计准则以及相关的财务、税务、审计法规、政策；

◆熟练应用财务软件和办公软件；

◆良好的中英文口头及书面表达能力。

态　　度：

◆责任心强，作风严谨，工作认真，有较强的人际沟通与协调能力；

◆有良好的纪律性、团队合作以及开拓创新精神

工作场所：办公室

9. 财务经理

财务经理岗位要求如表1-11所示。

表1-11　财务经理岗位要求

职位名称	财务经理	所属部门	财务部	直属上级	财务总监

职位概要：

主持公司财务预决算、财务核算、会计监督和财务管理工作；组织协调、指导监督财务部日常管理工作，监督执行财务计划，完成公司财务目标

工作内容：

根据集团公司中、长期经营计划，组织编制集团年度综合财务计划和控制标准；

建立、健全财务管理体系，对财务部门的日常管理、年度预算、资金运作等进行总体控制；

主持财务报表及财务预决算的编制工作，为公司决策提供及时有效的财务分析，保证财务信息对外披露的正常进行，有效地监督检查财务制度、预算的执行情况并适当及时进行调整；

对公司税收进行整体筹划与管理，按时完成税务申报以及年度审计工作；

比较精确地监控和预测现金流量，确定和监控公司负债和资本的合理结构，统筹管理和运作公司资金并对其进行有效的风险控制；

对公司重大的投资、融资、并购等经营活动提供建议和决策支持，参与风险评估、指导、跟踪和控制；

参与确定公司的股利政策，促进与投资者的顺畅沟通，保证股东利益的最大化；

与财政、税务、银行、证券等相关政府部门及会计师事务所等相关中介机构建立并保持良好的关系；

向上级主管汇报公司经营状况、经营成果、财务收支及计划的具体情况，为集团高级管理人员提供财务分析，提出有益的建议

(续表)

任职资格：
教育背景：
◆会计、财务或相关专业本科以上学历。
培训经历：
◆受过管理学、战略管理、管理能力开发、企业运营流程、财务管理等方面的培训。
经　　验：
◆5年以上跨国企业或大型企业集团财务管理工作经验，有跨行业财务工作经历者优先考虑。
技　　能：
◆具有全面的财务专业知识、账务处理及财务管理经验；
◆精通国家财税法律规范，具备优秀的职业判断能力和丰富的财会项目分析处理经验；
◆擅长资本运作，有证券融资以及兼并收购的实际经验和综合投融资方案设计能力，并有多次投融资成功经验；
◆谙熟国际和国内会计准则以及相关的财务、税务、审计法规、政策；
◆熟悉境内外上市公司财务规则，从事过兼并、重组、上市等相关项目的具体实施；
◆良好的中英文口头及书面表达能力。
态　　度：
◆为人正直、责任心强、作风严谨、工作仔细认真；
◆有较强的沟通协调能力；
◆有良好的纪律性、团队合作以及开拓创新精神

工作场所：办公室

1.4.2　企业涉税常识

国税的税种包括增值税、消费税、车辆购置税、企业所得税、个人所得税等。每月1-10日向所在地主管国税机关申报缴纳税款(其中：所得税申报日期为1—15日；个人所得税申报日期为1—7日)。消费税的纳税人为生产和销售烟、酒、汽车、金银首饰等消费品的单位和个人；车辆购置税在购买车辆时缴纳；金融企业所得税、外商投资企业和外国企业所得税、中央直属企业和2002年1月1日以后新成立企业的所得税在国税缴纳；个人存款利息的个人所得税在国税缴纳。

地税的税种包括：企业所得税(除去在国税缴纳的部分)、资源税、个人所得税(除去存款利息缴纳的个人所得税外都在地税缴纳)、土地增值税、印花税、城建税、车船使用税、房产税、城镇土地使用税(其中：所得税申报时间为1—15日；土地增值税、个人所得税申报时间为1—7日；车船使用税、城镇土地使用税、房产税申报时间为每年的3月份和9月份)。2018年6月15日，全国各省(自治区、直辖市)以及计划单列市国税局、地税局合并且统一挂牌。

[要点总结]

1.企业是从事生产、流通、服务等经济活动，以生产或服务满足社会需要，实行自主经营、独立核算、依法设立、具有经济法人资格的一种营利性的经济组织。

2.按照行业性质，可将企业划分为工业生产企业、商品经营企业、服务企业三大类。

3.依据从业人员、营业收入、资产总额等方面进行衡量，企业可划分为大型企业、中型企业、小型企业和微型企业。

4. 企业根据市场经济的要求可划分为独资企业、合伙企业和公司企业。

5. 企业注册流程包括工商局核名、特殊经营范围到有关部门审批、办理工商登记设立、篆刻公司印章、银行开户、税务报到等步骤。

6. 会计循环是由做凭证开始到编制会计报表这一过程，包括填制和审核原始凭证、填制记账凭证、登记账簿、编制调整分录、结账、对账、试算平衡、编制会计报表和其他财务报告等。

课外阅读及案例

企业所得税的减免政策具体有哪些？

企业所得税减免是指国家运用税收经济杠杆，为鼓励和扶持企业或某些特殊行业的发展而采取的一项灵活调节措施。企业所得税是我国一项重要税收，然而为了鼓励和扶持企业的发展，我国政府实行了一系列的企业所得税减免政策。

企业所得税条例原则规定了两项减免税优惠，一是民族区域自治地方的企业需要照顾和鼓励的，经省级人民政府批准，可以实行定期减税或免税；二是法律、行政法规和国务院有关规定给予减税免税的企业，依照规定执行。下面具体介绍下有关企业所得税减免的具体政策。

(1) 经国务院批准的高新技术产业开发区内的高新技术企业，减按15%的税率征收所得税；新办的高新技术企业自投产年度起，免征所得税2年。

(2) 对农村的为农业生产的产前、产中、产后服务的行业，自开业之日起，免征所得税2年；对新办的独立核算的从事交通运输业、邮电通讯业的企业或经营单位，自开业之日起，第一年免征所得税，第二年减半征收所得税；对新办的独立核算的从事公用事业、商业、物资业、对外贸易业、旅游业、仓储业、居民服务业、饮食业、教育文化事业、卫生事业的企业或经营单位，自开业之日起，报经主管税务机关批准，可减征或免征所得税2年。

(3) 企业在原设计规定的产品以外，综合利用本企业生产过程中产生的，在《资源综合利用目录》内的资源作主要原料生产的产品的所得，以及企业利用本企业外的大宗煤矸石、炉渣、粉煤灰作主要原料生产建材产品的所得，自生产经营之日起，免征所得税5年；为处理利用其他企业废弃的，在《资源综合利用目录》内的资源而兴办的企业，经主管税务机关批准，可减征或免征所得税1年。

(4) 在国家确定的"老、少、边、穷"地区新办的企业，经主管税务机关批准后可减征或免征所得税3年。

(5) 企业事业单位进行技术转让，以及在技术转让过程中发生的与技术转让有关的技术咨询、技术服务、技术培训的所得，年净收入在30万元以下的，暂免征收所得税。

(6) 企业遇有风、火、水、震等严重自然灾害，经主管税务机关批准，可减征或免征所得税1年。

(7) 新办的城镇劳动就业服务企业，当年安置城镇待业人员超过企业从业人员总数的60%的，经主管税务机关审查批准，可免征所得税3年；劳动就业服务企业免税期满后，当年新安置待业人员占企业原从业人员总数30%以上的，经主管税务机关审核批准，可减半征收所得税2年。

(8) 高等学校和中小学校办工厂，暂免征收所得税。

(9) 对民政部门举办的福利工厂和街道的非中途转办的社会福利生产单位，凡安置"四残"人员占生产人员总数35%以上的，暂免征收所得税；凡安置"四残"人员占生产人员总数的比例超过10%未达到35%的，减半征收所得税。

(10) 乡镇企业可按应缴税款减征10%，用于补助社会性开支的费用。

企业以盈利为最终目的，因此，没有老板愿意多交税，但是又不得不交税。于是，企业合理避税就成了每个会计人员需要面对的问题。纳税筹划是纳税人在充分了解掌握税收政策法规基础上，当存在多种可选择的纳税方案时，纳税人以税收负担最低的方式来处理财务、经营。

练习

1. 什么是企业？企业有哪些类型？
2. 注册企业的流程是什么？
3. 什么是会计循环？
4. 会计岗位有哪些？其职责分别是什么？

第2章
会计基础知识

本章介绍会计基本概念、会计对象、会计核算的前提和原则，以及会计核算的方法。

会计是以货币作为主要计量单位，运用一系列专门方法，对企事业单位经济活动进行连续、系统、全面和综合的核算和监督，并在此基础上对经济活动进行分析、预测和控制以提高经济效益的一种管理活动。会计核算和监督的内容，包括资产、负债、所有者权益以及收入、费用和利润6要素。会计核算以会计主体、持续经营、会计期间和货币计量为基本前提，遵循可靠性、相关性、可理解性、可比性、实质重于形式、重要性、谨慎性、及时性8个会计核算信息质量要求。会计核算的方法有7个：设置账户、复式记账、填制和审核凭证、登记会计账簿、成本计算、财产清查、编制会计报表。

学习本章后，要求：

1. 掌握会计的基本含义；
2. 熟悉会计的基本职能；
3. 熟悉会计的基本特点；
4. 明确会计的对象；
5. 熟悉会计核算的基本前提和一般原则；
6. 了解会计核算的方法。

2.1 会计的产生及发展

2.1.1 会计产生及发展的原因

会计是为适应社会生产实践和经济管理的客观需要而产生的，并随着生产的发展而发展。生产活动是人类赖以生存和发展的最基本的实践活动。生产活动的过程，同时也是消费的过程。在生产活动过程中，一定是先有投入，而后有产出。记录生产过程的投入与产出，并加以比较，才能判断是否有经济效益，继续生产是否有意义，这样社会才会进步，经济才会发展。记录、计算和比较投入与产出的活动即为会计，因此，会计是出于管理生产和分配的需要而产生的。

会计是经济发展到一定阶段的产物，经济越发展，对生产过程和分配过程的管理要求就越高，经济的发展推动了会计的发展。随着社会经济的不断发展，会计经历了一个由简单到复杂、由低级到高级，不断发展和完善的过程。它从简单地计算和记录财务收支，逐渐发展到利用货币计量综合地核算和监督经济过程。会计的方法和技术通过长期实践，逐渐完善起来。另一方面，会计将会计信息反馈给有关方面，更好地为经济服务，推动社会的发展。

客观实践证明，经济越发展，会计越重要；生产越现代化，规模越大，越是需要利用会计信息。同时，会计发展了，就能更好地服务于经济，推动经济的进一步发展。

2.1.2 会计的发展史

会计是怎样产生的？首先应了解会计的产生与生产发展和加强经济管理提高经济效益要求的联系，人类要生存，社会要发展就要进行物质资料的生产，生产活动一方面创造物质财富，取得一定的劳动成果，另一方面要发生劳动耗费，包括人力、物力的耗费，在一切社会形态中，人们进行生产活动时总是力求以尽可能少的劳动耗费取得尽可能多的劳动成果，做到所得大于所费，提高经济效益。为了达到这个目标，就必须在不断改革生产技术的同时对劳动耗费和劳动成果进行记录、计算并加以比较和分析，这就产生了会计。所以我们说会计是适应生产发展和加强经济管理、提高经济效益的要求而产生的。

会计的发展，是从简单到复杂，从低级到高级的不断发展的过程。会计发展的过程可以归纳为三个阶段，即：古代会计、近代会计和现代会计。学习时要注意理解和掌握这三个阶段的特点和形成的标志。

1. 古代会计阶段

会计是为适应经济发展而产生和发展的。我国古代会计可以分为如下几个阶段。

(1) 人类早期。无计算。

(2) 原始社会。会计是生产职能的附带部分，处于萌芽时期，出现了神农时代简单刻记、伏羲时代的"结绳记事"和"刻契记数"、黄帝时代的"隶首作算数"与"黄撞禾巨黍"。原始社会末期，建立"盘点结算法"，采用盘存财产物资的方法进行记录和计算。

(3) 私有制出现后。人们用货币计量、记录经济活动过程，会计从生产职能中分离出来，发展为独立职能。

(4) 西周时期。官厅会计发展，有严格的会计机构，设立专职官员掌管钱粮税赋会计事务，建立"日成""月要""岁会"报告制度。

(5) 西汉时期。在"盘点结算法"的基础上发展为"三柱结算法"，结算本期财产物资增减变化及其结果。其计算公式为

$$\underset{\text{本期收入}}{入} \quad - \quad \underset{\text{本期支出}}{去} \quad = \quad \underset{\text{本期结存}}{余}$$

本期收入 － 本期支出 ＝ 本期结存

(6) 唐宋时期。在"三柱结算法"基础上又进一步发展为"四柱结算法"，系统地反映经济活动全过程。其计算公式为

$$旧管 + 新收 - 开除 = 实在$$

$$或 \quad 旧管 + 新收 = 开除 + 实在$$

$$期初结存 + 本期收入 = 本期支出 + 期末结存$$

(7) 明末清初。在以前"三柱结算法"和"四柱结算法"的单式记账方法基础上创建了复式记账方法"龙门账"。将日常发生的账项划分为"进""缴""存""该"四大类，"进"和"缴"为一线，"存"和"该"为另一线，实行双轨计算盈亏。其计算公式为

$$进 - 缴 = 存 - 该$$

$$收入 - 支出 = 资产债权 - 负债投资$$

其结算过程如图2-1所示。

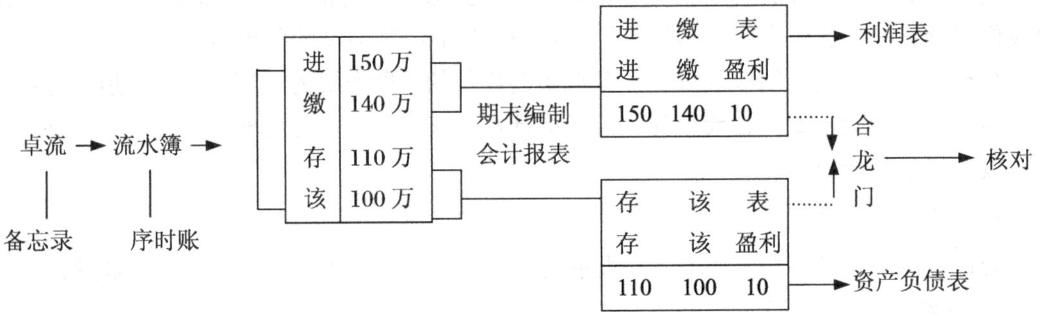

图2-1 龙门账结算过程

2. 近代会计阶段

近代会计从时间上看，可以从1494年意大利传教士卢卡·巴其阿勒(Luca Pacioli)的著作《算术、几何、比及比例概要》的出版开始，至20世纪40年代末。

十字军东征，促进了欧洲与东方的贸易往来，影响了意大利的经济，资本主义的萌芽、较发达的商品经济以及金融业的发展对簿记的方法提出了新的要求，要求能够反映商业、银行业比较复杂的业务，于是便产生了复式簿记方法。

美国会计学家利特尔顿(A. C. Littleton)总结了复式簿记产生的7个因素，即书写艺术(The Art of Writing)、算术(Arithmetic)、私有财产(Private Property)、货币(Money)、信用(Credit)、商业(Commerce)、资本(Capital)。他认为，缺少其中任何一个因素，复式簿记也不会产生。地中海沿岸的某些城市具备了这7个因素，便产生了复式簿记。15世纪末到18世纪，随着商业在欧洲其他城市的发展，意大利记账法不断地传播并继续得到完善。18世纪末和19世纪初的产业革命，产生了大机器生产的资本主义工厂制度。工厂制度促进了生产力的发展，出现了股份有限公司这种新的经济组织形式。这种组织形式的主要特点是资本的所有权和经营权分离，这对会计提出了新的要求。为了保护外部股东及债权人的利益，要求股份有限公司的财务报表必须经过审计，以核查管理层履行职责的情况。为适应这一要求，出现了以查账为职业的注册会计师或特许会计师。1720年，英国南海(South

Sea)公司事件的发生，使人们认识到公司账目审计的重要性，英国政府委托会计师审查该公司及与该公司有关商会的账目，这是英国注册会计师职业的开端，其后英国的注册会计师职业得到了迅速发展。1853年，英国苏格兰的注册会计师成立了第一个会计师协会——爱丁堡会计师协会，标志着会计师从此成为一门专门的职业，服务于股份有限公司这种资本经营形式，为经济和财务活动进行公证，这样就扩大了会计的服务对象，扩展了会计的内容。

资本主义的机器大工业代替了家庭手工业，促使会计成为工业企业管理的一个重要工具。在这一时期，欧美的工业企业对固定资产普遍开始计提折旧，产生了折旧会计。另外由于工业制造过程日益复杂，大型设备增加，也促进了成本会计的产生和发展。

19世纪末20世纪初，世界经济发展的中心由英国转移到了美国，会计发展的中心也转移到了美国。这一时期，形成一些具有代表性的会计方法和理论，影响最大的是"公认会计原则"的出现。当时世界范围内的经济萧条和金融市场的崩溃，使许多公司破产，政府和社会公众迫切要求公司的财务报表能真实地反映其财务状况。为改进会计实务，提高会计报表的可靠性，美国会计师协会开始制定"公认会计原则"。"公认会计原则"的确立，标志着传统会计已发展成为财务会计。

会计工作除了向股东、债权人提供相关信息以外，也日益向企业的基层单位、管理部门和生产技术部门渗透。会计领域引进了泰勒制和科学管理理论后，产生了标准成本控制等方法，以管理当局为服务对象的管理会计逐渐形成。

3. 现代会计阶段

从时间上看，现代会计开始于20世纪50年代，直至今日。在这个阶段，会计有两个重要的变化，一是为适应经济发展对会计的需要，会计分化为两个领域，即财务会计和管理会计；二是电子计算机在会计上的应用，使会计由传统的手工操作逐渐发展为电子数据处理系统。

20世纪20年代，由于引进了泰勒制和科学管理理论，会计领域出现了标准成本、预算控制、差异分析等专门方法，这些实际上是管理会计的雏形。第二次世界大战以后，资本主义企业规模日益扩大，市场竞争激烈，失业率增加，经济危机频繁发生，客观上要求加强企业管理，增强竞争能力，这时出现了配合职能管理与科学管理的责任会计。20世纪50年代，一方面科学技术日益进步，生产力得到巨大发展，企业规模不断扩大，出现了很多跨国公司；另一方面，市场竞争也更加激烈。经济环境的变化，使企业管理开始重视经济预测和决策工作，在广泛推行职能管理和行为科学管理的基础上，对企业生产经营活动采用数量管理中的一些专门方法加强事前的规划与日常的控制，以提高企业的经济效益。这时，管理会计从财务会计中分离出来，形成一门为企业加强内部管理、提高经济效益服务的独立学科。1952年，世界会计学会年会正式通过了管理会计这一名词，由此传统会计分化为财务会计和管理会计。管理会计是经济发展的一个必然结果，它与现代管理科学紧密地联系在一起。

管理会计的形成与发展丰富了会计的内容，使会计发展进入一个高级阶段。

从会计的产生和发展过程中可以看出，经济的发展直接决定了会计的发展。会计主要是适应一定时期经济的需要，特别是商品经济的需要而产生发展起来的。15世纪末，意大利沿海地区经济、贸易的发展，孕育了第一本复式簿记著作，标志着复式簿记的产生；18世纪末19世纪初英国的工业革命，促进了成本会计的发展；美国1929—1933年的经济危机，催生了"公认会计原则"。会计是与商品经济联系在一起的，在商品经济中，货币充当了价值尺度，一切商品都可以用货币加以计量，会计的产生和发展，依存于商品经济这个外在环境。

同社会生产的发展一样，会计的发展也经历了一个由简单到复杂、由低级到高级的发展过程。从会计的任务来说，由最初简单记载钱粮收支，发展到对经济活动全过程的反映和监督；从会计的方法和工具来说，由传统的手工记账和用算盘计算，发展到科学的记账方法和用电子计算机处理数据。科学技术的发展和运用，使会计正经历着一场革命，现代的会计理论和方法也正在形成。

2.2 会计的基本概念

2.2.1 会计的含义

物质资料的生产是人类存在和发展的基础，会计是适应人类生产实践和经营物质资料的生产管理的客观需要产生并发展起来的。会计作为一项记录、计算和汇总工作，它产生于管理的需要，并且一开始就以管理的形式出现。作为一种经济管理活动，会计与社会生产发展有着不可分割的联系，会计的产生和发展离不开人们对生产活动进行管理的客观需要，社会越发展，会计越重要。

在原始社会，人们为了生产和生活需要，逐步产生了计数和计算的要求。在文字产生以前，这种计算是用"结绳记事""刻木记事"或凭人们的记忆来进行的。在文字产生以后，人们对物质资料生产与消耗进行了文字记载，于是就产生了会计。奴隶社会和封建社会的会计主要是用来核算和监督政府开支，为官方服务。随着商品经济的发展，特别是在欧洲产业革命以后，由于资本主义生产的发展，生产日益社会化，生产规模日趋扩大，更需要用会计从价值量上来全面、完整、系统地反映和监督生产经营的全过程。人类发展到现在，全球信息化、经济全球化使作为"国际商业公共语言"的会计内涵及外延不断丰富发展。现代会计概念可以表述为：会计是以货币作为主要计量单位，用一系列专门的方法，核算和监督一个单位经济活动的一种管理工作。

【举一反三】从会计的定义中，你能了解什么信息？

知识拓展

会计的基本特征

(1) 会计是一种经济管理活动；

(2) 会计是一个经济信息系统；

(3) 会计以货币为主要计量单位;

(4) 会计具有核算和监督的基本职能;

(5) 会计采用一系列专门的核算方法。

2.2.2 会计的职能

从会计定义中我们可以看出会计是随着生产的发展,逐步从企业各项经营活动中分离出来的一项提高经济效益的管理活动。会计在经济管理工作所具有的功能或能够发挥的作用即会计的职能,包括核算、预测、参与决策、实行监督等。随着经济的发展和管理要求的提高,会计职能是不断变化的并且彼此联系。会计的职能包括基本职能和拓展职能。

1. 基本职能

1) 会计核算

会计核算又称会计反映职能,是会计的最基本职能,它以货币为主要计量单位,对各种经济业务活动或者预算执行情况及其结果进行连续、系统、全面的确认、计量和报告。它要求各单位必须根据实际发生的经济业务事项进行会计核算。其特点表现在如下的三个方面。

(1) 会计核算主要是从价值量上反映各经济主体的经济活动状况。会计核算是对各单位的一切经济业务,以货币计量为主,进行记录、计算,以保证会计记录和反映的完整性。

(2) 会计核算具有连续性、系统性和完整性。各单位必须对客观发生的所有经济业务,即涉及资金运动或资金增减变化的事项,采用系统的核算方法,按时间顺序无一遗漏地进行记录。

(3) 会计核算应对各单位经济活动的全过程进行反映。随着商品经济的发展,市场竞争日趋激烈,会计在对已经发生的经济活动进行事中、事后的记录、核算、分析,反映经济活动的现实状况及历史状况的同时,也要开展事前核算、分析并预测经济前景。

2) 会计监督

会计监督职能,又称会计控制职能,是对特定主体的经济活动的相关会计核算的真实性、合法性和合理性进行监督检查。会计的监督职能主要具有以下特点。

(1) 会计监督主要是通过价值量指标来进行监督工作的。由于基层单位进行的经济活动,同时伴随着价值运动,表现为价值量的增减和价值形态的转化,因此,会计通过价值指标可以全面、及时、有效地控制各个单位的经济活动。

(2) 会计监督同样也包括事前、事中和事后的全过程监督。

会计监督的依据有合法性和合理性两种。合法性的依据是国家的各项法令及法规,合理性的依据是经济活动的客观规律及企业自身在经营管理方面的要求。

会计核算与会计监督是相互作用、相辅相成的。核算是监督的基础,没有核算,监督就无从谈起;而监督是会计核算质量的保证。

2. 拓展职能

财会部门要依据会计信息和其他有关信息，运用一定的技术方法对企业的价值运动的各个方面发展趋势或状况进行估计和测算，制订预算和财务计划、考核、分析预算和财务计划的执行情况，并有效地参与拟订经济计划、业务计划和经营决策，安排合理的经济活动，发挥会计的综合管理职能，以提高生产经营和财务收支活动的综合经济效益。会计的拓展职能主要有：预测经济前景、参与经济决策、评价经营业绩。

(1) 预测经济前景。预测经济前景是指根据财务会计报告等信息，定量或者定性地判断和推测经济活动的发展变化规律，以指导和调节经济活动，提高经济效益。

(2) 参与经济决策。参与经济决策是指根据财务会计报告等信息，运用定量分析和定性分析方法，对备选方案进行经济可行性分析，为企业生产经营管理提供与决策相关的信息。

(3) 评价经营业绩。评价经营业绩是指采用适当的方法，比较、判断经营业绩的大小和经济效益的高低。会计通过定期编制财务报告来揭示企业的财务状况和经营成果，人们通过财务报告分析，评价企业经营业绩，肯定成绩，找出差距，提出改进措施，做出各种经济决策。

2.2.3 会计的目标

财务会计报告的目标是向财务会计报告使用者提供与企业财务状况、经营成果和现金流量等有关的会计信息，反映企业管理层受托责任履行情况，有助于财务会计报告使用者做出经济决策。那么财务会计应该向哪些人提供会计信息？使用者需要哪些会计信息？

1. 向哪些人提供会计信息

会计目标要受到社会经济环境的影响，在市场经济环境下，企业特别是股份有限公司财务报表使用者出现了多元化的情况，主要包括以下几个方面。

(1) 投资人。任何一个企业都会有投资人。有些企业的投资人直接参与企业的经营管理，因此，他们可以直接获得有关会计方面的信息，例如：独资和合伙企业的投资人，一般来说，他们既是投资者也是经营者，可以直接掌握企业经营管理方面的情况。公司特别是股份有限公司，大部分股东不直接参与企业的经营管理，了解和掌握企业情况的一个重要途径是通过财务报表。另外，这里所讲的投资人，既包括现实的投资人，也包括潜在的投资人。

(2) 债权人。企业在经营过程中，经常会发生举债行为，债权人就是向企业提供贷款或持有企业发行债券的单位或个人。一般来说，与企业在结算过程中形成的债权人，不要求单独提供财务报表。银行和其他金融机构等债权人为了使自己的利益不受损害，及时收回本金及利息，一般会要求贷款企业在接受贷款时和贷款后，提供其会计信息，以便掌握企业的偿债能力。另外，作为潜在的债权人，会根据企业对外提供的会计信息和其他信息，做出是否向企业提供贷款的决策。

(3) 政府部门。在市场经济条件下，会计要为国家的宏观调控和管理提供信息。企业的会计信息是国家进行宏观调控和管理的主要依据,企业要定期向财政部门、工商行政管理部门报送财务报表。国家向企业征收的各种税款,也主要以会计信息为依据,尤其是企业所得税,是在会计资料的基础上,按税法规定调整计算出来的。

(4) 企业职工。企业职工与企业是密切相关的,企业经营的好坏,直接影响职工个人的利益。职工希望在一个经营比较稳定、发展前景良好的企业中就业。通过会计信息,可以了解到与他们切身利益相关的情况,如企业的发展潜力、存在的风险、福利待遇等。

(5) 企业管理当局。企业是一个自主经营、自负盈亏的商品生产者和经营者,为了使其资本保值增值,提高经济效益,就要不断加强企业管理。企业管理当局、各职能部门和各级管理人员需要运用会计信息,对日常的经营活动进行控制,进行各种经营决策,例如:制订企业的计划和预算,进行理财决策和投资决策,进行采购、生产、销售的管理与控制等。

(6) 其他。除上述所列投资人、债权人、政府部门、企业职工、企业管理当局外,与企业存在利害关系的其他单位和个人,也会关注企业的会计信息,如供货单位、销货单位、财务分析与咨询机构和社会公众等。

2. 使用者需要什么样的会计信息

会计信息的使用者可以分为两类,一类是企业外部的会计信息使用者,包括政府部门、投资人、债权人、客户和社会公众,他们需要根据企业提供的会计信息,做出相应的决策。另一类是企业内部的会计信息使用者,主要是企业管理当局,他们需要企业经营管理的信息。不同类型的会计信息使用者,可能会对会计信息的要求不一致,会计应满足大部分使用者的需求,提供各方普遍关心的内容。我国统一会计制度指出:"企业提供的会计信息应当能够反映企业的财务状况、经营成果和现金流量,以满足会计信息使用者的需要。"

2.2.4　会计的对象

会计的对象即会计核算和监督的内容。凡是能够以货币表现的经济活动的特定对象,都是会计所核算和监督的内容。而以货币表现的经济活动,通常又称为价值运动或资金运动。

资金运动包括特定对象的资金投入、资金运用、资金退出等过程,而具体到企业、事业、行政单位又有较大的差异。下面以工业为例说明资金运动的过程。

1. 资金的投入

工业企业要进行生产经营,必须拥有一定的资金,这些资金的来源包括所有者投入的资金和债权人投入的资金两部分,前者属于企业所有者权益,后者属于企业债权人权益——企业负债。投入企业的资金要用于购买机器设备和原材料并支付职工的工资等。这样投入的资金最终构成企业流动资产、非流动资产和费用。

2. 资金的循环和周转

工业企业的经营过程包括供应、生产、销售三个阶段。在供应过程中企业要购买原材料等劳动对象，发生材料买入费、运输费、装卸费等材料采购成本，与供应单位发生货款的结算关系。在生产过程中，劳动者借助于劳动手段将劳动对象加工成特定的产品，同时发生原材料消耗、固定资产磨损的折旧费、生产工人劳动耗费的人工费，使企业与职工之间发生工资结算关系，有关单位之间发生劳务结算关系等。在销售过程中将生产的产品销售出去，发生支付销售费用、收回货款、交纳税金等业务活动，并同购货商发生货款结算关系，同税务机关发生税务计算关系。综上所述，资金的循环就是从货币资金开始依次转化为储备资金、生产资金、产品资金、最后又回到货币资金的过程，资金周而复始地循环称为资金的循环。

3. 资金的退出

资金的退出包括偿还债务、上缴各项税金、向所有者分配利润等，使得这部分资金离开本企业，退出企业的资金循环与周转。

上述资金运用的三阶段是相互支持、相互制约的统一体，没有资金的投入，就没有资金的循环与周转，就不会有债务的偿还、税金的上缴和利润的分配等；没有资金的退出，就不会有新一轮的资金投入，就不会有企业的进步发展。其具体过程如图2-2所示。

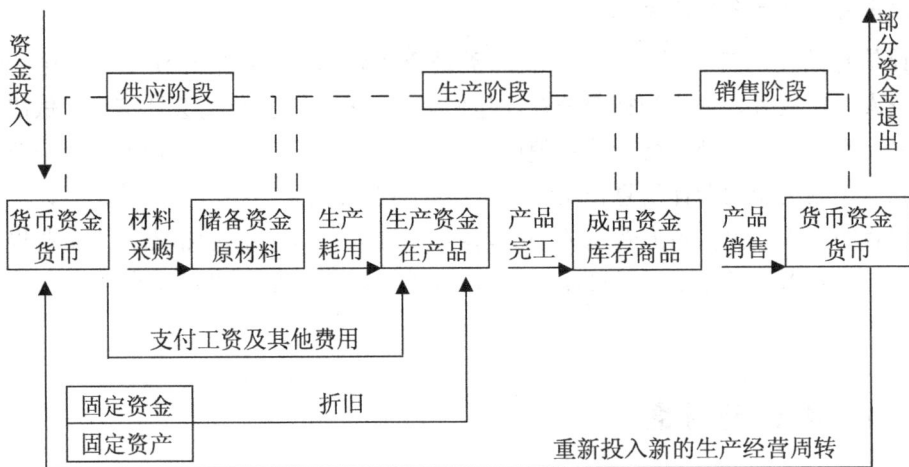

图2-2　资金运行图

2.3　会计要素及会计等式

2.3.1　会计要素

会计要素是会计核算对象的基本分类，是设定会计报表结构和内容，也是进行确认和计量的依据。对会计要素加以严格定义，就能为会计核算奠定坚实的基础。会计要素包括资产、负债、所有者权益、收入、费用和利润等。其中资产、负债和所有者权益是反映企业财务状况的要素，也是资产负债表的基本要素；而收入、费用和利润则是反映企业经营成果的要素，也是利润表的基本要素。前三个要素反映企业资金流动的静态情况，而后三个要素则是反映企业资金流动的动态情况。

1. 资产

资产是指企业过去的交易或事项形成的、由企业拥有或控制的、预期会给企业带来经济利益的资源。

一个企业从事生产经营活动，必须具备一定的物质资源，或者说物质条件。在市场经济条件下，这些必需的物质条件表现为货币资金、厂房场地、机器设备、原料、材料等，统称为资产，它们是企业从事生产经营活动的物质基础。除以上的货币资金以及具有物质形态的资产以外，资产还包括那些不具备物质形态，但有助于生产经营活动的专利、商标等无形资产，也包括对其他单位的投资。

资产有如下特点：①资产是过去的交易或事项形成的。这就是说，作为企业资产，必须是现实的而不是预期的资产，它是企业过去已经发生的交易或事项所产生的结果，包括购置、生产、建造等行为或其他交易或事项。预期在未来发生的交易或事项不形成资产，如计划购入的机器设备等。②资产是由企业拥有或控制的。企业拥有资产，就能够从资源中获得经济利益；在某些条件下，一些由特殊方式形成的资源，企业虽然不享有所有权，但能够被企业所控制，而且同样能够从资产获取经济利益，也可以作为企业资产(如融资性租入固定资产)。而企业没有买下使用权的矿藏、经营租赁的房屋，都不能作为企业的资产确认。③资产能够给企业带来预期经济利益。如货币资金可以用于购买所需的商品或用于利润分配，厂房机器、原材料等可以用于生产经营过程。制造商品或提供劳务，出售后回收货款，货款即为企业所获得的经济利益。

将一项资源确认为资产，需要符合资产的定义，还应同时满足以下两个条件。

(1) 与该资源有关的经济利益很可能流入企业；

(2) 该资源的成本或者价值能够可靠地计量。

对资产可以作多种分类，常见的是按流动性分类。按流动性进行分类，可以分为流动资产和非流动资产。流动资产是指那些在一年内变现的资产，如应收账款、存货等。有些企业经营活动比较特殊，其经营周期可能长于一年，比如：造船、大型机械制造，从购料到销售商品直到收回货款，周期比较长，往往超过一年，在这种情况下，就不能把一年内变现作为划分流动资产的标志，而是将经营周期作为划分流动资产的标志。长期投资、固定资产、无形资产的变现周期往往在一年以上，所以称为非流动资产。按流动性对资产进行分类，有助于掌握企业资产的变现能力，从而进一步分析企业的偿债能力和支付能力。一般来说，流动资产所占比重越大，说明企业资产的变现能力越强。流动资产中，货币资金、短期投资比重越大，则支付能力越强。

2. 负债

负债是指过去的交易、事项形成的现时义务，履行该义务预期将会导致经济利益流出企业。如果把资产理解为企业的权利，那么负债就可以理解为企业所承担的义务。

负债具有如下特点：①负债是由于过去的交易或事项形成的偿还义务。潜在的义务，或预期在将来要发生的交易、事项可能产生债务不能确认为负债。②负债是现时义务。负债是企业目前实实在在的偿还义务，要由企业在未来某个时日加以偿还。③为了偿还债务，与该义务有关的经济利益很可能流出企业。一般来说，企业履行偿还义务时，企业会有经济利益的流出,如支付现金、提供劳务、转让其他财产等。同时,未来流出的经济利益的金额能够可靠计量。

将一项现时义务确认为负债,需要符合负债的定义,还应当同时满足以下两个条件:

(1) 与该义务有关的经济利益很可能流出企业;

(2) 未来流出的经济利益的金额能够可靠地计量。

按偿还期限的长短,一般将负债分为流动负债和非流动负债。预期在一年或一个经营周期内到期清偿的债务属于流动负债。除以上情形以外的债务,即为非流动负债,一般包括长期借款、应付债券、长期应付款等。

3. 所有者权益

所有者权益是指企业资产扣除负债后,由所有者享有的剩余权益。所有者权益是所有者在企业资产中享有的经济利益,其金额为资产减去负债后的余额,又称为净资产。

所有者权益相对于负债而言,具有以下特点:①所有者权益不像负债那样需要偿还,除非发生减值、清算,否则企业不需要偿还所有者权益。②企业清算时,负债往往优先清偿,而所有者权益只有在清偿所有的负债之后才返还给所有者。③所有者权益能够分享利润,而负债则不能参与利润分配。

所有者权益的确认、计量主要取决于资产、负债、收入、费用等其他会计要素的确认和计量。所有者权益在数量上等于企业资产总额扣除债权人权益后的净额,即为企业的净资产,反映所有者(股东)在企业资产中享有的经济利益。

所有者权益的来源包括所有者投入的资本、直接计入所有者权益的利得和损失、留存收益等,具体表现为实收资本(或股本)、资本公积(含资本溢价或股本溢价、其他资本公积)、盈余公积和未分配利润。所有者投入的资本是指所有者投入企业的资本部分,它既包括构成企业注册资本(实收资本)或者股本部分的金额,也包括投入资本超过注册资本或者股本部分的金额,即资本溢价或者股本溢价,这部分投入资本在我国企业会计准则体系中被计入了资本公积,并在资产负债表中的资本公积项目反映。

直接计入所有者权益的利得和损失,是指不应计入当期损益、会导致所有者权益发生增减变动的、与所有者投入资本或者向所有者分配利润无关的利得或者损失。留存收益是盈余公积和未分配利润的统称。

4. 收入

收入是企业在日常活动中形成的、会导致所有者权益增加的、与所有者投入资本无关的经济利益的总流入。

收入具有以下特征。

(1) 收入是企业在日常活动中形成的;

(2) 收入会导致所有者权益的增加;

(3) 收入是与所有者投入资本无关的经济利益的总流入。

收入的确认除了应当符合定义外,至少还应当符合以下条件。

(1) 与收入相关的经济利益很可能流入企业;

(2) 经济利益流入企业的结果会导致资产的增加或者负债的减少;

(3) 经济利益的流入额能够可靠计量。

收入按经营业务的主次分为主营业务收入和其他业务收入。主营业务收入是由企业的主营业务所带来的收入；其他业务收入是除主营业务活动以外的其他经营活动实现的收入。收入按性质不同，可分为销售商品收入、提供劳务收入、让渡资产使用权收入等。

5. 费用

费用是指企业在日常活动中发生的、会导致所有者权益减少的、与向所有者分配利润无关的经济利益的总流出。费用与收入相配比，即为企业经营活动中取得的盈利。

根据费用的定义，费用具有以下特征。

(1) 费用是企业在日常活动中发生的；

(2) 费用会导致所有者权益的减少；

(3) 费用是与向所有者分配利润无关的经济利益的总流出。

费用的确认除了应当符合定义外，至少还应当符合以下条件。

(1) 与费用相关的经济利益很可能流出企业；

(2) 经济利益流出企业的结果会导致资产的减少或者负债的增加；

(3) 经济利益的流出额能够可靠计量。

费用包括生产费用与期间费用。生产费用是指与企业日常生产经营活动有关的费用，按其经济用途可分为直接材料、直接人工和制造费用。生产费用应按其实际发生情况计入产品的生产成本；对于生产几种产品共同发生的生产费用，应当按照受益原则，采用适当的方法和程序分别计入相关产品的生产成本。期间费用是指企业本期发生的、不能直接或间接归入产品生产成本，而应直接计入当期损益的各项费用，包括管理费用、销售费用和财务费用。

6. 利润

利润是指企业在一定会计期间的经营成果。通常情况下，如果企业实现了利润，表明企业的所有者权益将增加，业绩提升；反之，如果企业发生了亏损(即利润为负数)，表明企业的所有者权益将减少，业绩下降。利润是评价企业管理层业绩的指标之一，也是投资者等财务会计报告使用者进行决策时的重要参考依据。

利润的确认条件：利润反映收入减去费用、直接计入当期利润的利得减去损失后的净额。利润的确认主要依赖于收入和费用，以及直接计入当期利润的利得和损失的确认，其金额的确定也主要取决于收入、费用、利得、损失金额的计量。

利润为营业利润和营业外收支净额两个项目的总额减去所得税费用之后的余额。营业利润是企业在销售商品、提供劳务等日常活动中产生的利润；营业外收支是与企业的日常经营活动没有直接关系的各项收入和支出，其中，营业外收入项目主要有捐赠收入、固定资产盘盈、处置固定资产净收益、罚款收入等，营业外支出项目主要有固定资产盘亏、处置固定资产净损失等。其有关公式表示如下：

营业利润=营业收入-营业成本-税金及附加-销售费用-管理费用-财务费用-资产减值损失+公允价值变动净收益+投资净收益

营业收入=主营业务收入+其他业务收入

营业成本=主营业务成本+其他业务成本

投资净收益=投资收益-投资损失

公允价值变动净收益=公允价值变动收益-公允价值变动损失

利润总额=营业利润+营业外收支净额

净利润=利润总额-所得税费用

2.3.2 会计等式

1. 资产、负债及所有者权益间的关系

由上文可知，资金运动在静态情况下，资产、负债及所有者权益三个要素之间存在平衡关系。资产主要包括两部分：

(1) 向外部借的债，即负债；

(2) 投资人的投入及其增值部分，即所有者权益。

由此我们可以认为债权人和投资者将其拥有的资本供给企业使用，对企业运用这些资本所获得的各项资产就相应享有一种权益，即为"相应的权益"。由此可见，资产与权益相互依存，有一定数额的资产，必然有相应数额的权益；反之亦然。由此可以推出

$$资产=权益$$

$$资产=负债+所有者权益 \qquad (等式1)$$

该等式反映了资产的归属关系，是会计对象的公式化，其经济内容和数学上的等量关系，即是资金平衡的理论依据，也是设置账户、复式记账和编制资产负债表的理论依据。因此，会计上又称为基本会计等式。

2. 收入、费用与利润间的关系

资金运动在动态情况下，其循环周转过程中发生的收入、费用和利润，也存在着平衡关系，其平衡公式为

$$收入-费用=利润 \qquad (等式2)$$

若利润为正，则企业盈利；若利润为负，则企业亏损。

3. 综合等式

企业在经营过程中，或盈利，或亏损。在某一时点，"收入-费用=利润"，利润为正，这个利润就表明经济利益流入大于经济利益流出，即企业资产增多。由此可见

$$新的所有者权益=旧的所有者权益+利润=旧的所有者权益+收入-费用$$

$$新资产=负债+新的所有者权益$$

$$新资产=负债+旧所有者权益+收入-费用 \qquad (等式3)$$

4. 会计等式的恒等性

由上面分析可以看出，第1个会计等式反映了资金运动的整体情况，也就是企业经营中的某一天，一般是开始日或结算日情况。而第2个等式反映的是企业资金运动状况，资产加以运用取得收入后，资产便转化为费用，收入减去费用后即为利润，该利润作为资产用到下一轮经营，于是便产生等式3。当利润分配后，等式3便消失，又回到等式1。所以不管六大要素如何相互转变，最终均要回到"资产=负债+所有者权益"。下面举例说明该等式的恒等性。

【例2-1】大连雨阳公司2015年12月31日拥有2 000万元资产，其中库存现金0.4万元，银行存款57.6万元，应收账款282万元，存货960万元，固定资产700万元。该工厂接受投资形成实收资本1 100万元，银行借款400万元，应付账款400万元，尚未支付的职工薪酬100万元。可用表2-1反映资产、负债、所有者权益间的平衡关系。

表2-1 资产负债表 万元

资产		负债及所有者权益	
库存现金	0.4	银行借款	400
银行存款	57.6	应付账款	400
应收账款	282	应付职工薪酬	100
存货	960	实收资本	1 100
固定资产	700		
合计	2 000	合计	2 000

上例中，资产总额(2 000万元)=负债及所有者权益(2 000万元)反映某一时点上企业会计要素之间的平衡关系，这是一种静态关系。

当企业在继续经营时，发生的经济业务会引起各个会计要素额上增减变化，这些变化总不外乎以下4种类型(具体可以划分为9类①)。

1) 资金进入企业

资产和权益等额增加，即资产增加，负债及所有者权益增加，会计等式保持平衡。

【例2-2】大连雨阳公司2016年1月从银行取得贷款800万元，现已办妥手续，款项已划入本企业存款账户。这项经济业务对会计恒等式的影响如表2-2所示。

表2-2 资金进入企业对会计恒等式的影响

项目	资产	费用	=	负债	所有者权益	收入
初始	2 000万元			2 000万元		
增加	银行存款			银行借款		
	800万元			800万元		
结果	2 800万元			2 800万元		

可以看出，会计等式两方等额增加800万元，等式没有破坏。

2) 资金退出企业

资产和权益等额减少，即资产减少，负债及所有者权益减少，会计等式保持平衡。

① 具体9类为：①资产内项目的一增一减；②负债内项目的一增一减；③所有者权益内项目的一增一减；④负债项目增加，所有者权益项目减少；⑤负债项目减少，所有者权益项目增加；⑥资产项目增加，负债项目增加；⑦资产项目增加，所有者权益项目增加；⑧资产项目减少，负债项目减少；⑨资产项目减少，所有者权益项目减少。

【例2-3】大连雨阳公司支付上年未还的应付货款，已从企业账户中开出转账支票300万元，该经济业务对会计等式的影响如表2-3所示。

表2-3　资金退出企业对会计恒等式的影响

项目	资产	费用	=	负债	所有者权益	收入
初始	2 800万元			2 800万元		
增加	银行存款			应付账款		
	-300万元			-300万元		
结果	2 500万元			2 500万元		

可以看出，会计等式两方等额减少300万元，等式没有破坏。

3) 资产形态变化

一种资产项目增加，另一种资产项目等额减少，会计等式保持平衡。

【例2-4】大连雨阳公司开出现金支票2万元，以备日常开支使用。该项经济业务对会计等式的影响如表2-4所示。

表2-4　资产形态变化对会计恒等式的影响

项目	资产	费用	=	负债	所有者权益	收入
初始	2 500万元			2 500万元		
增加	银行存款					
	-2万元					
	库存现金					
	2万元					
结果	2 500万元			2 500万元		

4) 权益类别转化

一种权益项目增加，另一种权益项目等额减少，即负债类内部项目之间、权益类内部项目之间或者负债类项目与权益类项目之间此增彼减，会计等式也保持平衡。

【例2-5】大连雨阳公司应付给三洋公司的应付账款100万元，经协商同意转作三洋公司对大连雨阳公司的投资款。该项经济业务对会计等式影响如表2-5所示。

表2-5　权益类别转化对会计恒等式的影响

项目	资产	费用	=	负债	所有者权益	收入
初始	2 500万元			2 500万元		
增加				应付账款	实收资本	
				-100万元	100万元	
结果	2 500万元			2 500万元		

可以看出，大连雨阳公司的负债类项目减少100万元，所有者权益项目增加100万元，等式右方总额没有变化，等式没有破坏。

经过上述变化后的资产负债如表2-6所示。

表2-6 资产负债表 万元

资产		负债及所有者权益	
库存现金	0.4+2=2.4	银行借款	400+800=1 200
银行存款	57.6+800-300-2=555.6	应付账款	400-300-100=0
应收账款	282	应付职工薪酬	100
存货	960	实收资本	1 100+100=1 200
固定资产	700		
合计	2 500	合计	2 500

2.4 会计假设与会计信息质量要求

2.4.1 会计假设

会计假设也叫会计核算基本前提，会计核算的基本前提是对会计核算所处的时间、空间环境所做的合理设定。会计核算的基本前提是为了保证会计工作的正常进行和会计信息的质量对会计核算的范围、内容、基本程序和方法所做的假定，并在此基础上建立会计原则。例如核算范围有多广，经营范围有无限制，以及如何分期，计量基础是什么，币值是否稳定等。组织会计核算工作先要明确这些前提条件，因为有什么样的前提条件就有什么样的会计核算原则。按照国际惯例结合我国情况，我国企业会计准则规定：企业在组织会计核算时，应以会计主体、持续经营、会计分期、货币计量作为会计核算的基本前提。

【举一反三】假设A公司销售一批原材料给B公司，A公司已经把货物发送到B公司仓库，B公司尚未支付货款。请问，你如何反映这笔经济业务？反映应收账款，还是应付账款？

1. 会计主体

会计主体是指会计信息所反映的特定单位，也称为会计实体或会计个体。会计所要反映的总是特定的对象，只有明确规定会计核算的对象，将会计所要反映的对象与其他经济实体区别开来，才能保证会计核算工作的正常开展，实现会计的目标。

会计主体作为会计工作的基本前提之一，为日常的会计处理提供了空间依据，确定了会计核算的空间范围。第一，明确会计主体，才能划定会计所要处理的经济业务事项的范围和立场。如把A公司作为会计主体的话，只有那些影响A公司经济利益的经济业务事项才能加以确认和计量。与A公司经济业务无关的原材料资产增加、应付负债的增加等要素的变化，A公司都不予以反映。因此对于上述"举一反三"中的经济业务，对于A公司来说，一方面增加一笔收入，同时增加一笔应收账款，资产增加，而不是相反。同时，对于B公司来说，原材料资产增加，同时应付账款负债增加。第二，明确会计主体，将会计主体的经济活动与会计主体所有者的经济活动区分开来。无论是会计主体的经济活动，还是会计主体所有者的经济活动，最终都影响所有者的经济利益，但是，为了真实反映会计主体的财务状况、经营成果和现金流量，必须将会计主体的经济活动与会计主体所有者的经济活动区别开来。

会计主体不同于法律主体。一般来说，法律主体往往是一个会计主体，例如，一个企业作为一个法律主体，应当建立会计核算体系，独立反映其财务状况、经营成果和现金流量。但是，会计主体不一定是法律主体，比如在企业集团里，一个母公司拥有若干个子公司，子公司在企业集团母公司的统一领导下开展经营活动。为了全面反映这个企业集团的财务状况、经营成果和现金流量，就有必要将这个企业集团的财务状况、经营成果和现金流量予以综合反映。有时，为了内部管理需要，也对企业内部的部门单独加以核算，并编制出内部会计报表，企业内部划出的核算单位也可以视为一个会计主体，但它不是一个法律主体。

【举一反三】一个制造企业，花10万元购买一台生产机器的目的是什么？如果改变用途，把全新的机器用于破产抵债，还能值10万元吗？

2. 持续经营

持续经营是指会计主体的生产经营活动将无限期地延续下去，在可以预见的将来，企业不会面临清算、解散、倒闭而不复存在。如果说会计主体从会计上确定了会计核算的空间范围，那么持续经营界定了会计核算的时间范围。

企业是否持续经营对会计政策的选择，正确确定和计量财产计价、收益影响很大。例如，采用历史成本计价，是设定企业在正常的情况下运用它所拥有的各种经济资源和依照原来的偿还条件偿付其所负担的各种债务，否则，就不能继续采用历史成本计价。引用上面"举一反三"中的例子，在持续经营的前提下，企业取得机器设备时候，能够确定这项资产在未来的生产加工活动中可以给企业带来经济利益，因此可以按支付的所有价款10万元作为固定资产的账面成本，其磨损的价值，在5年内按一定折旧方法计提折旧，并将其磨损的价值计入成本费用。如果企业面临清算，这固定资产只能按当时的公允价值抵偿债务了。

由于持续经营是根据企业发展的一般情况所做的设定，企业在生产经营过程中缩减经营规模乃至停业的可能性总是存在的。为此，往往要求定期对企业持续经营这一前提作出分析和判断。一旦判定企业不符合持续经营前提，就应当改变会计核算的方法。

【举一反三】如果你是A企业的相关利益人，你想了解A企业的财务状况和经营成果，那你希望A企业在整个持续经营期间，是关门营业前提供一次相关会计信息给你，还是每年一次，或每月一次，或每旬，或每日？哪一种方式，更能帮助你及时做出相关决策？

3. 会计分期

会计分期这一前提是从第二个基本前提引申出来的，是持续经营的客观要求。会计分期是指将一个企业持续经营的生产经营活动划分为连续、相等的期间，又称为会计期间。

会计分期的目的是，将持续经营的生产活动划分为连续、相等的期间，据以结算盈亏，按期编报财务报告，从而及时地向各方面提供有关企业财务状况、经营成果和现金流量的信息。

　　根据持续经营前提，一个企业将按当前的规模和状况继续经营下去。要最终确定企业的经营成果，只能等到一个企业在若干年后歇业的时候核算一次盈亏。但是，经营活动和财务经营决策要求及时得到有关信息，不能等到歇业时一次性地核算盈亏。为此，就要将持续不断的经营活动划分为一个个相等的期间，分期核算和反映。会计分期对会计原则和会计政策的选择有着重要影响。由于会计分期，产生了当期与其他期间的差别，从而出现权责发生制和收付实现制的区别，进而出现了应收、应付、递延、预提、待摊这样的会计方法。

　　会计期间一般可以按照日历时间划分，分为年、季、月。最常见的会计期间是一年，按年度编制的财务会计报表也称为年报。在我国，会计准则明确规定，采取公历年度，自每年1月1日至12月31日止。此外，国际上会计期间可以按实际的经济活动周期来划分，其周期或长于、或短于公历年度。

　　会计期间划分的长短会影响损益的确定，一般来说，会计期间划分得越短，反映经济活动的会计信息质量就越不可靠。当然，会计期间的划分也不可能太长，太长了会影响会计信息使用者及时使用会计信息的需要，因此必须恰当地划分会计期间。

　　【举一反三】在会计报表中，如果资产有两种反映方式：A方式是500根灯管，2台机器设备，3项专利，3项长期投资；B方式是灯管3 000元，机器设备200 000元，专利100 000元，长期投资60 000元。你认为哪种计量方式更有利于综合反映企业财务状况，更有利于满足企业间对比的需要？

　　4. 货币计量

　　货币计量是指采用货币作为计量单位，记录和反映企业的生产经营活动。

　　企业资产、负债和所有者权益，尤其是资产可以采取不同的计量属性，如数量计量（个、张、根等）、人工计量（工时等）、货币计量。而会计是对企业财务状况和经营成果全面系统的反映，为此，需要货币这样一个统一的量度。企业经济活动中凡是能够用货币这一尺度计量的，就可以进行会计反映，凡是不能用这一尺度计量的，则不必进行会计反映。当然，统一采用货币尺度，也有不利之处，许多影响企业财务状况和经营成果的一些因素，并不是都能用货币计量的，比如，企业经营战略，在消费者当中的信誉度，企业的地理位置，企业的技术开发能力等。为了弥补货币量度的局限性，要求企业采用一些非货币指标作为会计报表的补充。

　　在我国，要求采用人民币作为记账本位币，是对货币计量这一会计前提的具体化。考虑到一些企业的经营活动更多地涉及外币，因此规定业务收支以人民币以外的货币为主的单位，可以选定其中一种货币为记账本位币。当然，提供给境内的财务会计报告使用者的会计信息应当折算为人民币。

2.4.2　会计核算信息质量要求

　　会计核算信息的质量要求是进行会计核算的指导思想和衡量会计工作成败的标准。具体包括两个方面，即：衡量会计信息质量方面的要求和确认和计量的要求。

　　【举一反三】你认为具有什么特征的会计信息，能满足会计信息使用者的需要？

1. 会计信息质量方面的一般原则

2006年2月财政部颁布《企业会计准则——基本准则》。对会计信息质量要求的准则，包括客观性、相关性、明晰性、可比性、实质重于形式、重要性、谨慎性、及时性，这些准则都是为了保证会计信息的质量而提出，是会计确认、计量和报告质量的保证。

1) 可靠原则

可靠原则也称客观性、真实性原则，是指企业应当以实际发生的经济业务及证明经济业务发生的合法凭证为依据，如实反映财务状况、经营成果，做到内容真实，数字准确，资料可靠。这一原则是对会计工作的基本要求。

这一原则包括两个内容：一是会计必须根据审核无误的原始凭证，采用特定的专门方法进行记账、算账、报账，保证所提供的会计信息内容完整、真实可靠。如果会计核算不是以实际发生的交易或事项为依据，为使用者提供虚假的会计信息，会误导信息使用者，使之做出错误的决策。二是会计人员在进行会计处理时应客观，运用正确的会计原则和方法，得出具有可检验性的会计信息。如果会计人员进行会计处理时不客观，同样不能为会计信息使用者提供真实的会计信息，也会导致信息使用者做出错误决策。

2) 相关性原则

相关性原则是指企业所提供的会计信息应与财务会计报告使用者的经济决策相关，有助于财务会计报告使用者对企业过去、现在或者未来的情况做出评价或预测。这里所说的相关，是指与决策相关，有助于决策。如果会计信息不能帮助会计信息使用者进行经济决策，就不具有相关性，因此，会计工作就不能完成会计所需达到的会计目标。

根据相关性原则，要求在收集、记录、处理和提供会计信息过程中能充分考虑各方面会计信息使用者决策的需要，满足各方面具有共性的信息需求。对于特定用途的信息，不一定都通过财务报告来提供，还可以采取其他形式加以提供。

3) 可理解性原则

可理解性原则是指企业提供的会计信息应当清晰明了，便于财务会计报告使用者理解和使用。明晰性原则要求会计信息简明、易懂，能够简单明了地反映企业的财务状况、经营成果和现金流量，从而有助于会计信息使用者正确理解、掌握企业的情况。

根据明晰性原则，会计记录应当准确、清晰，填制会计凭证、登记会计账簿必须做到依据合法、账户对应关系清楚、文字摘要完整；在编制会计报表时，项目勾稽关系清楚、项目完整、数字准确。

4) 可比性原则

可比性原则是指企业提供的会计信息应当具有可比性。这包括两个方面的质量要求：

一是信息的横向可比。即企业之间的会计信息口径一致，相互可比。企业可能处于不同行业、不同地区，经济业务发生在不同地点，为了保证会计信息能够满足经济决策的需要，便于比较不同企业的财务状况和经营成果，对于不同企业发生相同的或者相似的交易或事项，应当采用国家统一规定的相关会计方法和程序。

二是信息的纵向可比。即同一企业不同时期发生的相同或相似的交易或事项，应当采用一致的会计政策，不得随意改变，以便对不同时期的各项指标进行纵向比较。在此准则要求下，企业不得随意改变目前所使用的会计方法和程序。[①]一旦做出变更，也要在会计报告附注中做出说明。如：存货的实际成本计算方法有先进先出法、加权平均法等。如果确有必要变更，应当将变更情况、变更原因及其对企业财务状况和经营成果的影响在财务会计报告附注中说明。

表2-7　会计可比性说明表

可比性	纵向比较	同一企业不同时期发生的相同或者相似的交易或者事项，应当采用一致的会计政策，不得随意变更
	横向比较	不同企业发生的相同或者相似的交易或者事项，应当采用规定的会计政策，确保会计信息口径一致、相互可比

5) 实质重于形式原则

实质重于形式原则是指企业应当以交易或事项的经济实质进行会计确认、计量和报告，而不应仅以交易或事项的法律形式作为依据。这里所讲的形式是指法律形式，实质指经济实质。有时，经济业务的外在法律形式并不能真实反映其实质内容。为了真实反映企业的财务状况和经营成果，就不能仅仅根据经济业务的外在表现形式来进行核算，而要反映其经济实质。比如，法律可能写明商品的所有权已经转移给买方，但事实上卖方仍享有该资产的未来经济利益。如果不考虑经济实质，仅看其法律形式，就不能真实反映这笔业务对企业的影响。

6) 重要性原则

重要性原则是指企业提供的会计信息应当反映与企业财务状况、经营成果和现金流量等有关的所有重要交易或事项。在此原则下，企业在选择会计方法和程序时，要考虑经济业务本身的性质和规模，根据特定的经济业务决策影响的大小，来选择合适的会计方法和程序。如果一笔经济业务的性质比较特殊，不单独反映就有可能遗漏一个重要事实，不利于所有者以及其他方面全面掌握这个企业的情况，此时就应当严格核算，单独反映，提请注意；反之，如果一笔经济业务与通常发生的经济业务没有特殊之处，不单独反映，也不至于隐瞒什么事实，就不需要单独反映和提示。如果一笔经济业务的金额在收入、费用或资产总额中所占的比重很小，就可以采用较为简单的方法和程序进行核算，甚至不一定严格采用规定的会计方法和程序；反之，如果金额在收入、费用或资产总额中所占的比重较大，就应当严格按照规定的会计方法和程序进行。

重要性原则与会计信息成本效益直接相关。坚持重要性原则，就能够使提供会计信息的收益大于成本。对于那些不重要的项目，如果也采用严格的会计程序，分别核算，分项反映，就会导致会计信息成本高于收益。

在评价某些项目重要性时，很大程度上取决于会计人员的职业判断。一般来说，应当从质和量两个方面来进行分析。从性质来说，当某一事项有可能对决策产生一定影响时，就属于重要项目；从数量方面来说，当某一项目的数量达到一定规模时，就可能对决策产

---

① 根据可比性原则的要求，企业不得随意改变会计政策。但并不意味着所选择的会计程序和方法不能做任何变更。一般来说，在两种情况下，可以变更会计政策，一是有关法规发生变化，要求企业改变会计政策；二是改变会计政策后能够恰当地反映企业的财务状况和经营成果。

生影响。

7) 谨慎性原则

谨慎性原则又称稳健性原则，是指企业对交易或事项进行确认、计量和报告应当保持应有的谨慎，即在存在不确定因素的情况下做出判断时，不应高估资产或者收益、低估负债或者费用。对于可能发生的损失和费用，应当加以合理估计。企业经营存在风险，采用谨慎性原则，对存在的风险加以合理估计，就能在风险实际发生之前防范风险并化解风险，有利于企业做出正确的经营决策，有利于保护所有者和债权人的利益，有利于提高企业在市场上的竞争力。比如，在存货、有价证券等资产的市价低于成本时，相应地减计资产的账面价值，并将减记金额计入当期损益，体现了谨慎性原则对历史成本原则的修正。当然，谨慎性原则并不意味着可以任意提取各种准备，否则，就属于谨慎性原则的滥用。

8) 及时性原则

及时性原则是指企业对于已经发生的交易或事项，应当及时进行会计确认、计量和报告，不得提前或延后。会计信息具有时效性，才能满足经济决策的及时需要，信息才有价值，所以为了实现会计目标，就必须遵循会计信息有效性。

根据及时性原则，要求及时收集会计数据，在经济业务发生后，应及时取得有关凭证；对会计数据及时进行处理，及时编制财务报告；将会计信息及时传递，按规定的时限提供给有关方面。

2. 会计基础

会计基础是指会计确认、计量和报告的基础，包括权责发生制和收付实现制。

权责发生制又称应收应付制，是按照权利和责任是否转移或发生来确认收入和费用归属期间的制度。

《企业会计准则》规定，企业的会计确认、计量和报告应当以权责发生制为基础。

收付实现制又称现收现付制，是以实际收到或支付款项为依据进而确认收入和费用归属期间的制度。

目前，我国的行政单位会计采用收付实现制，事业单位会计除经营业务可以采用权责发生制外，其他大部分业务也采用收付实现制。

3. 会计要素的计量

会计计量是为了将符合确认条件的会计要素登记入账，并列报于财务报表而确定其金额的过程。企业应当按照规定的会计计量属性进行计量，确定其金额。

会计要素的计量主要包括历史成本、重置成本、可变现净值、现值和公允价值。

1) 历史成本

历史成本又称实际成本，是取得或制造某一财产物资时实际支付的现金或其他等价物。

2) 重置成本

重置成本又称现行成本，是指按照当前的市场条件，重新取得同样的一项资产所需要支付的现金或现金等价物。

重置成本是现在时点的成本，在实务中重置成本多应用于盘盈固定资产的计量等方面。

3) 可变现净值

可变现净值是指在正常生产经营过程中，以预计售价减去进一步加工成本和销售所必需的预计税金、费用后的净额。

【例2-6】某保温杯生产企业生产了一个保温杯的杯身，盖子还没有生产，问这个杯身值多少钱？经过市场调查发现这个杯子的预计售价为100元，销售杯子的费用为5元，相关税费为3元，该企业生产杯盖还要花20元，则该杯子值72元(100-5-3-20)。

4) 现值

现值是指对某一资产的未来现金流量以恰当的折现率进行折现后的价值，是考虑货币时间价值的一种计量属性。

【例2-7】王某现在存入一笔钱，他想在一年后从银行取出103元，假设银行的一年期利率为3%。则他应该存入银行103/(1+3%)=100(元)。此处的100元就是103元的现值。

5) 公允价值

公允价值是指在公平交易中，熟悉情况的交易双方自愿进行资产交换或债务清偿的金额。在公允价值计量下，资产和负债按照在公平交易中，熟悉情况的交易双方自愿进行资产交换或者债务清偿的金额计量。

在各种会计要素计量属性中，历史成本通常反映的是资产或者负债过去的价值，而重置成本、可变现净值、现值以及公允价值通常反映的是资产或者负债的现时成本或者现时价值，是与历史成本相对应的计量属性。

企业对会计要素进行计量时，一般应当采用历史成本。采用重置成本、可变现净值、现值和公允价值计量的，应当保证所确定的会计要素金额能够取得并能够可靠计量。

4. 其他原则

1) 配比原则

配比原则是指某个会计期间或某个会计对象所取得的收入应与为取得该收入所发生的费用、成本相匹配，以正确计算在该会计期间、该会计主体所获得的净损益。配比原则作为会计要素确认要求，用于利润确定。会计主体的经济活动会带来一定的收入，也必然要发生相应的费用。有所得必有所费，所费是为了所得，两者是对立统一的，利润正是所得比较所费的结果。配比原则的依据是受益原则，即谁受益，费用归谁负担。受益原则承认得失之间存在因果关系，但并非所有费用与收入之间都存在因果关系，必须按照配比原则区分有因果联系的直接成本费用和没有直接联系的间接成本费用。直接费用与收入进行直接配比来确定本期损益；间接费用则通过判断而采用适当合理的标准，先在各个产品和各期收入之间进行分摊，然后用收入配比来确定损益。

收入与费用之间的配比方式主要有两种：一是根据收入与费用之间因果关系进行直接

配比；二是根据收入与费用项目之间存在的时间上的一致关系进行间接配比。

据此，配比原则有三个方面的含义：①某产品的收入必须与该产品的耗费相匹配；②某会计期间的收入必须与该期间的耗费相匹配；③某部门的收入必须与该部门的耗费相匹配。

配比原则以权责发生制为基础，并与权责发生制共同作用来确定本期损益，最终受持续经营与会计分期两个前提的制约。收入在发生时而不是在收账时确定，与之相配比的费用成本就是为取得该项收入而实际发生的费用，不必考虑费用是否已经以现金付出。即会计主体必须按照权责发生制的原则对各期的收入费用进行核算，而按照权责发生制算出的费用并非全部都是期间费用或产品成本，只有按照配比原则确定的与本期收入或产品收入相对应的费用才是期间费用或产品成本。

2) 划分收益性支出与资本性支出原则

划分收益性支出与资本性支出原则是指会计核算中合理划分收益性支出与资本性支出，将收益性支出计入当期的损益，将资本性支出计入资产的价值。对于一项支出，如果支出所带来的经济效益仅与当期有关，则这项支出就作为收益性支出；如果该支出的经济效益不仅与本期间有关，而且与几个会计期间有关，那么该支出就是资本性支出。划分收益性支出与资本性支出，有助于正确确认当期损益和资产价值，保持会计信息的客观性。例如，固定资产支出，提高企业生产运营能力，其使用期限超过一年或一个营业周期，所以其所带来的效益不仅与当期有关，而且与以后几个期间有关，所以属于资本性指出，应当计入固定资产价值，而不能与当期收入相配比。

【举一反三】2012年12月购买的固定设备原值是100万元，预计使用10年，2015年12月，该设备账面价值为90万元，如果继续使用9年该设备给企业带来的现金流入现值为91万元，但如果用此设备进行债务清偿，其公允价值为95万元，请问2015年12月如何确认该设备的价值，能客观准确地反映企业的财务状况？

2.5 会计核算的具体内容与一般要求

2.5.1 会计核算的具体内容

1. 款项和有价证券的收付

款项是作为支付手段的货币资金，主要包括现金、银行存款以及其他视同现金和银行存款的银行汇票存款、银行本票存款、信用卡存款、信用证存款等其他货币资金。有价证券是指表示一定财产拥有权或支配权的证券，如国库券、股票、企业债券等。

2. 财物的收发、增减和使用

财物是财产、物资的简称，企业的财物是企业进行生产经营活动且具有实物形态的经济资源，一般包括原材料、燃料、包装物、低值易耗品、在产品、库存商品等流动资产，以及房屋、建筑物、机器、设备、设施、运输工具等固定资产。

3. 债权、债务的发生和结算

债权是企业收取款项的权利，一般包括各种应收和预付款项等。债务则是指由于过去的交易、事项形成的企业需要以资产或劳务等偿付的现时义务，一般包括各项借款、应付和预收款项，以及应交款项等。

4. 资本和基金的增减

资本一般是企业单位的所有者对企业的净资产的所有权，因此亦称所有者权益，具体包括实收资本、资本公积、盈余公积和未分配利润。基金，主要是指机关、事业单位某些特定用途的资金，如事业发展基金、集体福利基金、后备基金等。资本、基金的利益关系人和用途比较明确。办理资本、基金增减的会计核算，政策性很强，一般都应以具有法律效力的合同、协议、董事会决议或政府部门的有关文件等为依据，切忌盲从单位领导人个人或其他指示人未经法定程序认可或未办理法定手续的任何处置意见。

5. 收入、支出、费用、成本的计算

收入是指企业在销售商品、提供劳务及让渡资产使用权等日常活动中所形成的经济利益的总流入。支出是指企业所实际发生的各项开支，以及在正常生产经营活动以外的支出和损失。费用是指企业为销售商品、提供劳务等日常活动所发生的经济利益的流出。成本是指企业为生产产品、提供劳务而发生的各种耗费，是按一定的产品或劳务对象所归集的费用，是对象化了的费用。

收入、费用、成本、支出都是计算和判断企业经营成果及盈亏状况的主要依据。

6. 财务成果的计算和处理

财务成果主要是指企业在一定时期内通过从事生产经营活动而在财务上取得的结果，具体表现为盈利或亏损。财务成果的计算和处理一般包括利润的计算、所得税的计算、利润分配或亏损弥补等。

2.5.2　会计核算的一般要求

1. 会计核算的方法

做好会计工作，必须运用一系列专门的方法来对企业、事业单位的资金运动进行连续、全面、系统、综合的反映和监督。

会计的方法也包括会计核算的方法、会计分析的方法和会计检查的方法。其中会计核算的方法是会计的基本方法，下面分别加以说明。

1) 设置账户

设置账户是对会计对象进行归类反映和监督的一种专门方法。企业、事业单位的资金运动过程是十分复杂的，在整个资金运动过程中，要发生各种各样的经济业务，这些经济业务虽然都会引起资金的增减变动，但是增减变动的情况和结果却并不是一样的。为了对企业、事业单位的资金运动进行全面、系统的反映和监督，需要对企业、事业单位的资金及其运动过程，以设置账户的方法对它们进行分类，并对它们的增减变动分类地加以反映

和监督。这样，就可以针对经济管理工作中的各种不同需要，便于有的放矢地取得各种会计资料，及时对企业、事业单位的经济活动进行控制和管理。

2) 复式记账

在账簿中记录经济业务，必须要使用一定的记账方法，在会计工作的实践中，逐渐产生了一种复式记账的专门方法。

复式记账是以相等的金额同时在两个或两个以上相互联系的账户中记录每一项经济业务，借以完整地反映资金运动的一种专门方法。在企业、事业单位的资金运动过程中，任何一项经济业务都会引起资金的双重(或多重)变化。例如，企业用现金购买商品，这一项经济业务一方面引起现金的减少，另一方面又引起库存商品的增加。为了全面反映每一项经济业务所引起的这种双重(或多重)变化，就必须在两个以上账户中同时加以记录，这就是复式记账。采用复式记账的方法，可以如实地、完整地记录资金运动的来龙去脉，全面地反映和监督企业、事业单位的经济活动。

3) 填制和审核凭证

会计凭证是记录经济业务，明确经济责任，作为记账根据的书面证明。填制和审核会计凭证是会计的一项专门方法。企业、事业单位的资金运动是由一项一项具体的经济业务所构成的，会计对于资金运动的反映和监督，也必须通过对每一项经济业务的反映和监督来进行。因此，在经济业务发生时，就需要用适当的方法来审核经济业务是否合法，是否符合财经制度的规定，是否执行了财经纪律。同时，要把已经发生的经济业务正确无误地记录下来，必须要有确凿的根据，为了满足以上要求，会计工作就采用了填制和审核凭证这一专门方法。通过会计凭证的填制和审核，可以对企业、事业单位的经济活动实行经常的、有效的会计监督，而且可以为账簿的记录提供可靠的依据，以保证会计资料的真实性。

4) 登记账簿

登记账簿是全面地、系统地、连续地记录经济业务的一种专门方法。在会计工作中采用"设置账户"这一专门方法，是为了对错综复杂的经济业务进行科学的分类，以便取得经济管理工作中所需要的各种指标。但对这些指标的归纳、整理，还需要在具有一定格式的簿籍中进行登记，这种簿籍就是账簿。账簿的登记要以经过审核的凭证为依据，既要按照账户的内容分类地反映经济业务，又要按照时间的先后序时地反映经济业务，以求为经济管理工作提供系统、完整的数据和情况。

5) 成本计算

成本计算是按一定对象归集各个经营过程中所发生的费用，从而计算各个对象的总成本和单位成本的一种专门方法。这一专门方法主要是在企业会计中采用的。在企业中，为了考核经营过程中各个阶段的费用支出，寻求节约支出和降低成本的途径，需要将各个阶段发生的费用、支出按照一定的对象加以归集。例如，在工业企业中，供应阶段中采购材料所发生的费用，要按每种材料来归集；生产阶段中生产产品所发生的费用，要按每种产品来归集；销售阶段中出售产品所发生的费用，要按售出的每种产品来归集，等等。通过对这些费用的归集，然后计算各成本计算对象的总成本和单位成本。在商业企业中，同样要计算商品的购进和销售成本。在建筑安装施工企业中同样要计算材料、器材的采购成本和工程的施工成本。采用成本计算这一专门方法，有利于全面而又具体地反映和监督各个经营过程中的费用支出情况，从而促使企业加强经济核算，挖掘潜力，厉行增产节约。

6) 财产清查

财产清查是通过盘点实物，查核应收、应付款项，并与账面核对以查明财产物资实有数额的一种专门方法。在会计工作中，运用一系列专门方法，将各种财产物资的结存数额在账簿中如实反映。但是，账面上反映的财产物资的结存数额，是否与实际结存的数额完全相符，还需要用财产清查的方法加以查对核实。通过财产清查，一方面可以查明财产物资实存数，以保证账实相符；另一方面还可以检查各种物资的储存保管情况和各种应收、应付款项的结算情况，防止各种物资的积压、毁损和各种应收、应付款长期拖欠不清，从而改进财产物资的管理，进一步提高资金的使用效果。

7) 编制会计报表

编制会计报表是以书面报告的形式，定期并总括地反映企业、事业单位经济活动情况和结果的一种专门方法。企业、事业单位的经济活动，在日常核算中，已经利用各种不同的专门方法进行了全面、系统、连续的记录和反映。但是这些记录是分散在各种账簿中的。为了更集中和概括地反映出企业、事业单位经济活动的全貌，需要通过编制会计报表，把账簿中分散的资料集中起来，归纳整理，使之更加系统化，更富有条理性，既全面又概括地反映出企业在一定时期内经济活动的情况和结果，以进一步发挥会计在生产"过程的控制和观念总结"方面的作用。

上述各种方法是会计核算的基本方法，是所有企业、事业单位共同适用的会计方法，也是当今世界各国普遍使用的会计方法。但是，会计的方法并不限于以上几种，在实际工作中为了完成会计工作的任务，特别是在实现其参与经济决策的职能时，还需要采用其他的一些专门方法。例如，为了考核预算、财务计划的执行情况，需要采用各种指标对比的方法；为了分析预算、财务计划完成或完不成的原因，需要采用因素分析的方法；为了预测经济前景，需要采用建立各种数学模型的方法，等等。并不是所有企业、事业单位都按统一的模式来运用某一类会计方法，常常需要根据经济活动的性质和经营管理的特点来灵活运用，在这里不作具体阐述，留待各门专业会计课程中再作说明。会计核算方法说明如图2-3所示。

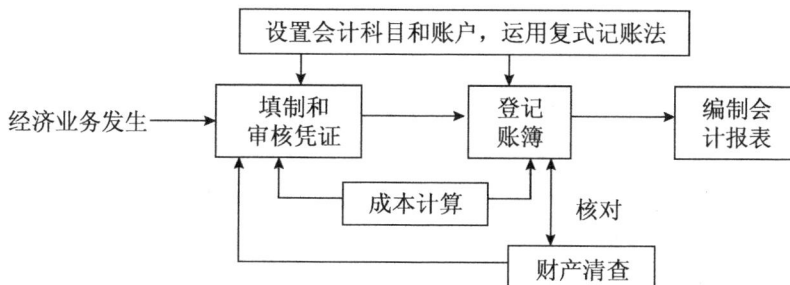

图2-3　会计核算方法说明图

2. 会计核算的一般要求

(1) 各单位必须按照国家统一的会计制度的要求设置会计科目和账户、采用复式记账、填制会计凭证、登记会计账簿、进行成本计算、财产清查和编制财务会计报告。

(2) 各单位必须根据实际发生的经济业务事项进行会计核算，编制财务会计报告。

(3) 各单位发生的各项经济业务事项应当在依法设置的会计账簿上统一登记、核算，不得违反《会计法》和国家统一的会计制度的规定私设会计账簿登记、核算。

(4) 各单位对会计凭证、会计账簿、财务会计报告和其他会计资料应当建立档案，妥善保管。

(5) 使用电子计算机进行会计核算的，其软件及其生成的会计凭证、会计账簿、财务会计报告和其他会计资料，也必须符合国家统一的会计制度的规定。具体要求参见《初级会计电算化考试大纲》。

(6) 会计记录的文字应当使用中文。在少数民族自治地区，会计记录可以同时使用当地通用的一种民族文字。在中华人民共和国境内的外商投资企业、外国企业和其他外国组织的会计记录，可以同时使用一种外国文字。

2.6 会计准则体系

2.6.1 会计准则的构成

会计准则是反映经济活动、确认产权关系、规范收益分配的会计技术标准，是生成和提供会计信息的重要依据，也是政府调控经济活动、规范经济秩序和开展国际经济交往等的重要手段。会计准则具有严密和完整的体系。我国已颁布的会计准则有《企业会计准则》《小企业会计准则》和《事业单位会计准则》。

2.6.2 企业会计准则

我国的企业会计准则体系包括基本准则、具体准则、应用指南和解释公告等。2006年2月15日，财政部发布了《企业会计准则》，自2007年1月1日起在上市公司范围内施行，并鼓励其他企业执行。

1. 基本准则

基本准则是企业会计准则体系的概念基础，是具体准则、应用指南和解释等的制定依据，地位十分重要。《企业会计准则——基本准则》的作用主要如下。

(1) 统驭具体准则的制定。基本准则规范了包括财务报告目标、会计基本假设、会计信息质量要求、会计要素的定义及其确认、计量原则、财务报告等在内的基本问题，是制定具体准则的基础，对各具体准则的制定起着统驭作用，可以确保各具体准则的内在一致性。我国基本准则第三条明确规定："企业会计准则包括基本准则和具体准则，具体准则的制定应当遵循本准则(即基本准则)。"在企业会计准则体系的建设中，各项具体准则也都明确规定按照基本准则的要求进行制定和完善。

(2) 为会计实务中出现的具体准则尚未规范的新问题提供会计处理依据。在会计实务中，由于经济交易事项的不断发展、创新，一些新的交易或者事项在具体准则中尚未规范但又急需处理，这时，企业不仅应当对这些新的交易或者事项及时进行会计处理，而且在处理时应当严格遵循基本准则的要求，尤其是基本准则关于会计要素的定义及其确认与计量等方面的规定。因此，基本准则不仅扮演着具体准则制定依据的角色，也为会计实务中出现的、具体准则尚未做出规范的新问题提供了会计处理依据，从而确保了企业会计准则体系对所有会计实务问题的规范作用。

2. 具体准则

具体准则是根据基本准则制定的用来指导企业各类经济活动的确认、计量和报告的规范。具体准则可以分为一般业务准则、特殊行业的特定业务准则和报告准则三类。

(1) 一般业务准则。一般业务准则主要规范各类企业普遍适用的一般经济业务的确认和计量要求，包括存货、会计政策、会计估计变更和差错更正、资产负债表日后事项、建造合同、所得税、固定资产、租赁、收入、职工薪酬、股份支付、政府补助、外币折算、借款费用、长期股权投资、企业年金基金、每股收益、无形资产、资产减值、或有事项、投资性房地产、企业合并等准则项目。

(2) 特殊行业的特定业务准则。特殊行业的特定业务准则主要规范特殊行业特定业务的确认和计量要求，如石油天然气开采、生物资产、金融工具确认和计量、金融资产转移、套期保值、金融工具列报、原保险合同、在保险合同、公允价值计量的准则项目。

(3) 报告准则。报告准则主要规范普遍适用于各类企业会计报告类准则，如财务报表列报、现金流量表、合并报表、中期会计报告、分部报告、关联方披露、在其他会计主体中权益的披露的准则项目。

3. 小企业会计准则

《小企业会计准则》于2011年10月18日由中华人民共和国财政部以财会〔2011〕17号印发，该准则分总则、资产、负债、所有者权益、收入、费用、利润及利润分配、外币业务、财务报表、附则10章90条，自2013年1月1日起施行。

与企业会计准则相比，小企业会计准则具有以下特点。

(1) 简化核算要求。在会计计量方面，要求小企业采用历史成本计量；在财务报告方面，不要求提供所有者权益变动表。

(2) 满足税收征管信息需求与有助于银行提供信贷相结合。以税务部门和银行作为小企业外部财务报告信息的主要使用者，基于这两者的信息需求确定会计核算的基本原则；减少了职业判断的内容，消除了小企业会计与税法的大部分差异。

(3) 和企业会计准则合理分工与有序衔接相结合。对于小企业非经常性发生的甚至基本不可能发生的交易或事项，一旦发生，可以参照企业会计准则的规定执行；规定了转为执行《企业会计准则》应满足的条件和基本衔接原则。

4. 事业单位会计准则

2012年12月6日，财政部修订发布了《事业单位会计准则》，自2013年1月1日在各级各类事业单位施行。该准则对我国事业单位的会计工作予以规范。

[要点总结]

1. 会计是以提供财务信息为主的信息系统，同时又是一种管理活动。

2. 会计基本职能是会计核算和会计监督。

3. 会计的对象是社会再生产过程中的资金运动。

4. 会计要素就是对会计对象所做的分类，包括资产、负债、所有者权益、收入、费用、利润。其中前三项静态反映企业的财务状况，后三项动态反映企业一定时期的经营活动及其结果。

5. 核算的基本前提或会计假设有4个：会计主体、持续经营、会计期间、货币计量。

6. 会计核算信息质量要求有8个：可靠性、相关性、可理解性、可比性、实质重于形式、重要性、谨慎性、及时性。

7. 会计核算的方法有：设置账户、复式记账、填制和审核凭证、登记会计账簿、成本计算、财产清查、编制会计报表。

课外阅读及案例

一、关于会计的对话

在我们开始学习会计的一些基本知识之前，我们先来看一段关于会计含义的对话。

甲、乙、丙、丁四个人是好伙伴，有一次在一起聚会，一通天南海北之后，聊起了什么是会计这一话题，四人各执一词，谁也说服不了谁：

甲：什么是会计？这还不简单，会计就是指一个人，比如，我们公司的刘会计，是我们公司的会计人员，这里会计不是人是什么？

乙：不对，会计不是指人，会计是指一项工作，比如我们常常这样问一个人，你在公司做什么？他说，我在公司当会计，这里会计当然是指会计工作了。

丙：会计不是指一项工作，也不是指一个人，而是指一个部门，一个机构，即会计机构。你们看，每个公司都有一个会计部或者会计处，这里会计就是指会计部门，显然是一个机构。

丁：你们都错了，会计既不是一个人，也不是一项工作，更不是指一个机构，而是指一门学科，我弟弟就是湖南大学学会计的，他当然是去学一门学科或科学。

结果，他们谁也说服不了谁。亲爱的朋友，如果让你来谈谈什么是会计，你会怎么说呢？

在日常生活中，会计确实有不同的含义。甲、乙、丙、丁四个人的看法都说明了会计含义的一部分，但又都不全面。

我们说会计主要是指会计工作和会计学。会计是一项经济管理工作，一项为生产经营活动服务的社会实践，这就是说，会计是指会计工作。同时，既然有会计工作的实践，就势必有实践经验的总结和概括，就有会计的理论，就有会计工作赖以进行的指导思想。会计学是解释和指导会计实践的知识体系，是一门学科。也就是说，会计是指会计学。可见，会计既指会计学，也指会计工作。也就是说，会计既包括会计理论，也包括会计实践。

二、会计小知识

1. 世界各国的会计年度

(1) 采用日历年制(1月—12月)的有：中国、奥地利、比利时、保加利亚、捷克、斯洛伐克、芬兰、德国、希腊、匈牙利、冰岛、爱尔兰、挪威、波兰、葡萄牙、罗马尼亚、西班牙、瑞士、俄罗斯、白俄罗斯、乌克兰、墨西哥、哥斯达黎加、多米尼加、萨尔瓦多、危地马拉、巴拉圭、洪都拉斯、秘鲁、巴拿马、玻利维亚、巴西、智利、哥伦比亚、厄瓜多尔、塞浦路斯、约旦、朝鲜、马来西亚、阿曼、阿尔及利亚、叙利亚、中非帝国、象牙海岸、利比里亚、利比亚、卢旺达、塞内加尔、索马里、多哥、赞比亚等。

(2) 采用4月至次年3月制的有：丹麦、加拿大、英国、纽埃岛、印度、印度尼西亚、伊拉克、日本、科威特、新加坡、尼日利亚等。

(3) 采用7月至次年6月制的有：瑞典、澳大利亚、孟加拉国、巴基斯坦、菲律宾、埃及、冈比亚、加纳、肯尼亚、毛里求斯、苏丹、坦桑尼亚等。

(4) 采用10月至次年9月制的有：美国、海地、缅甸、泰国、斯里兰卡等。

(5) 其他类型的有：阿富汗、伊朗(3月21日至次年3月20日)；尼泊尔(7月16日至次年7月15日)；土耳其(3月至次年2月)；埃塞俄比亚(7月8日至次年7月7日)；阿根廷(11月至次年10月)；卢森堡(5月至次年4月)；沙特阿拉伯(10月15日至次年10月14日)。

2. 20世纪中国十大会计名家

(1) 谢霖(1885—1969)。中国第一位会计师，日本早稻田大学毕业，获商学学士学位，回国后任中国银行总司账，随即在银行进行会计改革，率先在中国使用国际通行的借贷记账法。1918年6月上书北洋政府，建议制定会计师制度，后获委任草拟章程；同年9月，农商部颁布《会计师暂行章程》，谢霖随即获颁发第一号会计师证书。

(2) 徐永祚(1891—1959)。中国银行天津分行练习生出身，后回母校神州大学银行科任教、担任《银行周报》总编辑。1919年上海证券交易所成立前，为其拟订业务规程、会计制度和培训会计人员。后开设徐永祚会计师事务所，创办《会计杂志》，出版《改良中式会计》，创立收付记账法，在新中国成立后商业等会计中一直沿用到20世纪90年代。

(3) 潘序伦(1893—1985)。毕业于美国哥伦比亚大学，具有商学学士学位，被美国人称为"中国会计之父"。1927年回上海开设潘序伦会计师事务所，次年改名为立信会计师事务所，并分设会计专科学校、会计补习学校、会计编译所、会计图书用品部，在全国各地建立了庞大的会计企业集团，培养了大批会计精英。自20世纪80年代初立信复办以来，在会计界占有举足轻重的地位。

(4) 雍家源(1898—1975)。现代政府会计制度的设计者，早年留学美国芝加哥，忠实信托银行实习员出身，后回国任审计院协审。1930年国民政府财政部成立会计委员会，被委任为主任委员，主张改革政府会计制度，与他人合作设计《中央各机关及所属统一会计制度》，著有《中国政府会计论》，是影响很大的预算会计理论。

(5) 奚玉书(1902—1982)。毕业于上海复旦大学商学院会计专科，先从事会计教育，后开设会计师事务所，在经营会计师事务所期间，努力维护民族利益，敢于挑战洋会计师，创办《公信会计月刊》达九年之久。

(6) 赵锡禹(1901—1970)。被誉为最早介绍西方现代会计理论的学者。曾在哈佛大学、纽约大学、芝加哥大学留学，研究世界会计发展。20世纪50年代，先后在中央财经金融学院和中国人民大学任教；1961年在割资本主义尾巴的形势下，敢于开设《资本主义会计专题讲座》，宣扬外国理论，其勇气可谓惊人。

(7) 余肇池(1892—1968)。五十年代初任财政部会计制度规章审议委员会委员，在移植前苏联国营企业会计理论和方法中起很大作用，最早编有《国营企业会计》一书，影响全国，并成为企业会计蓝本。

(8) 安绍芸(1900—1976)。晚清主管全国会计事务首位官员，清华学堂毕业。留学美国威斯康辛大学后，回国任会计教授，并开设会计事务所，1949年任财政部会计制度处处长，1951年改称会计制度局(现称会计司)续任司长，主持设计一系列全国统一的会计制度，从而为今日中国会计事业打下基础。

(9) 顾准(1915—1974)。自学成才的会计专家。小学毕业后，曾就读中华联业学校商科，十三岁入立信会计师事务所当练习生，在潘序伦直接指导下工作。他从学徒做起，边学边做，十九岁写出第一本著作《银行会计》，随后更自著或与潘序伦合著作品甚多，1950年曾任上海市财政局局长兼税务局局长，后调北京从事会计研究工作，陆续写出《会计原理》等著作。

(10) 杨纪琬(1917—1999)。毕业于上海商学院，会计教授，1949年调财政部工作，1957年任会计司副司长，1980年任司长，1985年改任顾问，是中国注册会计师协会首任会长，1993年任财政部会计准则中方专家咨询组组长。逝世后，中国官方发表的《杨纪琬同志生平》中称他为"新中国会计界公认的一代名师"，为中国会计制度和会计准则的建设，以及为会计理论、会计教育和注册会计师事业的发展，呕心沥血，贡献了毕生精力，做出了巨大而杰出的贡献。

案例来源：中华会计网校：http://www.chinaacc.com/?u=7853&c=301752

分层次练习

A. 基础练习

一、名词解释

四柱结算法　会计　会计对象　会计要素　所有者权益

二、填空题

1. 宋代的"四柱结算法"中的四柱，具体分为_____、_____、_____、_____。

2. _____年意大利传教士卢卡·巴其阿勒的专著《算术、几何、比及比例概要》出版，标志着_____的开始。

3. 我国会计六要素是_____、_____、_____、_____、_____、_____。

4. 资产按变现或耗用时间的长短分为_____和_____。

5. 负债是指企业所承担的能以货币计量的、需以_____的现时义务。

6. 所有者权益的大小，由_____和_____两要素的大小共同决定。

7. 收入是指企业在销售商品或提供劳务等经营中实现的营业收入，包括_____和_____。

8. 费用分为_____、_____和_____。

9. 会计的直接目标是_____。

10. _____和_____是建立现代会计学方法的支柱。

三、用直线连接有关项目所归属的会计要素

1. 短期投资   A. 资产
2. 预收账款
3. 生产成本
4. 应付债券   B. 负债
5. 预付账款
6. 专利权
7. 资本溢价   C. 所有者权益
8. 应付账款
9. 公益金
10. 长期股权投资   D. 收入
11. 产品销售收入
12. 房屋及建筑物   E. 费用
13. 管理费用
14. 投资收益
15. 本年利润   F. 利润

四、计算分析题

1. ABC企业2015年12月31日的资产、负债、所有者权益的状况如表2-8所示。

表2-8 ABC公司财务情况说明表

项目	资产	权益	
		负债	所有者权益
1. 库存现金	600元		
2. 存放在银行的货币资金	95 000元		
3. 生产车间厂房	280 000元		

(续表)

项目		资产	权益	
			负债	所有者权益
4. 各种机器设备	330 000元			
5. 运输车辆	250 000元			
6. 库存产品	75 000元			
7. 车间中正在加工的产品	86 500元			
8. 库存材料	85 000元			
9. 投资人投入的资本	800 000元			
10. 应付的购料款	142 000元			
11. 尚未交纳的税金	6 570元			
12. 向银行借入的短期借款	72 000元			
13. 应收产品的销货款	115 000元			
14. 采购员出差预借差旅费	2 000元			
15. 商标权	250 000元			
16. 发行的企业债券	317 000元			
17. 开办费支出	95 000元			
18. 盈余公积结余	68 530元			
19. 法定财产重估增值	126 000元			
20. 未分配利润	132 000元			
合计				

要求：根据上述资料确定资产负债及所有者权益项目，并分别加计资产负债及所有者权益金额和合计数，验证资产和权益是否相等。

2. 某企业2015年12月发生下列经济业务：

(1) 销售产品70 000元，其中30 000元已收到并存入银行，其余40 000元尚未收到。

(2) 收到现金800元，系上月提供的劳务收入。

(3) 用现金支付本月份的水电费900元。

(4) 本月应计劳务收入1 900元。

(5) 用银行存款预付下年度房租18 000元。

(6) 用银行存款支付上月份借款利息500元。

(7) 预收销售货款26 000元，已通过银行收妥入账。

(8) 本月负担年初已支付的保险费500元。

(9) 上月预收货款的产品本月实现销售收入18 000元。

(10) 本月负担下月支付的修理费1 200元。

要求：

(1) 按收付实现制原则计算12月份的收入、费用。

(2) 按权责发生制原则计算12月份的收入、费用。(不必编制会计分录)

B. 从业资格考试习题

一、单选题

1. 会计是经济管理的组成部分，它是以货币为主要计量单位，以凭证为依据，采用专门的方法，对会计主体的经济活动进行( )的核算与监督，向有关方面提供会计信息，参与经营管理，旨在提高经济效益的一种管理活动。

A. 真实、全面、综合、连续
B. 真实、全面、连续、系统
C. 真实、综合、连续、系统
D. 全面、综合、连续、系统

2. 下列各项中，不属于会计中期的是( )。

A. 月度
B. 季度
C. 半年度
D. 年度

3. 企业为应收账款计提坏账准备，主要体现的会计信息质量要求是( )。

A. 重要性
B. 可比性
C. 可靠性
D. 谨慎性

4. 新《企业会计准则——基本准则》规定："企业应当对其本身发生的交易或者事项进行会计确认、计量和报告。"这是对( )的基本规定和要求。

A. 会计分期
B. 会计主体
C. 货币计量
D. 持续经营

5. 利得是由企业的非日常活动所形成的会导致( )增加的、与所有投入资本无关的经济利益的流入。

A. 利润
B. 资产
C. 所有者权益
D. 营业外收入

6. 以下哪个等式提示了会计的财务状况与经营成果之间的相互关系? ( )

A. 资产+收入=费用+负债+所有者权益
B. 资产=负债+所有者权益
C. 收入−费用=利润
D. 资产+费用=收入+负债+所有者权益

7. 下列各项中，表现出资金投入企业的有( )。

A. 取得投资者投入的固定资产
B. 银行借入长期借款
C. 将购入的原材料验收入库
D. 预收货款

8. 下列各项中，不能反映会计核算职能内容的是( )。

A. 确认
B. 记录
C. 报告
D. 审计

9. 新《企业会计准则——基本准则》规定会计信息质量要求的一般原则不包括( )。

A. 相关性原则
B. 可比性原则
C. 历史折现原则
D. 实质重于形式原则

10. 新《企业会计准则——基本准则》规定：企业应当以实际发生的交易或者事项为依据进行会计确认、计量和报告，如实反映符合确认和计量要求的各项会计要素及相关信息，保证会计信息真实( )，内容完整。

A. 可靠
B. 准确
C. 可行
D. 无误

11. 会计核算工作的基础环节是( )。

A. 合法地取得、正确地填制和审核会计凭证
B. 登记会计账簿
C. 进行财产清查
D. 编制财务报表

12. 融资性租赁方式的资产可视为企业的资产符合( )。

A. 谨慎性原则
B. 可比性原则
C. 实质重于形式原则
D. 及时性原则

13. 企业发生的下列支出属于资本性支出的是(　　)。

    A. 支付的业务招待费　　　　　　　　B. 支付给股东的现金股利

    C. 支付的生产工人工资　　　　　　　D. 固定资产大修理支出

14. 以下哪一项不属于资产项目(　　)。

    A. 应收票据　　　　B. 应收账款　　　　C. 应付账款　　　　D. 预付账款

15. 新的《企业会计准则——基本准则》规定："所有者权益是指企业资产扣除负债后由所有者享有的(　　)。"

    A. 未分配利润　　　B. 剩余权益　　　　C. 留存收益　　　　D. 盈余公积

16. 在会计核算过程中，会计核算方法的选择不仅影响资产负债表项目，对利润表各项目也产生影响，因此，同一企业的会计处理方法前后各期(　　)。

    A. 可以根据实际需要进行变更　　　　B. 应当一致，不得随意变更

    C. 经单位负责人同意后可以变更　　　D. 应当一致，绝对不得变更

17. 企业以银行存款支付职工薪酬，表现出的资金运动方式是(　　)。

    A. 资金运用　　　B. 不影响资金运动　　　C. 资金投入　　　D. 资金退出

18. 我国古代"会计"一词产生于(　　)。

    A. 东周　　　　　　B. 殷商　　　　　　C. 西周　　　　　　D. 伏羲

19. 货款已经收到，但销售并未实现，则企业当期不确认销售商品收入，这一做法是(　　)。

    A. 谨慎性信息质量的要求　　　　　　B. 收付实现制基础的要求

    C. 可比性信息质量的要求　　　　　　D. 权责发生制基础的要求

20. (　　)是指运用货币计量的专门会计方法，对企业发生的经济业务进行确认、计量、记录、报告。

    A. 会计核算　　　B. 会计分析　　　　C. 会计预测　　　　D. 会计决策

21. 会计的基本职能是(　　)。

    A. 记账与算账　　　B. 预测和决策　　　C. 核算与监督　　　D. 记账、算账与报账

22. 为了保证企业会计核算方法前后各期保持一致，不随意变更，要求企业在会计核算时遵循(　　)原则。

    A. 客观性　　　　　B. 实质重于形式　　C. 可比性　　　　　D. 一贯性

23. 只有在(　　)的前提下，企业会计要素才可以确认，资产才可以按历史成本计价。

    A. 会计主体　　　　B. 持续经营　　　　C. 会计分期　　　　D. 货币计量

24. 下列各项中属于日常会计核算工作起点的是(　　)。

    A. 填制和审核会计凭证　　　　　　　B. 财产清查

    C. 编制财务会计报告　　　　　　　　D. 登记会计账簿

25. "收入只包括本企业经济利益的流入，不包括为第三方或客户代收的款项"是(　　)会计假设的要求。

    A. 会计主体　　　　B. 持续经营　　　　C. 会计分期　　　　D. 货币计量

26. 会计科目是(　　)的名称。

    A. 会计要素　　　　B. 账簿　　　　　　C. 账户　　　　　　D. 会计报表

27. 下列不属于企业会计要素的是(　　)。

A. 资产　　　　　　B. 收入　　　　　　C. 净资产　　　　　　D. 负债

28. 流动资产是指可以在(　　)变现或耗用的资产。

A. 一年内　　　　　　　　　　　　B. 一个营业周期内

C. 一定会计期间内　　　　　　　　D. 一年或长于一年的一个营业周期内

29. 下列属于流动资产的是(　　)。

A. 预收账款　　　　B. 在建工程　　　　C. 预付账款　　　　D. 无形资产

30. 固定资产盘亏属于(　　)。

A. 管理费用　　　　B. 营业外支出　　　C. 其他业务成本　　D. 财务费用

31. 利润是企业在一定时期的(　　)。

A. 财务状况　　　　B. 经营成果　　　　C. 营业利润　　　　D. 营业收入

32. 以下不属于无形资产的是(　　)。

A. 专利权　　　　　B. 商标权　　　　　C. 长期投资　　　　D. 土地所有权

33. 以下不属于流动负债的是(　　)。

A. 应付账款　　　　B. 应付票据　　　　C. 应付债券　　　　D. 应付账款

34. 利润总额减所得税是(　　)。

A. 净利润　　　　　B. 未分配利润　　　C. 利润总额　　　　D. 本年利润

35. 以下属于收入的有(　　)。

A. 原材料出售取得的收入　　　　　B. 无形资产出售取得的收入

C. 固定资产出售取得的收入　　　　D. 短期投资出售取得的收入

36. 某公司2015年年末流动资产为400万元，长期资产(非流动资产)为900万元，流动负债为300万元，长期负债为400万元。则2015年年末所有者权益(净资产)为(　　)万元。

A. 2 000　　　　　　B. 1 300　　　　　　C. 100　　　　　　　D. 600

37. 会计监督职能又称(　　)。

A. 反映职能　　　　B. 审计职能　　　　C. 控制职能　　　　D. 稽核职能

38. 反映企业一定会计期间经营成果的会计要素是(　　)。

A. 收入　　　　　　B. 利润　　　　　　C. 利得　　　　　　D. 收益

39. 应付账款属于(　　)。

A. 负债　　　　　　B. 资产　　　　　　C. 费用　　　　　　D. 收入

40. 既是复式记账的理论基础，同时又是资产负债表的编制依据的是(　　)。

A. 会计准则　　　　B. 会计科目　　　　C. 会计等式　　　　D. 会计主体

41. 企业以银行存款偿还债务，表现的形式是(　　)。

A. 一项资产增加，另一项资产减少　　B. 一项负债增加，另一项负债减少

C. 一项资产减少，一项负债增加　　　D. 一项资产减少，一项负债减少

二、多选题

1. 会计核算贯穿于经济活动的全过程，会计核算包括(　　)等主要环节。

A. 确认　　　　　　B. 计量　　　　　　C. 记录

D. 计算　　　　　　E. 报告

2. 下列各项中，表现出资金投入企业的有(　　)。

A. 取得投资者投入的固定资产　　　　　B. 银行借入长期借款

C. 将购入的原材料验收入库　　　　　　D. 预收货款

3. 下列各项中，反映了可靠性信息质量要求的是(　　)。

A. 各类企业执行的会计政策应当统一，保证会计信息口径一致

B. 以实际发生的交易或者事项为依据进行确认、计量、报告

C. 在符合重要性和成本效益原则的前提下，保证会计信息的完整性

D. 在财务报告中的会计信息应当是真实的

4. 下列有关会计的说法正确的是(　　)。

A. 本质上是一种经济管理活动　　　　　B. 对经济活动进行核算和监督

C. 以货币为主要计量单位　　　　　　　D. 核算特定主体的经济活动

5. 下列各项中，能够反映会计核算的是(　　)。

A. 对特定主体的经济活动进行确认

B. 对特定主体的经济活动进行计量

C. 对特定主体的经济活动进行报告

D. 对特定主体的经济活动的合法性审查

6. 下列组织可以作为一个会计主体进行会计核算的有(　　)。

A. 分公司　　　　　　　　　　　　　　B. 母公司及其子公司组成的企业集团

C. 深圳大学　　　　　　　　　　　　　D. 企业员工食堂

7. 下列各项中，可以反映会计核算基本职能内容要求的事项有(　　)。

A. 编制财务预算　　　　　　　　　　　B. 进行会计确认

C. 进行会计计量　　　　　　　　　　　D. 提供财务报告

8. 《企业会计制度》规定了会计核算的质量要求(　　)。

A. 可靠性　　　　　B. 谨慎性　　　　　C. 可比性　　　　　D. 及时性

9. 下列(　　)会计处理体现了谨慎性原则。

A. 对资产计提减损准备

B. 采用加速折旧法对固定资产计提折旧

C. 在物价上涨时对存货发出采用后进先出法计价

D. 将资本性支出作为收益性支出处理

10. 以下(　　)原则是适应会计分期和持续经营的假设制定的。

A. 权责发生制　　　　　　　　　　　　B. 配比

C. 谨慎性　　　　　　　　　　　　　　D. 划分收益性支出和资本性支出

11. 财务会计是一个信息系统，而用于决策使用的财务信息必须具有一定的质量，下列(　　)属于对会计信息质量要求的会计原则。

A. 客观性原则　　　　　　　　　　　　B. 实质重于形式原则

C. 可比性原则和一贯性原则　　　　　　D. 相关性原则

12. 资产作为企业的资源，具有(　　)基本特征。

A. 是由于过去交易或事项产生的　　　　B. 是有形的

C. 是企业拥有或控制的　　　　　　　D. 未来能够给企业带来经济利益

13. 收入是指企业在( )等日常活动中形成的经济利益的总流入。

A. 销售商品　　　　　　　　　　　　B. 提供劳务

C. 让渡资产使用权　　　　　　　　　D. 进行证券投资

14. 所有者权益包括( )。

A. 实收资本　　　B. 资本公积　　　C. 盈余公积　　　D. 未分配利润

15. 与计算主营业务利润有关的项目有( )。

A. 主营业务收入　　　　　　　　　　B. 主营业务成本

C. 税金及附加　　　　　　　　　　　D. 销售费用

16. 属于长期负债的有( )。

A. 长期借款　　　B. 应付债券　　　C. 长期应付款　　　D. 专项应付款

17. 企业有意对财务报告中提供的会计信息进行省略，误导会计信息使用者做出错误决策，违背的会计信息质量要求有( )。

A. 重要性　　　B. 及时性　　　C. 谨慎性　　　D. 可靠性

18. 生产成本分为( )等成本项目。

A. 直接材料　　　B. 直接人工　　　C. 制造费用　　　D. 管理费用

19. 与营业利润有关的项目有( )。

A. 所得税　　　B. 主营业务成本　　　C. 营业外支出　　　D. 销售费用

20. 期间费用包括( )。

A. 管理费用　　　B. 财务费用　　　C. 应付账款　　　D. 制造费用

21. 企业故意高估资产和收入，违背的会计信息质量要求有( )。

A. 实质重于形式　　　B. 及时性　　　C. 谨慎性　　　D. 可靠性

22. 留存收益包括( )。

A. 实收资本　　　B. 资本公积　　　C. 盈余公积　　　D. 未分配利润

23. 下列有关会计主体假设的叙述中，正确的有( )。

A. 法律主体通常也是一个会计主体

B. 会计主体等同于法律主体

C. 界定会计主体是开展会计确认、计量和报告工作的重要前提

D. 明确会计主体，才能划定会计所要处理的各项交易或事项的空间范围

24. 下列选项中，属于财务报表信息使用者的有( )。

A. 投资者和债权人　　　　　　　　　B. 财政、税收、银行部门

C. 证券监督部门　　　　　　　　　　D. 企业财务分析人员

25. 下列各项中，属于负债特征的有( )。

A. 负债是企业承担的现实义务　　　　B. 是由过去的交易或事项引起的

C. 负债的清偿会导致企业经济利益的流出　D. 未来流出的经济利益的金额能够可靠计量

26. 关于企业会计的会计等式，正确的有( )。

A. 资产=权益　　　　　　　　　　　B. 资产=负债+所有者权益

C. 收入-费用=利润　　　　　　　　　D. 资产=负债+所有者权益+(收入-费用)

27. 下列各项中构成利润的有(　　)。

A. 收入减费用后的净额　　　　　　　　B. 直接计入当期利润的利得和损失

C. 所得税费用　　　　　　　　　　　　D. 盈余公积

28. 负债的偿还方式有(　　)。

A. 支付现金　　　B. 转让其他资产　　　C. 提供劳务　　　D. 债转债或债转股

29. 不可用于分配利润的有(　　)。

A. 实收资本　　　B. 资本公积　　　　　C. 盈余公积　　　D. 未分配利润

30. 收入具有以下特征(　　)。

A. 从企业的日常活动中取得

B. 收入的取得表现为资产的增加或负债的减少

C. 收入能导致企业所有者权益的增加

D. 收入只包括本企业经济利益的流入,不包括为第三方或客户代收的款项

31. 某企业向银行取得借款200万元,该项经济业务引起企业会计要素变化的有(　　)。

A. 营业外收入增加200万元　　　　　　B. 收入增加200万元

C. 银行存款增加200万元　　　　　　　D. 资产增加200万元

32. 根据我国《企业会计准则》的规定,会计假设主要包括(　　)。

A. 会计主体假设　　B. 持续经营假设　　C. 会计分期假设　　D. 人民币计量假设

33. 在我国,常见的会计期间有(　　)。

A. 月度会计期间　　B. 季度会计期间　　C. 年度会计期间　　D. 半年度会计期间

三、判断题

1. 《小企业会计准则》不要求企业编制现金流量表。(　　)

2. 在持续经营前提下,会计确认、计量和报告应当以企业持续、正常的生产经营活动为前提。(　　)

3. 一般来讲,法人应该是会计主体,但是会计主体不一定是法人。(　　)

4. 没有会计主体假设,就不会有持续经营假设;没有持续经营假设,就不会有会计分期假设。(　　)

5. 会计不仅具有核算与监督的基本职能,还具有参与经济决策和评价未来经济业绩的拓展职能。(　　)

6. 会计主体假设确定了会计核算的空间范围,会计分期假设确定了会计核算的时间范围。(　　)

7. 一贯性原则要求企业会计核算方法前后各期应当保持一致,不得变更。(　　)

8. 实质重于形式原则是指企业应当按照交易或事项的经济实质进行会计核算,而不应当以它们的法律形式作为会计核算的依据。(　　)

9. 根据权责发生制原则,凡是不属于当期的收入和费用,即使款项已在当期收付,也不应当作为当期的收入和费用。(　　)

10. 会计基本假设是企业会计确认、计量和报告的前提,是对会计核算所处时间、空间环境等所做的合理设定。(　　)

11. 对于某些比较复杂但与财务报告使用者的经济决策密切相关的会计信息应当在财

务报告中予以充分披露，这才能充分体现可比性的会计信息质量要求。（　　）

12. 凡支出的效益受益于几个会计年度的支出，应当作为收益性支出。（　　）

13. 重要性原则要求，对于次要的会计事项，在不影响会计信息真实性和不至于误导财务会计报告使用者作出正确判断的前提下可不做会计处理。（　　）

14. 会计期间的划分是正确计算收入、费用和损益的前提。（　　）

15. 一贯性原则的目的是保证从纵向上对同一企业前后各期会计信息进行相互比较和分析，预测企业的发展趋势。（　　）

16. 把收益性支出作为资本性支出，会虚增企业的资产，虚增企业的利润。（　　）

17. 根据配比原则，没有无成本、费用的收入，也没有无收入的成本、费用。（　　）

18. 《会计法》规定，会计核算必须以人民币为记账本位币。业务收支以人民币以外的货币为主的单位，也应当以人民币为计量单位，不能用外币作为记账本位币。（　　）

19. 会计要素是指对会计对象进行的基本的分类，是会计对象的具体化，也是会计核算内容的具体化。（　　）

20. "资产=负债+所有者权益"被称为会计第一恒等式，是用来反映企业的财务状况的恒等式，也是反映企业生产经营所需资金来源及资金运用的等式。（　　）

21. 会计的对象是价值运动或资金运动。（　　）

22. 一个母公司的若干个子公司均为独立的会计主体，一个企业内部单独核算的部门无法成为独立的会计主体。（　　）

23. 资产按历史成本计价、折旧的计提等，都是以持续经营假设为基础的。（　　）

24. 在我国境内，业务收支以人民币以外的货币为主的企业，也可以选择外币作为记账本位币，但编报的企业财务会计报告应当折算成人民币。（　　）

25. 会计是一种经济管理活动，也是一个经济信息系统。（　　）

26. 会计主体同时也是法律主体。（　　）

27. 会计核算是会计监督的基础，没有会计核算，会计监督就失去了依据。（　　）

28. 会计工作就是围绕着会计要素的核算、确认和财务报告展开的。（　　）

29. 现值是指对未来现金流量以恰当的折现率进行折现后的一种计量属性。（　　）

30. 企业在对会计计量时，一般应当采用重置成本。（　　）

31. 收入是指会计期间经济利益的增加，表现为能导致所有者权益增加的资产流入、资产增值或负债减少。（　　）

32. 利得在会计报表中通常以净额反映。（　　）

33. 我国资产的计量涉及的计量性有历史成本、现行成本、现行市价、可变现净值、可收回金额、公允价值等。（　　）

34. 销售费用包括销售广告费、销售机构人员工资、销售新产品运费及销售机构人员福利费等。（　　）

35. 会计原则指对会计领域某些无法正面论证的事物，根据客观、正常的情况和趋势所做的合理推论和假设。（　　）

36. 持续经营假设和会计主体假设确立了会计核算的时间长度。（　　）

37. 《企业会计准则——基本准则》规定："企业提供的会计信息应当清晰明了，便

于会计信息使用者理解和使用。"( )

38.《企业会计准则——基本准则》规定:"同一企业不同时期发生的相同或者相似的交易或者事项,应当采用一致的会计政策,不得随意变更,确需变更的,应当说明。"( )

39.《企业会计准则——基本准则》规定:"企业应当按照交易或者事项进行会计确认、计量和报告,不应仅以交易或者事项法律形式为依据。"( )

40.《企业会计准则——基本准则》规定:"企业提供的会计信息应当反映与企业财务状况、经营成果和现金流量等有关的重要交易或者事项。"( )

41.《企业会计准则——基本准则》规定:"企业对交易或者事项进行会计确认、计量和报告应当保持谨慎,不应高估资产或者权益、低估负债或者费用。"( )

42.《企业会计准则——基本准则》规定:"企业对于已经发生的交易或者事项,应当及时进行会计确认、计量和报告,不得提前或者延后。"( )

43.《企业会计准则——基本准则》规定:"企业应当以权责发生制为原则进行会计确认、计量和报告。"( )

44.《企业会计准则——基本准则》规定:"企业为生产产品、提供劳务等发生可归属于产品成本、劳务成本等的费用,应当在确认产品销售收入、劳务收入时,将已销售产品、已提供劳务的成本等计入当期损益。"( )

45.《企业会计准则——基本准则》规定:"凡支出的效益仅涉及会计年度(或一个营业周期)的,应当作为收益性支出;凡支出的效益涉及几个会计年度(或几个营业周期)的应当作为资本性支出。"( )

46. 收入、费用、利润三个会计要素表现资金运动的变动状态。( )

47.《企业会计准则——基本准则》规定:"符合资产定义或资产确认条件的项目,应当列入资产负债表。"( )

48.《企业会计准则——基本准则》规定:"利润金额取决于收入和费用,直接计入当期利润的利得和损失金额的计量,利润项目应当列入利润表。"( )

49. 使用电子计算机进行会计核算的,其软件及其生成的会计凭证、会计账簿、财务会计报告和其他会计资料,也必须符合国家统一的会计制度的规定。( )

50. 实现利润会导致所有者权益的增加。( )

第3章
会计科目、会计账户和复式记账

本章阐述会计基本原理——会计要素和会计等式、会计核算的基本方法——会计科目、账户与复式记账等。本章所涉及的内容在会计实务中适用性很强，应用范围广泛，是后面学习各章节和其他会计课的基础。因此，本章是会计核算方法的基本内容，是学好基础会计的关键之一。

学习本章后，要求：

1. 理解会计等式及经济业务对会计核算的影响；
2. 了解会计科目的分类及企业主要的会计科目；
3. 熟悉各类账户的结构；
4. 理解复式记账法的原理，掌握借贷记账法的内容。

3.1　会计科目

请思考：固定资产与现金都属于资产，如果要你选择一项资产，你会选择什么？目前贵公司资金短缺，但急需购入原材料，你可以选择利用商业信用赊购或向银行贷款，你会选择哪个？

3.1.1　会计科目的概念

企业在经营过程中发生的各种各样的经济业务，会引起各项会计要素发生增减变化。由于企业的经营业务错综复杂，即使涉及同一种会计要素，也往往具有不同性质和内容。例如，固定资产和现金虽然都属于资产，但他们的经济内容以及在经济活动中的周转方式和所引起的作用各不相同。又如应付账款和长期借款，虽然都是负债，但他们的形成原因和偿付期限也是各不相同的。再如所有者投入的实收资本和企业的利润，虽然都是所有者权益，但它们的形成原因与用途不大一样。为了实现会计的基本职能，要从数量上反映各项会计要素的增减变化，就不但需要取得各项会计要素增减变化及其结果的总括数字，而且要取得一系列更加具体的分类和数量指标。因此为了满足所有者对利润构成及其分配情况、负债及构成情况了解的需要，为了满足债务人了解流动比率、速动比率等有关指标并判断其债权人的安全情况的需要，为了满足税务机关了解企业欠缴税金的详细情况的需要，还要对会计要素作进一步的分类。这种对会计要素对象的具体内容进行分类核算的项目称为会计科目。

会计科目是进行各项会计记录和提供各项会计信息的基础，设置会计科目是复式记账中编制、整理会计凭证和设置账簿的基础，并能提供全面、统一的会计信息，便于投资人、债权人以及其他会计信息使用者掌握和分析企业的财务情况、经营成果和现金流量。

3.1.2　设置会计科目的原则

会计科目作为反映会计要素的构成情况及其变化情况，是为投资者、债权人、企业管理者等提供会计信息的重要手段，在其设置过程中应努力做到科学、合理、实用，因此在设计会计科目时应遵循下列基本原则。

1. 合法性

设置会计科目要符合国家的会计法规体系的规定。国家的会计法规体系[①]，体现了国家对财务会计工作的要求，因此，设计会计科目首先要以此为依据，设置的会计科目应尽量符合《会计法》以及《企业会计准则》等规定，以便编制会计凭证，登记账簿，查阅账目，实行会计电算化。

2. 相关性

设置会计科目应当为提供有关各方所需要的会计信息服务，满足对外报告和对内管理的需求。比如，有些公司制造工业产品，根据这一业务特点就必须设置反映和监督其经营情况和生产过程的会计科目，如"主营业务收入""生产成本"等科目；而农业企业就可以设置"消耗性生物资产""生产性生物资产"等科目；金融企业则应设置反映和监督其吸收和贷出存款相关业务的会计科目，可以设置"利息收入""利息支出"等科目。此外为了便于发挥会计的管理作用，企业可以根据实际情况自行增设、减少或合并某些会计科目的明细科目。

3. 实用性

设置会计科目应当符合单位自身特点，满足单位实际需要。企业的组织形式、所处行业、经营内容及业务种类等不同，在会计科目设置上亦应有所区别。企业可以根据本企业具体情况，在不违背会计科目使用原则的基础上，确定适合本企业的会计科目名称。

3.1.3　会计科目的分类

会计科目可按其反映的经济内容(即所属会计要素)、所提供信息的详细程度及其统驭关系分类。

1. 按反映的经济内容分类

会计科目按其反映的经济内容不同，可分为资产类科目、负债类科目、共同类科目、所有者权益类科目、成本类科目和损益类科目。

(1) 资产类科目。资产类科目是对资产要素的具体内容进行分类核算的项目，按资产

---

① 我国的会计法规体系从法律来源上划分为下列三个层次：一是由全国人民代表大会统一制定的会计法律，如《会计法》，它是一部规范我国会计活动的基本会计法规；二是由国务院(或财政部)制定的会计行政法规，如《企业会计准则》，它是按照基本法规的要求制定的专项会计法规，是制定会计制度的依据；三是由企业根据《企业会计准则》的规定，结合企业具体情况制定的会计核算办法。

的流动性分为反映流动资产的科目和反映非流动资产的科目。

(2) 负债类科目。负债类科目是对负债要素的具体内容进行分类核算的项目，按负债的偿还期限分为反映流动负债的科目和反映非流动负债的科目。

(3) 共同类科目。共同类科目是既有资产性质又有负债性质的科目，主要有"清算资金往来""外汇买卖""衍生工具""套期工具""被套期项目"等科目。

(4) 所有者权益类科目。所有者权益类科目是对所有者权益要素的具体内容进行分类核算的项目，按所有者权益的形成和性质可分为反映资本的科目和反映留存收益的科目。

(5) 成本类科目。成本类科目是对可归属于产品生产成本、劳务成本等的具体内容进行分类核算的项目，按成本的内容和性质的不同可分为反映制造成本的科目、反映劳务成本的科目等。

(6) 损益类科目。损益类科目是对收入、费用等的具体内容进行分类核算的项目。

《企业会计准则》规定的常用会计科目如表3-1所示。

表3-1　2018新会计准则常用会计科目表

一、资产类

序号	编号	会计科目名称	适用范围	序号	编号	会计科目名称	适用范围
1	1001	库存现金		24	1501	待摊费用	
2	1002	银行存款		25	1521	债权投资	
3	1012	其他货币资金		26	1522	债权投资减值准备	
4	1101	交易性金融资产		27	1523	其他权益工具投资	
5	1121	应收票据		28	1524	长期股权投资	
6	1122	应收账款		29	1525	长期股权投资减值准备	
7	1123	预付账款		30	1526	投资性房地产	
8	1131	应收股利		31	1531	长期应收款	
9	1132	应收利息		32	1532	未实现融资收益	
10	1221	其他应收款		33	1601	固定资产	
11	1231	坏账准备		34	1602	累计折旧	备抵科目
12	1401	材料采购	计划成本法下使用	35	1603	固定资产减值准备	
13	1402	在途物资		36	1604	在建工程	
14	1403	原材料		37	1605	工程物资	
15	1404	材料成本差异		38	1606	固定资产清理	
16	1405	库存商品		39	1611	融资租赁资产	
17	1406	发出商品		40	1612	未担保余值	
18	1407	商品进销差价		41	1701	无形资产	
19	1408	委托加工物资		42	1702	累计摊销	备抵科目
20	1412	包装物及低值易耗品		43	1703	无形资产减值准备	
21	1411	周转材料	建造承包商专用	44	1711	商誉	
22	1461	存货跌价准备		45	1801	长期待摊费用	
23	1462	合同资产		46	1811	递延所得税资产	
				47	1901	待处理财产损溢	

二、负债类

48	2001	短期借款		57	2232	应付利息	
49	2101	交易性金融负债		58	2241	其他应付款	
50	2201	应付票据		59	2501	递延收益	
51	2202	应付账款		60	2601	长期借款	
52	2203	预收账款		61	2602	应付债券	
53	2204	合同负债		62	2701	长期应付款	
54	2211	应付职工薪酬		63	2702	未确认融资费用	
55	2221	应交税费		64	2711	专项应付款	
56	2231	应付股利		65	2801	预计负债	
				66	2901	递延所得税负债	

三、所有者权益

67	4001	实收资本(股本)		70	4102	其他综合收益	
68	4002	资本公积		71	4103	本年利润	
69	4101	盈余公积		72	4104	利润分配	
				73	4201	库存股	备抵科目

四、成本类

74	5001	生产成本		76	5201	劳务成本	
75	5101	制造费用		77	5301	研发支出	

五、损益类

78	6001	主营业务收入		87	6111	投资收益	
79	6051	其他业务收入		88	6101	公允价值变动损益	
80	6401	主营业务成本		89	6102	套期损益	
81	6402	其他业务成本		90	6103	资产处置损益	
82	6403	税金及附加		91	6104	其他收益	
83	6601	销售费用		92	6301	营业外收入	
84	6602	管理费用		93	6711	营业外支出	
85	6603	财务费用		94	6801	所得税费用	
86	6701	资产减值损失		95	6901	以前年度损益调整	

2. 按提供信息的详细程度及其统驭关系分类

会计科目按其提供信息的详细程度及其统驭关系，可以分为总账科目和明细科目。

(1) 总账科目。总账科目即一级科目，也称总分类会计科目，是对会计要素的具体内容进行总括分类的会计科目，是进行总分类核算的依据。为了满足会计信息使用者对信息质量的要求，总账科目是由财政部《企业会计准则——应用指南》统一规定的。

(2) 明细科目。明细科目也称为明细分类会计科目、细目，是在总账科目的基础上，对总账科目所反映的经济内容进行进一步详细分类的会计科目，以提供更详细、更具体会计信息的科目。如在"原材料"科目下，按材料类别开设"原料及主要材料"，"辅助材料""燃料"等二级科目。明细科目的设置，除了要符合财政部统一规定外，一般根据经营管理需要，由企业自行设置。对于明细科目较多的科目，可以在总账科目和明细科目设置二级或多级科目。如在"原料及主要材料"下，再根据材料规格、型号等开设三级明细科目。

总分类科目和明细分类科目的关系：总分类科目对其所属的明细分类科目具有统驭和控制作用，而明细分类科目是对其归属的总分类科目的补充和说明。实际工作中，并不是所有的总账科目都需要开设二级和三级明细科目，根据会计信息使用者所需不同信息的详细程度，有些只需设一级总账科目，有些只需要设一级总账科目和二级明细科目，不需要设置三级科目。会计科目的级别如表3-2所示。

表3-2 "原材料"总账和明细账会计科目

总账科目 (一级科目)	明细科目	
	二级科目(子目)	三级科目(细目)
原材料	原料及主要材料	圆钢、角钢
	辅助材料	润滑剂、石碳酸
	燃料	汽油、原煤

3. 会计科目运用举例

【例3-1】分析下列经济业务所涉及的科目。

(1) 从银行提取现金300元。

该项业务应设置"银行存款"和"库存现金"科目。

(2) 购买材料7 000元，料款尚未支付。

该项业务应设置"原材料"和"应付账款"科目。

(3) 某投资者投入设备一台，价值300 000元。

该项业务应设置"实收资本"和"固定资产"科目。

(4) 某企业销售产品一批，价值3 000元，货款尚未收到。

该项业务应设置"主营业务收入"和"应收账款"科目。

【举一反三】会计科目只是对会计要素进行具体分类的项目，提供会计核算所需要运用的内容，但如何反映某一类经济项目变化情况及变化结果？如"银行存款"反映企业存放在金融机构的款项，涉及"银行存款"的业务很多，如提取现金、存款、支付货款等，经过这些频繁、复杂的经济业务后，如何反映银行存款在一定会计期间内，增加多少？减少多少？期末结余多少？

3.2 账户

3.2.1 会计账户的概念

会计科目只是对会计对象的具体内容(会计要素)进行分类的项目账户。为了能够分门别类地对各项经济业务的发生所引起会计要素的增减变动情况及其结果进行全面、连续、系统、准确地反映和监督，为经营管理提供需要的会计信息，必须设置一种方法或手段，能核算指标的具体数字资料。于是必须根据会计科目开设账户。所谓会计账户，是指具有一定格式，用来分类、连续地记录经济业务，反映会计要素增减变动及其结果的一种核算工具。所以设置会计科目以后，还要根据规定的会计科目开设一系列反映不同经济内容的账户。每个账户都有一个科学而简明的名称，账户的名称就是会计科目。会计账户是根据会计科目设置的。设置账户是会计核算的一种专门方法，运用账户，把各项经济业务的发生情况及由此引起的资产、负债、所有者权益、收入、费用和利润各要素的变化，系统地、分门别类地进行核算，以便提供所需要的各项指标。

会计账户是对会计要素的内容所做的科学再分类。会计科目与账户是两个既相互区别，又相互联系的不同概念。它们的共同点是：会计科目是设置会计账户的依据，是会计账户的名称，会计账户是会计科目的具体运用，会计科目所反映的经济内容，就是会计账户所要登记的内容。它们之间的区别在于：会计科目只是对会计要素具体内容的分类，本身没有结构；会计账户则有相应的结构，是一种核算方法，能具体反映资金运用状况。因此，会计账户比会计科目分户更细，内容更丰富。

3.2.2 账户的结构和内容

账户是用来记录经济业务的，必须具有一定的结构和内容。作为会计核算的会计对象，会随着经济业务的发生在数量上出现增减变化，并相应产生变化结果。因此，用来分类记录经济业务的账户必须确定账户的基本结构：增加的数额记在哪里，减少的数额记在哪里，增减变动后的结果记在哪里。

采用不同记账方法，账户的结构是不同的，即使采用同一的记账方法，不同性质的账户结构也是不同的。但是，不管采用何种记账方法，也不论是何种性质的账户，其基本结构总是相同的。具体归纳如下。

1. 账户一般可以划分为左右两方

每一方再根据实际需要分成若干栏次，用来分类登记经济业务及其会计要素的增加与减少，以体现增减变动的结果。账户的格式设计一般应包括以下内容。

(1) 账户的名称，即会计科目。

(2) 日期，即经济业务发生的时间和内容。

(3) 凭证号数，即账户记录的来源和依据。

(4) 摘要，即经济业务的简要说明。

(5) 金额，包括增加额、减少额和余额。

下面以借贷记账法下账户结构为例，说明账户结构。

表3-3 会计科目(账户名称)

日期	凭证号数	摘要	借方	贷方	余额

注：借贷记账法下，以借或贷来表示增加或减少。

2. 账户的左右两方是按相反方向来记录增加额和减少额

如果规定在左方记录增加额，就应该在右方记录减少额；反之，如果在右方记录增加额，就应该在左方记录减少额。在具体账户的左、右两个方向中究竟哪一方记录增加额，哪一方记录减少额，取决于账户所记录的经济内容和所采用的记账方法。

3. 账户的余额一般与记录的增加额在同一方向

4. 在账户所记录的主要内容满足这样一个恒等关系

$$本期期末余额=期初余额+本期增加额-本期减少额$$

本期增加额和减少额是指在一定会计期间内(月、季或年)，账户在左右两方分别登记的增加金额合计数和减少金额的合计数，又可以将其称为本期增加发生额和本期减少发生额。本期增加发生额和本期减少发生额相抵后的差额，就是本期期末余额。如果将本期的期末余额转入下一期，就是下一期的期初余额。

为了教学方便，在教科书中经常采用简化格式丁字账来说明账户结构。这时，账户就省略了有关栏次。丁字账的格式见图3-1及图3-2。

左方	账户名称(会计科目)	右方
期初余额 m 　增加额 a 　增加额 b 本期增加发生额：a+b 期末余额：m+a+b–c–d		减少额 c 减少额 d 本期减少发生额：c+d

图3-1　丁字账格式(余额在左方)

左方	账户名称(会计科目)	右方
  减少额 c 减少额 d 本期减少发生额：c+d		期初余额 n 增加额 a 增加额 b 本期增加发生额：a+b 期末余额：n+a+b–c–d

图3-2　丁字账格式(余额在右方)

注意，图3-1和图3-2中，如果是费用、成本账户或收入、利润账户在通常情况下，期末没有余额。

3.2.3　总分类账和明细分类账

设置会计账户是会计核算的一种专门方法。会计账户的开设应与会计科目的设置相适应，会计科目按提供核算资料的详细程度分为总账科目、二级明细科目和三级明细科目，会计账户也相应地分为总分类账(一级账户)和明细分类账(二级、三级账户)。通过总分类账户对经济业务进行的核算称为总分类核算。总分类核算只能用货币度量。通过明细分类账户对经济业务进行的核算称为明细分类核算。明细分类核算除了能用货币度量外,有些账户还要用实物度量。总分类账户统驭明细分类账户,明细分类账户则对总分类账户起着进一步补充说明的作用。总分类账与明细分类账户如表3-4所示。

表3-4   "原材料"总分类账户和明细分类账户

总账分类账户 (一级账户)	明细分类账户	
	二级明细分类账户	三级明细分类账户
原材料	原料及主要材料	圆钢、角钢
	辅助材料	润滑剂、石碳酸
	燃料	汽油、原煤

3.3   账户运用举例

【例3-2】从银行提取现金300元。

库存现金			银行存款	
借	贷		借	贷
300				300

【例3-3】购买材料7 000元,料款尚未支付。

原材料			应付账款	
借	贷		借	贷
7 000				7 000

【例3-4】某投资者投入设备一台,价值300 000元。

固定资产			实收资本	
借	贷		借	贷
300 000				300 000

【例3-5】某企业销售产品一批,价值3 000元,货款尚未收到。

应收账款			主营业务收入	
借	贷		借	贷
3 000				3 000

3.4 借贷记账法

3.4.1 记账方法概述

为了详细核算和监督会计对象，揭示会计对象之间的本质联系，已经设置会计科目，并根据会计科目开设账户，以便连续、系统地反映特定会计主体的经济结果及其活动。但账户仅仅是记录经济业务的工具，要怎样记录，才能把经济业务所引起的会计要素增减变化登记在账簿中，以取得经营所需资料？

1. 记账方法

记账方法，就是用账簿登记经济业务的方法，即根据一定的记账原则、记账符号、记账规则，采用一定的计量单位，利用文字和数字把经济业务记到账簿中的一种专门方法。记账方法按记录方式不同，可分为单式记账法和复式记账法。

2. 复式记账法

复式记账法是指对每一笔经济业务，都要用相等的金额，在两个或两个以上相互联系的账户中进行记录的记账方法。如"以银行存款 1 000 元购买原材料"，这笔业务在记账时，不仅记"银行存款"减少 1 000 元，同时还要记"原材料"增加 1 000 元。所以，在复式记账法下，有科学的账户体系，通过对应账户的双重等额记录，能反映经济活动的来龙去脉，并能运用账户体系的平衡关系来检查全部会计记录的正确性。所以，复式记账法作为科学的记账方法一直被广泛地运用。目前，我国的企业和行政、事业单位所采用的记账方法，都属于复式记账法。

复式记账法根据记账符号、记账规则等不同，又可分为借贷记账法、增减记账法和收付记账法，等等。其中，借贷记账法是世界各国普遍采用的一种记账方法，在我国也是应用最广泛的一种记账方法，我国颁布的《企业会计准则》明文规定中国境内的所有企业都应该采用借贷记账法记账。采用借贷记账法在相关账户中记录各项经济业务，可以清晰地表明经济业务的来龙去脉，同时也便于试算平衡和检查账户记录的正确性。下面我们重点说明借贷记账法。

复式记账法的优点是能够全面反映经济业务的内容和资金运动的来龙去脉，能够进行试算平衡，便于查账和对账。

3.4.2 借贷记账法概述

借贷记账法是以"借""贷"二字作为记账符号，记录会计要素增减变动情况的一种复式记账法。下面分别从理论基础、记账符号、账户结构和记账规则这几方面进行介绍。

1. 理论基础

借贷记账法的对象是会计要素的增减变动过程及其结果。这个过程及结果可用公式表示：资产=负债+所有者权益。这一恒等式揭示了以下三个方面的内容。

(1) 会计主体各要素之间的数字平衡关系。有一定数量的资产，就必然有相应数量的权益(负债和所有者权益)与之相对应，任何经济业务所引起的要素增减变动，都不会影响这个等式的平衡。如果把等式的"左""右"两方，用"借""贷"两方来表示的话，就是说每一次记账的借方和贷方是平衡的；一定时期账户的借方、贷方的金额是平衡的；所有账户的借方、贷方余额的合计数是平衡的。

(2) 各会计要素增减变化的相互联系。从上一章可以看出，任何经济业务(四类经济业务)都会引起两个或两个以上相关会计项目发生金额变动，因此当经济业务发生后，在一个账户中记录的同时必然要有另一个或一个以上账户的记录与之对应。

(3) 等式有关因素之间是对立统一的。资产在等式的左边，当想移到等式右边时，就要以"–"表示，负债和所有者权益也具有同样情况。也就是说，当我们用左边(借方)表示资产类项目增加时，就要用右边(贷方)来记录资产类项目减少。与之相反，当我们用右边(贷方)记录负债和所有者权益增加额时，我们就需要通过左边(借方)来记录负债和所有者权益的减少额。

这三个方面的内容贯穿了借贷记账法的始终。会计等式对记账方法的要求决定了借贷记账法的账户结构、记账规则、试算平衡的基本理论，因此说会计恒等式是借贷记账法的理论基础。

2. 记账符号

"借"和"贷"是借贷记账法的标志。这是一对记账符号。这对记账符号，要同借贷记账法的账户结构统一起来应用，才能真正反映出它们分别代表的会计对象要素增减变动的内容。

3. 账户结构

在借贷记账法中，账户的基本结构是：左方为借方，右方为贷方。但哪一方登记增加，哪一方登记减少，则可以从会计要素的静态恒等式(资产=负债+所有者权益)及动态平衡方程(资产+费用=负债+所有者权益+收入)来分析。

1) 资产类账户

由于借贷记账法"借"在左方，"贷"在右方，因此可确定会计要素平衡等式的左边借方记录资产增加，反之其减少就一律登记在贷方。其形式如图3-3所示。

借方	资产类账户名称	贷方
期初余额 a+b- c- d		
增加额 a		减少额 c
增加额 b		减少额 d
本期增加发生额：a+b		本期减少发生额：c+d
期末余额：a+b- c- d		

图3-3 资产类账户变动示意图

该账户的发生额和余额之间的关系表示为

资产类账户期末余额=借方期初余额+本期借方发生额-本期贷方减少额

2) 负债及所有者权益类账户

由于负债及所有者权益与资产分别处于等式的两边，为了保持会计恒等式的平衡，等式右边贷方记录负债、所有者权益和收入的增加，反之其减少一律登记在借方。其形式如图3-4所示。

借方	负债及所有者权益账户名称	贷方
		期初余额 a+b－c－d
减少额 c		增加额 a
减少额 d		增加额 b
本期减少发生额：c+d		本期增加发生额：a+b
		期末余额：a+b－c－d

图3-4 负债及所有者权益类账户变动示意图

该账户的发生额和余额之间的关系表示为

负债及所有者类账户期末余额=贷方期初余额+本期贷方发生额－本期借方减少额

3) 成本费用类账户

企业在生产经营过程中要有各种耗费，有成本费用发生，在成本费用抵销收入以前，可以将其看作一种资产。如"生产成本"归集在生产过程中某产品所发生的所有耗费，但在尚未完工结转入库，其反映企业在产品这项资产的金额。同时成本费用与资产同处于等式的左方，因此其结构与资产类账户的结构基本相同，只是由于借方记录的成本费用的增加额一般都要通过贷方转出，所以账户通常没有期末余额。如果因某种情况有余额，也表现为借方余额。如图3-5所示。

借方	成本费用类账户名称	贷方
增加额 a		减少额 c
增加额 b		转出额 a+b－c
本期增加发生额：a+b		本期减少发生额：a+b

图3-5 成本费用类账户变动示意图

4) 收入类账户

收入类账户的结构则与负债及所有者权益的结构一样，收入的增加额记入账户的贷方，收入转出额(减少额)则应记入账户的借方，由于贷方记录的收入增加额一般要通过借方转出，所以该类账户通常也没有期末余额。其形式如图3-6所示。

借方	收入类账户名称	贷方
减少额 c		增加额 a
转出额 a+b－c		增加额 b
本期减少发生额：a+b		本期增加发生额：a+b

图3-6 收入类账户变动示意图

综上所述可以看出,"借""贷"二字作为记账符号所表示的经济含义是不一样的。如表3-5所示。

表3-5 借贷方向

借	贷
资产增加	资产减少
负债及所有者权益减少	负债及所有者权益增加
成本费用增加	成本费用转出
收入类转出	收入类增加

4. 记账规则

记账规则是进行会计记录和检查账簿登记是否正确的依据和规律。不同的记账方法,具有不同的记账规则。借贷记账法的记账规则可以用一句化概括:"有借必有贷,借贷必相等。"这一记账规则要求对每项经济业务都要以相等的金额、相反的方向,登记在两个或两个以上的账户中去。

3.4.3 借贷记账法的运用

1. 运用方法

我们在实际运用借贷记账法的记账规则登记经济业务时,一般要按三个步骤进行:

首先,根据发生的经济业务设置相应的会计科目和账户并判断其增加还是减少。

其次,根据上述分析,确定它所涉及的账户的性质,是资产要素的变化,还是负债或所有者权益的变化;哪些要素增加,哪些要素减少,或都是增加,都是减少,等等。

最后,决定该账户的结构,即应记录的方向是借方还是贷方以及各账户应计金额。凡涉及资产及费用成本的增加,负债及所有者权益的减少,收入的减少转出,都应记入账户的借方;凡是涉及资产及费用成本的减少,负债及所有者权益的增加,收入的增加,都应记入账户的贷方。

2. 案例运用

【例3-6】大连雨阳公司2015年12月31日资产、负债及所有者权益各账户的期末余额如表3-6所示。

表3-6 大连雨阳公司2015年12月31日资产负债表期末余额　　　　元

资产类账户	金额	负债及所有者权益类账户	金额
库存现金	1 000	短期借款	100 000
银行存款	30 000	应付账款	50 000
应收账款	80 000	应付职工薪酬	30 000
原材料	200 000	应付利润	30 000
固定资产	1 000 000	实收资本	200 000
		资本公积	901 000
总计	1 311 000	总计	1 311 000

从表3-6中，我们可以看到资产总计1 311 000=负债210 000+所有者权益1 101 000。

大连雨阳公司2016年1月，发生以下业务：

(1) 2016年1月大连雨阳公司投资者继续投入货币资金100 000元，手续已办妥，款项已转入本公司的存款户头。

该项业务的发生说明，大连雨阳公司在拥有200 000元资本金的前提下，继续扩大规模，投入货币资金100 000元。这样对于大连雨阳公司来讲，一方面使公司"银行存款"增加，另一方面使公司"实收资本"的规模也扩大了。经进一步分析，"银行存款"属于资产类账户，"实收资本"所有者权益账户。根据借贷记账法下的账户结构，资产的增加，通过账户的借方反映，所有者权益的增加，通过账户的贷方反映。最后确定，借记银行存款100 000元，贷记实收资本100 000元。该业务属于等式两边资产与所有者权益等额增加业务。

借	银行存款	贷		借	实收资本	贷
(1) 100 000					(1) 100 000	

(2) 人连雨阳公司向新乐公司购买所需原材料，但由于资金周转紧张，料款100 000元尚未支付。

该项业务的发生说明，由于购料款未付，一方面使公司"原材料"增加，另一方面使公司欠款"应付账款"增加。经分析，"原材料"属于资产类账户，"应付账款"属于负债类账户。根据借贷记账法下的账户结构，资产的增加，通过账户的借方反映，负债的增加，通过账户的贷方反映。最后确定，借记原材料100 000元，贷记应付账款100 000元。该业务属于等式两边资产与负债等额增加业务。

借	原材料	贷		借	应付账款	贷
(2) 100 000					(2) 100 000	

(3) 大连雨阳公司通过银行转账支付给银行于本月到期的银行借款50 000元。

该项业务的发生说明，由于归还以前的银行贷款，一方面使公司属于资产项目的银行存款减少50 000元，另一方面使属于负债项目的短期借款减少50 000元。银行存款属于资产类账户，短期借款属于负债类账户。根据借贷记账法下的账户结构，资产的减少，通过账户的贷方反映，负债的减少，通过账户的借方反映。最后确定，借记短期借款50 000元，贷记银行存款50 000元。该业务属于等式两边的资产与负债同时等额减少业务。

借	短期借款	贷		借	银行存款	贷
(3) 50 000					(3) 50 000	

(4) 上级主管部门按法定程序将一台价值100 000元的设备调出，以抽回国家对大连雨阳公司的投资。

该项业务的发生说明，由于国家调出设备，抽回投资，一方面使公司固定资产减少100 000元，另一方面使属于所有者权益项目的实收资本减少100 000元。固定资产属于公司的资产账户，实收资本属于所有者权益账户。根据借贷记账法下的账户结构，资产的减少，通过账户的贷方反映，所有者权益的减少，通过账户的借方反映。最后确定，借记实收资本100 000元，贷记固定资产100 000元。该业务属于等式两边的资产与所有者权益同时等额减少。

借	实收资本	贷		借	固定资产	贷
(4) 100 000					(4) 100 000	

(5) 大连雨阳公司开出转账支票60 000元，购买一台机器设备。

该项业务的发生说明，由于购买机器设备款已付，一方面使公司新的电子仪器固定资产增加60 000元，另一方面使银行存款减少60 000元。固定资产和银行存款都属于公司的资产账户。根据借贷记账法下的账户结构，资产的增加通过账户的借方反映，资产的减少通过账户的贷方反映。最后确定，借记固定资产60 000元，贷记银行存款60 000元。该业务属于等式左边的资产内一增一减业务。

借	固定资产	贷		借	银行存款	贷
(5) 60 000					(5) 60 000	

(6) 大连雨阳公司开出一张面值为100 000元的商业汇票，以抵偿原欠新乐公司的料款。

该项经济业务说明，由于商业汇票抵偿原欠料款，一方面使公司的应付票据增加了100 000元的金额，另一方面属于企业的债务应付账款减少100 000元。应付票据和应付账款都属于公司的负债账户。根据借贷记账法下的账户结构，负债的增加通过账户的贷方反映，负债的减少通过账户的借方反映。最后确定，借记应付账款100 000元，贷记应付票据100 000元。该业务属于等式右边的负债内一增一减业务。

借	应付账款	贷		借	应付票据	贷
(6) 100 000					(6) 100 000	

(7) 大连雨阳公司按法定程序将资本公积80 000元转增资本金。

该业务的发生说明，由于将资本公积80 000元转增资本金，一方面使公司的实收资本增加80 000元，另一方面使资本公积减少80 000元。资本公积和实收资本都属于所有者权益类账户。根据借贷记账法下的账户结构，所有者权益的增加通过账户的贷方反映，所有者权益的减少通过账户的借方反映。最后确定，借记资本公积80 000元，贷记实收资本80 000元。该业务属于等式右边的所有者权益内一增一减业务。

借	资本公积	贷		借	实收资本	贷
(7) 80 000					(7) 80 000	

(8) 大连雨阳公司按法定程序将应支付给投资者的利润10 000元转增资本金。

该业务的发生说明，由于将应付利润转增资本金，一方面使公司实收资本增加10 000元，另一方面使应付利润减少10 000元。实收资本属于所有者权益类账户，应付利润属于负债类账户。根据借贷记账法下的账户结构，所有者权益的增加通过账户的贷方反映，负债的减少通过账户的借方反映。最后确定,借记应付利润10 000元,贷记实收资本10 000元。该业务属于等式右边的所有者权益增加与债权人权益等额减少的业务。

借	应付利润	贷		借	实收资本	贷
(8) 10 000					(8) 10 000	

(9) 大连雨阳公司已承诺代甲公司偿还甲公司之前欠乙公司的货款80 000元,但款项尚未支付。与此同时,办妥相关手续,冲减甲公司在大连雨阳公司的投资。

该业务的发生说明一方面由于大连雨阳公司已承诺但未支付一笔欠款,使公司的应付账款增加80 000元,另一方面由于代甲公司支付此项欠款的同时减少甲公司在本公司的投资,使本公司的实收资本减少80 000元。实收资本属于所有者权益类账户,应付账款属于负债类账户。根据借贷记账法下的账户结构,负债的增加通过账户的贷方反映,所有者权益的减少通过账户的借方反映。最后确定,借记实收资本80 000元,贷记应付账款80 000元。该业务属于等式右边的负债及所有者权益类项目之间有增有减的业务。

借	实收资本	贷		借	应付账款	贷
(9) 80 000					(9) 80 000	

以上举例,已经概括了企业的所有业务类型,而无论哪种类型的经济业务,都是以相等的金额同时记入有关账户的借方和另一账户的贷方。这样就可以归纳出借贷记账法的记账规则为"有借必有贷,借贷必相等"。

借贷记账法的账户结构要求对发生的任何经济事项,都要按借贷相反的方向进行记录,如果在一个账户中记借方,必然在另一账户中记贷方,即有借必有贷。复式记账要求对发生的任何经济事项,都要等额地在相关账户中进行登记,如果采用"借"和"贷"作为记账符号时,借贷的金额一定是相等的。因此,借贷记账法的记账规则是有一定的理论依据的。

3. 借贷记账法下的会计分录

1) 账户的对应关系和对应账户

从以上举例可以看出,在运用借贷记账法进行核算时,在有关账户之间存在着应借、应贷的相互关系,账户之间的这种相互关系称为账户的对应关系。存在对应关系的账户称为对应账户。例如,用现金1 000元购买原材料,就要在"原材料"账户的借方和"库存现金"账户的贷方进行记录。这样"原材料"与"库存现金"账户就发生了对应关系,两个账户也就成了对应账户。掌握账户的对应关系很重要,通过账户的对应关系可以了解经济业务的内容,检查对经济业务的处理是否合理合法。

2) 编制会计分录

在借贷记账法下,会计分录是指标明某项经济业务应借、应贷方向、科目名称和金额的记录。会计分录有简单分录与复合分录两种。只涉及两个账户的会计分录就是简单会计分录。以上列举的九笔会计分录都是简单会计分录。

【例3-7】承【例3-6】将以上的核算事项用会计分录表示为:

(1) 借:银行存款   100 000

	贷：实收资本		100 000
(2) 借：原材料		100 000	
	贷：应付账款		100 000
(3) 借：短期借款		50 000	
	贷：银行存款		50 000
(4) 借：实收资本		100 000	
	贷：固定资产		100 000
(5) 借：固定资产		60 000	
	贷：银行存款		60 000
(6) 借：应付账款		100 000	
	贷：应付票据		100 000
(7) 借：资本公积		80 000	
	贷：实收资本		80 000
(8) 借：应付利润		10 000	
	贷：实收资本		10 000
(9) 借：实收资本		80 000	
	贷：应付账款		80 000

凡涉及两个以上账户的会计分录就是复合分录。在实际工作中，不允许将多项经济业务合并编制为复合会计分录，但若是一项经济业务，可编制复合会计分录。复合分录可以是一借多贷、一贷多借，也可以是多借多贷。对复合分录举例如下。

【例3-8】某公司购买原材料一批，价值100 000元，其中银行存款支付60 000元，其余款项尚未支付。

该项业务涉及资产类账户的"原材料"账户、"银行存款"账户和负债类账户的"应付账款"账户，编制复合会计分录如下：

借：原材料		100 000
贷：银行存款		60 000
应付账款		40 000

3) 过账

各项经济业务编制会计分录以后，即应记入有关账户，这个记账步骤通常称为"过账"。过账以后，一般要在月末进行结账，即结算出各账户的本期发生额合计和期末余额，现将大连雨阳公司2016年1月发生以上经济业务的会计分录记入下列各账户。

借	库存现金	贷
期初余额 1 000		
本期发生额 -	本期发生额 -	
期末余额1 000		

借	应付职工薪酬	贷
	期初余额30 000	
本期发生额 -	本期发生额 -	
	期末余额30 000	

借	银行存款	贷
期初余额 30 000		
本期发生额:	本期发生额:	
(1) 100 000	(3) 50 000	
	(5) 60 000	
期末余额20 000		

借	应付账款	贷
	期初余额50 000	
本期发生额:	本期发生额:	
(6) 100 000	(2) 100 000	
	(9) 80 000	
	期末余额130 000	

借	原材料	贷
期初余额200 000		
本期发生额:	本期发生额:	
(2) 100 000	-	
期末余额300 000		

借	短期借款	贷
	期初余额100 000	
本期发生额:	本期发生额:	
(3) 50 000	-	
	期末余额50 000	

借	固定资产	贷
期初余额 1 000 000		
本期发生额:	本期发生额:	
(5) 60 000	(4) 100 000	
期末余额 960 000		

借	应付票据	贷
	期初余额0	
本期发生额: -	本期发生额:	
	(6) 100 000	
	期末余额 100 000	

借	应付利润	贷
	期初余额 30 000	
本期发生额:	本期发生额:	
(8) 10 000	-	
	期末余额 20 000	

借	资本公积	贷
	期初余额 901 000	
本期发生额:	本期发生额:	
(7) 80 000	-	
	期末余额 821 000	

借	应收账款	贷
期初余额 80 000		
本期发生额:	本期发生额:	
-	-	
期末余额 80 000		

借	实收资本	贷
	期初余额 200 000	
本期发生额:	本期发生额:	
(4) 100 000	(1) 100 000	
(9) 80 000	(7) 80 000	
	(8) 10 000	
	期末余额 210 000	

3.4.4 试算平衡

企业对日常发生的经济业务都要记入有关账户，内容庞杂，次数繁多，记账稍有疏忽，便有可能发生差错。因此，对全部账户的记录必须定期进行试算，借以验证账户记录是否正确。所谓试算平衡是指根据会计恒等式"资产=负债+所有者权益"以及借贷记账法的记账规则，通过汇总、检查和验算确定所有账户记录是否正确的过程。它包括发生额试算平衡和余额试算平衡。

1. 发生额试算平衡

发生额试算平衡包括两方面的内容：一是每笔会计分录的发生额平衡，即每笔会计分录的借方发生额必须等于贷方发生额，这是由借贷记账法的记账规则决定的；二是本期发生额的平衡，即本期所有账户的借方发生额合计必须等于所有账户的贷方发生额合计。因为本期所有账户的借方发生额合计，相当于把复式记账的借方发生额相加；所有账户的贷方发生额合计，相当于把复式记账的贷方发生额相加，二者必然相等。这种平衡关系用公式表示为

第1笔会计分录的借方发生额=第1笔会计分录的贷方发生额

⋮

第n笔会计分录的借方发生额=第n笔会计分录的贷方发生额

本期全部账户借方发生额合计=本期全部账户贷方发生额合计

发生额试算平衡是根据上面两种发生额平衡关系，来检验本期发生额记录是否正确的方法。在实际工作中，本项工作是通过编制发生额试算平衡表进行的，如表3-7所示。

表3-7　发生额试算平衡表　　　　　　　　　　　　　　　　　　　元

会计科目	本期发生额	
	借方	贷方
库存现金	0	0
银行存款	100 000	50 000+60 000=110 000
应收账款	0	0
原材料	100 000	0
固定资产	60 000	100 000
短期借款	50 000	0
应付票据	0	100 000
应付账款	100 000	100 000+80 000=180 000
应付职工薪酬	0	0
应付利润	10 000	0
实收资本	100 000+80 000=180 000	100 000+80 000+10 000=190 000
资本公积	80 000	0
合计	680 000	680 000

2. 余额试算平衡

余额试算平衡是指所有账户的借方余额之和与所有账户的贷方余额之和相等。余额试算平衡就是根据此恒等关系，来检验本期记录是否正确的方法。这是由"资产=负债+所有者权益"的恒等关系决定的。在某一时点上，有借方余额的账户应是资产类账户，有贷方余额的账户应是权益类账户，分别合计其金额，就是具有相等关系的资产与权益总额。根据余额的时间不同，可分为期初余额平衡和期末余额平衡。本期的期末余额平衡，结转到下一期，就成为下一期的期初余额平衡。这种关系也可用公式表示为

资产=负债+所有者权益

=>本期期末资产借方余额=本期期末负债贷方余额+本期期末所有者权益贷方余额

=>本期期末全部账户的借方余额合计=本期期末全部账户的贷方余额合计

在实际工作中，本项工作是通过编制余额试算平衡表进行的，如表3-8所示。

表3-8　余额试算平衡表　　　　　　　　　　　　　元

会计科目	期末余额	
	借方	贷方
库存现金	1 000	
银行存款	20 000	
应收账款	80 000	
原材料	300 000	
固定资产	960 000	
短期借款		50 000
应付票据		100 000
应付账款		130 000
应付职工薪酬		30 000
应付利润		20 000
实收资本		210 000
资本公积		821 000
合计	1 361 000	1 361 000

在实际工作中也可将发生额及余额试算平衡表合并编表，如表3-9所示。

表3-9　发生额及余额试算平衡表　　　　　　　　　　　元

会计科目	期初余额		本期发生额		期末余额	
	借方	贷方	借方	贷方	借方	贷方
库存现金	1 000				1 000	
银行存款	30 000		100 000	110 000	20 000	
应收账款	80 000				80 000	
原材料	200 000		100 000		300 000	
固定资产	1 000 000		60 000	100 000	960 000	
短期借款		100 000	50 000			50 000
应付票据				100 000		100 000
应付账款		50 000	100 000	180 000		130 000
应付职工薪酬		30 000				30 000
应付利润		30 000	10 000			20 000
实收资本		200 000	180 000	190 000		210 000
资本公积		901 000	80 000			821 000
合计	1 311 000	1 311 000	680 000	680 000	1 361 000	1 361 000

应该看到，试算平衡表只是通过借贷金额是否平衡来检查账户记录是否正确，而有些错误对于借贷双方的平衡并不发生影响。因此，在编制试算平衡表时应对以下问题格外注意。

(1) 必须保证所有账户的余额均已记入试算平衡表。因为会计等式是对六项会计要素整体而言的，缺少任何一个账户的余额，都会造成期初或期末借方与贷方余额合计不相等。

(2) 如果借贷不平衡，肯定账户记录有错误，应认真查找，直到实现平衡为止。

(3) 如果借贷平衡，也并不能说明账户记录绝对正确，因为有些错误对于借贷双方的平衡并不发生影响。例如：

某项经济业务，将使本期借贷双方的发生额减少，借贷仍然平衡；

重记某项经济业务，将使本期借贷双方的发生额发生等额虚增，借贷仍然平衡；

某项经济业务记错有关账户，借贷仍然平衡；

某项经济业务颠倒了记账方向，借贷仍然平衡；

借方或贷方发生额中，偶然一多一少并相互抵销，借贷仍然平衡。

这就是说，正确的分录是试算平衡的前提，但是试算平衡，分录却不一定正确。

根据本期的账户余额，我们就可以轻松编制出本期的资产负债表(见表3-10)，具体编制过程可见第9章内容。

表3-10　资产负债表

大连雨阳公司　　　　　　　　　　2016年1月31日　　　　　　　　　　元

资　产	期末余额	期初余额	负债和所有者权益	期末余额	期初余额
流动资产：			流动负债：		
货币资金	21 000	31 000	短期借款	50 000	100 000
交易性金融资产	0	0	交易性金融负债	0	0
应收票据	0	0	应付票据	100 000	0
应收账款	80 000	80 000	应付账款	130 000	50 000
预付款项	0	0	预收账款	0	0
应收利息	0	0	应付职工薪酬	30000	30 000
应收股利	0	0	应交税费	0	0
其他应收款	0	0	应付利息	0	0
存货	300 000	200 000	应付股利	20 000	30 000
一年内到期的非流动资产	0	0	其他应付款	0	0
其他流动资产	0	0	一年内到期的非流动负债	0	0
流动资产合计	401 000	311 000	其他流动负债	0	0
非流动资产：			流动负债合计：	330 000	210 000
债权投资	0	0	非流动负债：		
其他债权投资	0	0	长期借款	0	0
长期应收款	0	0	应付债券	0	0
长期股权投资	0	0	长期应付款	0	0
投资性房地产	0	0	专项应付款	0	0
固定资产	960 000	1 000 000	预计负债	0	0
工程物资	0	0	递延所得税负债	0	0
在建工程	0	0	其他非流动负债	0	0
固定资产清理	0	0	非流动负债合计	0	0
生产性生物资产	0	0	负债合计	330 000	210 000
油气资产	0	0	所有者权益：		
无形资产	0	0	实收资本	210 000	200 000
开发支出	0	0	资本公积	821 000	901 000
商誉	0	0	减：库存股	0	0
递延所得税资产	0	0	盈余公积	0	0

(续表)

资　产	期末余额	期初余额	负债和所有者权益	期末余额	期初余额
其他非流动资产	0	0	未分配利润	0	0
			其他综合收益	0	0
非流动资产合计	960 000	1 000 000	所有者权益合计	1 031 000	1 101 000
资产总计	1 361 000	1 311 000	负债和所有者权益总计	1 361 000	1 311 000

课外阅读及案例

一个真实的司法经济纠纷案

高一、高二和徐山三个人(他们是兄弟和亲戚，姓名经改动)合伙，于2000年每人投资8 000.00元，成立SZH市WH东方时装厂，高一任厂长，高二任出纳兼保管，徐山任会计。六年后，高一和徐山怀疑高二有经济问题(经营六年，高二基本没正式做过账簿记录，只有一些不完全的备查笔记和不完全的单据，没有向厂长和会计正式报过账、结过账)，他们与高二共同协商，一致同意清盘散伙。

散伙的钱和物资怎么分配?

高一、徐山认为三个人在厂里拿到的"钱"差不多：徐山、高一两人在高二处拿钱270 069.35元，徐山、高一两人为高二垫款61 179.12元，高二经手向银行借款80 000.00元(此期间正是高二家里建房时期；借款利息已支付)，剩余物资等不用清理归高二。因此，"就这样散伙，今后谁也不用找谁，银行借的钱由高二还。"

这种处理结果，等于说明三人(实际是两方：高一、徐山为一方，高二为一方)投资所得到的"好处"差不多。但是，高二不愿意。他认为：没有现金，剩余物资也不值什么钱，向银行借的钱是厂里用的，因此这笔钱应由三个人共还，要他一个人还不合理。

两方都坚持己见，最后高二将高一、徐山告上法庭。法庭进行了两次审理和判决，均判定SZH市WH东方时装厂向银行的借款由高二偿还。

在两次审理中，除"账本"、零星票据和三人确认的数据还有：总收入1 545 678.62元，总费用1 315 039.35元。

后来，高二抗诉——再诉。他坚持认为：剩余物资不值什么钱，向银行借的钱实实在在是为厂里添设备买材料用的，他家建房没用过此钱。因此，这笔钱应由三个人共还，要他一个人还不合理。

在无法证明清算时剩余物资有多少、值多少，钱有多少，向银行借的钱是否被高二用于建房的情况下，律师事务所所长只好找到注册会计师，请他对此案进行评审并作出鉴定(一尺多高的案卷，就只能提供上述数据)。

案例来源：http://blog.sina.com.cn/s/blog_49f9f399010008av.html

【案例的讨论与分析】

1. 注册会计师如何证明SZH市WH东方时装厂清算时剩余财产有多少？那时的财务状况应该是怎样的？向银行借的钱是否被高二用于建房？他们三人之间的经济关系如何？

2. 通过本案例的分析与讨论，你有什么感想？

[要点总结]

1. 会计等式：资产=负债+所有者权益，是会计核算中最基本的等式，是复式记账赖以建立的基础。

2. 会计科目指的是按照经济内容对各个会计要素分类所形成的项目。每一个项目都规定一个名称，也就是会计科目的名称。每一个会计科目都明确地反映一定的经济内容。

会计科目和账户是两个不同的概念。两者既有联系又有区别。其联系在于会计科目是账户设置的依据，是账户的名称，会计科目所反映的经济内容也是账户所要记录的内容；其区别在于会计科目有名称但无结构，而账户既有名称又有结构。

3. 所谓复式记账，指的是对每一笔经济业务，都要以同等金额在两个或两个以上相互联系的账户中进行登记的一种记账方法。借贷记账法是用"借"和"贷"作为记账符号的一种复式记账法。

4. 总分类账户是反映其所属明细分类账户的总括资料，对明细分类账户起统驭作用，所以实际工作中常称其为明细分类账户的"统驭账户"或"控制账户"；明细分类账户是总分类账户的详细说明，对总分类账户所反映的总括资料作补充说明，所以称其为总分类账户的"辅助账户"。

分层次练习

A. 基础练习

一、名词解释

1. 会计科目

2. 账户

3. 总分类账户

4. 明细分类账户

5. 复式记账法

6. 对应账户

7. 试算平衡

二、计算与分析题

1. 熟悉各类账户的结构

资料：会通公司2015年会计资料如表3-11所示。

表3-11 余额试算平衡表   元

账户名称	期初余额	本期借方发生额	本期贷方发生额	期末余额
库存现金	4 000	2 000		4 750
银行存款	75 000	50 000	91 000	
应收账款		52 300	43 000	17 000

(续表)

账户名称	期初余额	本期借方发生额	本期贷方发生额	期末余额
短期借款	50 000		25 000	45 000
实收资本	150 000			150 000
固定资产	67 000	5 400		56 500
原材料		6 450	8 670	7 410
应付账款	2 000		1 500	2 100

要求：根据各类账户的结构关系，计算并填写上列表格的空格。

2. 用直线连接，说明下列项目应归属哪个会计要素。

项目	会计要素
投资净收益	资产
长期投资	负债
期间费用	所有者权益
主营业务收入	收入
未分配利润	费用
预付账款	利润
预收账款	

3. 创新公司截至2016年3月31日余额如下(单位：元)。

银行存款	56 000	应付账款	40 000
原材料	20 000	实收资本	121 000
固定资产	85 000		

该公司4月份发生下列经济业务：

投资者追加投资30 000元，存入银行。

用银行存款偿还应付账款23 000元。

购买原材料1 200元，用存款支付。

购买设备50 000元，用存款支付30 000元，余款尚欠。

收到投资者投入机器一台56 000元，原材料一批25 000元。

购进原材料5 000元，款未付。

要求：

(1) 根据期初余额开设丁字账户；

(2) 根据4月份发生的经济业务登记丁字账户；

(3) 结出丁字账户的发生额和余额。

4. 三星公司2016年7月发生下列经济业务(以前的资产总额为956 000元)。

(1) 从银行提取现金2 000元，作为备用金。

(2) 收到投资者投入资本210 000元，存入银行。

(3) 以银行存款32 500元，支付前欠大众工厂的购料款。

(4) 从银行取得借款23 000元，归还前欠东方工厂的购料款。

(5) 以银行存款上缴所欠税金8 500元。

(6) 向MN公司购买材料14 000元，货款尚未支付。

(7) 采购员李平出差，预支差旅费3 000元，以银行存款支付。

(8) 生产领用材料12 000元。

(9) 向银行借入资金150 000元，存入银行。

(10) 收回A企业前欠的销货款35 000元，存入银行。

要求：

(1) 分析每笔经济业务所引起的资产和权益有关项目增减变动情况，指出属于何种类型的经济业务。

(2) 计算资产和权益增减净额，验证两者是否相等？

(3) 计算三星公司2016年7月发生上述经济业务以后的资产和权益总额，验证两者是否相等？

B. 从业资格考试练习

一、单选题

1. 会计科目的概念，正确的是(   )。

A. 会计科目是对经济业务的具体内容进行分类核算的项目

B. 会计科目是对会计主体的具体内容进行分类核算的项目

C. 会计科目是对会计对象的具体内容进行分类核算的项目

D. 会计科目是对会计要素的具体内容进行分类核算的项目

2. 以下有关账户概念的阐述中，不正确的是(   )。

A. 账户是根据会计科目设置的

B. 账户具有一定格式和结构

C. 账户是用于分类反映会计要素增减变动情况及其结果的载体

D. 账户不具有格式和结构

3. 下列选项中，不属于会计科目设置原则的是(   )。

A. 合法性原则　　　　B. 相关性原则　　　　C. 实用性原则　　　　D. 明晰性原则

4. 下列各项中，"管理费用"账户所属的类别是(   )。

A. 所有者权益类　　　B. 资产类　　　　　　C. 损益类　　　　　　D. 负债类

5. 下列账户中，不属于"流动资产"账户的是(   )。

A. 原材料　　　　　　B. 库存商品　　　　　C. 预付账款　　　　　D. 在建工程

6. 账户设置的依据是(   )。

A. 会计科目　　　　　B. 会计要素　　　　　C. 会计对象　　　　　D. 会计主体

7. 下列科目中，不属于"流动资产"科目的是(   )。

A. 库存现金　　　　　B. 应收账款　　　　　C. 固定资产　　　　　D. 银行存款

8. 下列科目中，属于二级科目的是(   )。

A. 应交税费　　　　　　　　　　　　　　　　B. 应交税费——应交增值税

C. 应交税费——应交增值税(进项税额)　　　D. 应交税费——应交增值税(销项税额)

9. 下列科目中反映劳务成本的科目是(   )。

A. 生产成本　　　　　B. 主营业务成本　　　　C. 劳务成本　　　　D. 其他业务成本

10. 下列有关账户结构的阐述中，错误的是(　　)。

A. 账户的"余额"仅表现为期末余额

B. 账户"本期发生额"包括"本期增加发生额"和"本期减少发生额"

C. 账户"期末余额"反映会计要素在会计期末的增减变动结果

D. 账户"本期发生额"反映会计要素的增减变动

11. 已知"长期股权投资"账户期初余额54 500元，本期贷方发生额20 000元，期末余额100 000元，则该账户的借方发生额为(　　)元。

A. 65 500　　　　　B. 134 500　　　　　C. 25 500　　　　　D. 174 500

12. 已知"资本公积"账户期初余额15 000元，本期借方发生额2 000元，期末余额16 800元，则该账户贷方发生额为(　　)元。

A. 3 800　　　　　B. 29 800　　　　　C. 200　　　　　D. 33 800

二、多选题

1. 下列各项中，属于非流动负债的有(　　)。

A. 长期借款　　　　　B. 应付债券　　　　　C. 长期应付款　　　　D. 应付股利

2. 一个完整账户的结构包括的构成项目有(　　)。

A. 账户名称　　　　　B. 凭证字号　　　　　C. 摘要　　　　　D. 金额

3. 以下属于流动资产的有(　　)。

A. 应收账款　　　　　B. 货币资金　　　　　C. 长期投资　　　　　D. 存货

4. 下列各项中，属于损益类账户的有(　　)。

A. 销售费用　　　　　B. 应收票据　　　　　C. 管理费用　　　　　D. 财务费用

5. 下列各项中，属于损益类账户的有(　　)。

A. 管理费用　　　　　B. 投资收益　　　　　C. 所得税费用　　　　D. 本年利润

6. 下列所有者权益类科目中，可以用来反映留存收益的科目有(　　)。

A. 股本　　　　　B. 盈余公积　　　　　C. 本年利润　　　　　D. 利润分配

7. 下列各项中，属于负债特征的有(　　)。

A. 负债是企业承担的现实义务

B. 是由过去的交易或事项引起的

C. 负债的清偿会导致企业经济利益的流出

D. 未来流出的经济利益的金额能够可靠计量

8. 以下会计科目中反映流动负债的有(　　)。

A. 应付债券　　　　　B. 短期借款　　　　　C. 预收账款　　　　　D. 应付职工薪酬

9. 下列(　　)属于《会计法》中对会计核算的一般要求。

A. 各单位必须根据实际发生的经济业务事项进行会计核算，编制财务会计报告

B. 使用电子计算机进行会计核算的，其软件及其生成的会计凭证、会计账簿、财务会计报告和其他会计资料，也必须符合国家统一的会计制度的规定

C. 会计核算以人民币为记账本位币

D. 会计核算应当采用借贷记账法

10. 债权是企业收取款项的权利，一般包括各种(   )。

A. 应收款项 　　B. 应付款项 　　C. 预收款项 　　D. 预付款项

11. 坚持一贯性原则，并不意味会计方法和程序一点不能变动，确有必要变更的，应当按照统一的会计制度的规定变更，并将变更的原因、情况及影响在财务会计报告中说明，这里的确有必要变更的情况有(   )。

A. 单位领导发生变动

B. 国家对统一的会计制度进行了修改

C. 有多种会计方法可供选择

D. 改变会计方法和程序可以更好地反映财务状况和经营成果

12. 新《企业会计准则——基本准则》规定："不同企业发生的相同或者相似的交易或者事项，应当采用规定的会计政策，确保会计信息(   )。"

A. 口径一致 　　B. 口径可比 　　C. 相互可比 　　D. 前后一致

13. 在借贷记账法下，下列各项关于负债类账户结构描述错误的有(   )。

A. 借方登记增加额 　　　　　　　B. 贷方登记减少额

C. 期末余额一般在借方 　　　　　D. 期末余额一般在贷方

14. 下列选项中，属于复式记账法的有(   )。

A. 正负记账法 　　B. 增减记账法 　　C. 借贷记账法 　　D. 收付记账法

15. 下列公式中，正确的有(   )。

A. 期末余额=期初余额+本期增加发生额-本期减少发生额

B. 期初余额=期末余额+本期减少发生额-本期增加发生额

C. 本期减少发生额=期初余额+本期增加发生额-期末余额

D. 本期增加发生额=期末余额+本期减少发生额-期初余额

16. 某项经济业务发生后，一个资产账户记借方，则可能引起变动的有(   )。

A. 另一个资产账户记贷方 　　　　B. 另一个负债账户记贷方

C. 另一个所有者权益账户记贷方 　D. 涉及的其他账户都记借方

17. 下列错误中，可以通过试算平衡发现的有(   )。

A. 借方发生额大于贷方发生额 　　B. 应借应贷科目颠倒

C. 借方余额小于贷方余额 　　　　D. 漏记一项经济业务

18. 资本公积转增资本的经济业务，企业不会涉及的有(   )。

A. 资产和所有者权益同时增加 　　B. 资产和负债同时增加

C. 负债增加，所有者权益减少 　　D. 所有者权益一增一减

第4章
工业企业一般经济业务核算

通过学习本章的基本经济业务核算，进一步熟悉和应用账户与复式记账方法，理解会计核算的基本原理，为后续会计课程的学习打下良好的基础。本章主要介绍了工业企业供应、生产、销售等各阶段基本经济业务的核算。

学习本章后，要求：

1. 了解并掌握工业企业供应阶段、生产阶段、销售阶段财务成果、资金筹集等核算的基本内容；

2. 理解并掌握账户设置和主要业务的账户对应关系；

3. 进一步理解与掌握账户和借贷记账法基本原理。

在第3章中，我们初步说明了账户和复式记账的基本原理。但是，账户和复式记账毕竟是一种技术性的方法，其基本原理不是对社会现象的理论抽象，而是对账户和复式记账的使用方法和使用规则所进行的规范性的概括。也就是说，账户和复式记账的基本原理，实际上是对账户和复式记账具体应用的总结和归纳。因此，为了全面、完整地理解账户和复式记账，我们将进一步说明账户和复式记账的具体应用。

前已说明，设置账户和运用复式记账的方法，目的是要全面、连续、系统地反映、监督企业、单位会计要素的增减变动。如何设置账户，包括应该设置哪些账户，每个账户所核算的内容，以及各个账户之间的相互关系等，都要根据各个会计要素增减变动的特点来确定。而各个会计要素的增减变动总是在企业的经营过程中发生的，因此我们可以通过对企业、单位的经营过程或经济活动过程的核算，来说明账户和复式记账的具体应用。

由于各种企业、单位的工作任务和经济活动的性质并不相同，因此其经营过程也各有特点，账户的设置也不可能完全一致。就总体来说，在各种企业、单位中，工业企业的经营过程是能够比较典型地反映一个企业的经济活动过程的，因此本章将以工业企业为例，通过其经营过程的核算来说明账户和复式记账的具体应用。

工业企业的日常经营过程包括供应、生产、销售三个主要阶段。在这三个阶段中，工业企业的资金不断地改变形态，周而复始地循环周转。

在供应阶段中，企业以货币资金通过市场购买材料等劳动对象，为进行生产而储备必要的物资。在生产阶段中，企业要发生各种生产费用，这些费用构成产品的生产成本。在销售阶段中，企业将自己的产成品作为商品投放市场，通过销售，取得销售收入并实现利润，企业将实现的利润以税金等形式上缴国家。按规定进行分配以后，又购买材料，支付生产费用，继续进行周转。

工业企业在日常经营过程的三个主要阶段中，必然会发生各种费用支出。为了确定这些费用的发生和支出的归属，必须运用成本计算的方法来归集、分配各个经营过程中所发生的费用支出。

成本计算作为会计核算的一种专门方法，主要是指按照一定的对象，采用一定的标准来分配、归集经营过程中发生的各种费用，以确定各对象的总成本和单位成本。

成本计算与账户的设置和运用有着密切的关系。首先，为了在账户中正确反映会计要素增减变化的结果，经常要利用成本计算的方法。例如，在供应阶段中采购各种材料，既要支付材料的价款，又要支付各种运输、装卸等采购费用。为了在账户中正确反映各种材料的价值，必须利用成本计算的方法，归集、分配各种材料的买价和采购费用，计算各种材料的采购成本，以便在账户中分别反映每种材料的价值。其次，账户的设置及运用也必须考虑到成本计算的需要。例如，在生产阶段中，对于一些应由各种产品共同分摊而不能直接计入某种产品的各种制造费用，在设置账户时必须用专门的账户来归集这些费用，以适应成本计算的需要。又如，为了划分各个期间的费用支出以便正确计算成本，在设置账户时，对于那些受益期间超过一个会计期间的费用支出，也必须设置专门的账户，以利成本计算的进行。

在各种企业、单位中，经济活动各有特点。在同一个企业、单位中，各个经营过程、各项经营活动也具有各自的特点。因此在具体运用成本计算这一专门方法时，必须根据经营过程、经营活动的特点，确定成本计算的具体程序和具体方法。对于各种不同的成本计算方法，将在成本会计中加以说明，本章仅以工业企业经营过程核算中的材料采购成本、产品生产成本和销售成本为例，简要地说明成本计算的基本原理，其目的还是侧重于说明成本计算与账户设置、应用之间的关系。

4.1 资金筹集业务的核算

4.1.1 吸收投资业务

企业的成立，首先必须筹集到所需要的资金。企业筹集资金的方式可以分为权益筹资和债务筹资。其中，通过权益筹资方式筹集资金指的是吸收投资者的投资。投资者将资金投入企业，并成为企业的股东(或称为投资者)，进而可以参与企业的经营决策，并获得对企业净资产和盈利分配的要求权。企业吸收投资者的投资后，企业的资产增加了，同时投资者在企业中所享有的权益也增加了。为了核算企业接受投资者投资这一资金来源的变化，企业应设置"实收资本"科目，并按投资者的不同进行明细核算。

1. 实收资本

"实收资本"，所有者权益类科目，用来核算企业接受投资者投入企业的资本额。其贷方核算企业实收资本的增加，借方核算企业实收资本的减少，期末贷方余额表示企业接受投资者投入资本(或股本)的余额。另外，本科目应按不同的投资者设置明细科目进行明细核算。

【例4-1】大连雨阳公司注册成立，接受大连东方公司投入现金50万元，款项已通过银行转入。会计核算方法如表4-1所示。

表4-1 例4-1会计核算方法 元

会计科目	所属项目	变动情况	借贷方向	金额
银行存款	资产	增加	借方	500 000
实收资本	所有者权益	增加	贷方	500 000

大连雨阳公司会计人员应根据上述业务内容编制如下会计分录：

借：银行存款　　　　　　　　　　500 000

贷：实收资本——大连东方公司　　　　500 000

【例4-2】假设大连雨阳公司按法定程序减少注册资本30万元(其中大连东方公司拥有40%的股份，大连天天公司拥有60%的股份)，款项已通过银行存款支付。会计核算方法如表4-2所示。

表4-2 例4-2会计核算方法 元

会计科目	所属项目	变动情况	借贷方向	金额
实收资本(大连东方公司)	所有者权益	减少	借方	120 000
实收资本(大连天天公司)	所有者权益	减少	借方	180 000
银行存款	资产	减少	贷方	300 000

大连雨阳公司会计人员应根据上述业务内容编制如下会计分录：

借：实收资本——大连东方公司　　　　120 000

　　　　——大连天天公司　　　　180 000

贷：银行存款　　　　　　　　　　300 000

2. 资本公积

"资本公积"，所有者权益类科目，用来核算企业收到投资者出资超出其在注册资本(或股本)中所占的份额以及直接计入所有者权益的利得和损失等。其贷方核算资本公积的增加，借方核算资本公积的减少或转销，期末贷方余额反映企业资本公积的余额。另外，本科目应当分别对"资本溢价""股本溢价"或"其他资本公积"进行明细核算。

【例4-3】大连雨阳公司因发展需要，决定增加注册资本50万元(其中大连东方公司认缴40%的资本，大连天天公司认缴60%的资本)，分别收到大连东方公司和大连天天公司的缴款24万元和36万元，款项通过开户银行转入大连雨阳公司的账户。会计核算方法如表4-3所示。

表4-3 例4-3会计核算方法 元

会计科目	所属项目	变动情况	借贷方向	金额
银行存款	资产	增加	借方	600 000
实收资本(大连东方公司)	所有者权益	增加	贷方	200 000
实收资本(大连天天公司)	所有者权益	增加	贷方	300 000
资本公积(资本溢价)	所有者权益	增加	贷方	100 000

大连雨阳公司因接受大连东方公司和大连天天公司的投资而增加"实收资本"，故应贷记"实收资本"；但由于大连东方公司和大连天天公司实际支付的投资款超过注册资本(即产生资本溢价)，故超过部分应作为"资本公积"处理，即企业的"资本公积"这一所有者权益增加，应记其贷方。大连雨阳公司会计人员应根据上述业务内容编制如下会计分录：

```
借：银行存款                        600 000
    贷：实收资本——大连东方公司         200 000
              ——大连天天公司         300 000
        资本公积——资本溢价          100 000
```

4.1.2 借款业务的核算

企业自有资金不足以满足企业经营运转需要时，可以通过从银行或其他金融机构借款的方式筹集资金，并按借款协议约定的利率承担支付利息及到期归还借款本金的义务。因此，企业借入资金时，一方面银行存款增加，另一方面负债也相应增加。为核算企业因借款而形成的负债，企业应设置"短期借款"和"长期借款"两个科目。

明确借款的用途，分别确认为短期借款、长期一般借款、长期专门借款，为借款费用的核算打下基础。借款费用可资本化的，应按照先占用"专门借款"，再占用"一般借款"，最后占用"自有资金"的顺序来进行，这就需要我们记清每一笔银行借款的金额及性质是专门借款还是一般借款。

【工作流程】

董事会(或经理会议)通过项目融资方案，出具融资方案会议报告→财务部门准备授信材料至银行公司部评估企业授信等级→银行风险部主持召开信贷会→分行行长同意审贷会意见→出具授信批复文件→银行对公司的相关文件进行核保面签→签订借款合同→银行放款→企业综合会计审核制单→会计主管审核→出纳人员审核、办理收款，并在原始凭证处盖"收讫"章→出纳在记账凭证处签章并登记银行存款日记账→综合会计登记长期借款明细账→会计主管保管凭证→按旬编制"科目汇总表"后登记总账。

> **知识拓展**
>
> 长期借款办理的关键是从银行获得授信额度后再使用。需要提供给银行的授信材料包括：营业执照正本扫描件，组织机构代码证扫描件(年检合格的)，税务登记证扫描件(年检合格的)，基本存款账户开户许可证复印件，身份证复印件(法人代表、财务负责人、经办人)，贷款卡(经年检)，验资报告，公司章程，董事会成员名单及主要负责人工作履历介绍，相关生产经营许可证，法定代表人、总经理、财务主管个人征信授权书，董事会或股东会申请贷款的决议，企业征信授权书，企业简介及未来发展规划，企业关联公司情况说明，近三年经审计的财务报告及最近一个月的月报表(资产负债表、利润表、现金流量表)。

1. 短期借款业务

"短期借款"是负债类科目，核算企业向银行或其他金融机构等借入的期限在1年以内(含1年)的各种借款。企业借入短期借款是为了满足企业生产经营的临时性需要或者为了抵偿某项债务。企业从银行或其他金融机构借款时,应贷记本科目;企业归还借款时,借记本科目;本科目期末贷方余额反映企业尚未偿还的短期借款的本金。企业应当按照借款种类、贷款人和币种进行明细核算。

【例4-4】2015年初,大连雨阳公司从工商银行借入一年期借款20万元,年利率10%,每半年付息一次,到期一次还本。会计核算方法如表4-4所示。

表4-4 例4-4会计核算方法 元

会计科目	所属项目	变动情况	借贷方向	金额
银行存款	资产	增加	借方	200 000
短期借款(工商银行)	负债	增加	贷方	200 000

大连雨阳公司从工商银行借入资金后,银行存款增加,故借记"银行存款";同时,大连雨阳公司增加了一项负债,即"短期借款"增加,应贷记"短期借款"。大连雨阳公司会计人员应根据上述业务内容编制如下会计分录:

借:银行存款 200 000

  贷:短期借款——工商银行 200 000

企业借入上述短期借款后,必须承担支付利息的义务。例如,在2015年6月30日,大连雨阳公司应确认当年1—6月的利息费用。对于企业发生的利息费用,应通过"财务费用"科目进行核算。

"财务费用"是损益类(费用)科目,用来核算企业为筹集生产经营所需资金等而发生的筹资费用,包括利息支出(减利息收入)、汇兑差额以及相关的手续费等。企业确认发生筹资费用时,记本科目的借方;发生利息收入时贷记本科目;期末,企业应将本科目余额转入"本年利润"科目,结转后本科目应无余额。

【例4-5】当年6月30日,大连雨阳公司收到工商银行的付款通知,以存款支付银行上半年短期借款利息($200\,000 \times 10\% \times 6/12 = 10\,000$元)。会计核算方法如表4-5所示。

表4-5 例4-5会计核算方法 元

会计科目	所属项目	变动情况	借贷方向	金额
财务费用	费用	增加	借方	10 000
银行存款	资产	减少	贷方	10 000

企业在期末确认发生的利息费用时,费用增加,应记"财务费用"的借方;同时,以银行存款支付利息,故银行存款这一资产减少,应贷记"银行存款"。大连雨阳公司会计人员应根据上述业务内容编制如下会计分录:

借:财务费用 10 000

  贷:银行存款 10 000

【例4-6】当年12月31日,大连雨阳公司以银行存款归还工商银行短期借款本金20万元及下半年利息10 000元。会计核算方法如表4-6所示。

表4-6　例4-6会计核算方法　　　　　　　　　　　　　　　元

会计科目	所属项目	变动情况	借贷方向	金额
财务费用	费用	增加	借方	10 000
短期借款	负债	减少	借方	200 000
银行存款	资产	减少	贷方	210 000

企业归还借款，则企业负债减少，故应借记"短期借款"；同时，企业还应确认并支付下半年的借款利息，所以还应借记"财务费用"、贷记"银行存款"等科目。大连雨阳公司会计人员应根据上述业务内容编制如下会计分录：

借：财务费用　　　　　　　　　　10 000

　　短期借款——工商银行　　　　200 000

　　贷：银行存款　　　　　　　　　　210 000

2. 长期借款业务

"长期借款"，负债类科目，用来核算企业向银行或其他金融机构借入的期限在1年以上(不含1年)的各项借款。长期借款的目的是扩大生产经营或者构建固定资产等。根据筹集长期借款的用途和受益对象不同，借款费用可以采取两种方法处理：一是于发生时直接计入当期费用；二是予以资本化。

《国际会计准则23借款费用》中明确借款费用的基准处理方法为：长期借款所发生的利息支出，属于筹建期间的，不符合资本化条件的计入管理费用；属于生产经营期间的，如果长期借款用于购建固定资产等符合资本化条件的资产，在资产尚未到达预定可使用状态前，所发生的利息支出应当资本化，计入在建工程等相关资产成本；资产达到预定可使用状态后发生的利息支出，以及按规定不予资本化的利息支出，计入财务费用。

具体来说：

(1) 为购建固定资产而发生的，予以资本化，计入所建造的固定资产价值；

(2) 为建造固定资产而发生的长期借款费用，在固定资产交付使用并办理了竣工决算后所发生的，直接计入当期损益；

(3) 与固定资产或无形资产无关的，如为例行生产而筹集的长期借款筹资成本，作为财务费用，直接计入当期损益；

(4) 为投资而发生的借款费用，直接计入当期损益；

(5) 在筹建期间发生的长期借款费用(除为购建固定资产而发生的借款费用外)，计入管理费用；

(6) 在清算期间发生的长期借款费用，计入清算损益；

(7) 长期外币借款所发生的外币折合差价，按照外币业务核算的有关办法，按期计算汇兑损益，计入在建工程或当期损益。长期借款的本金和利息以及折合差额，均应计入"长期借款"科目，这与短期借款不同。"短期借款"科目，只核算借款的本金，而利息不计入，短期借款的利息一般是通过预提费用的方式核算的。

【**例4-7**】2015年初，大连雨阳公司从工商银行借入两年期借款300 000元，年利率10%，到期一次还本付息。会计核算方法如表4-7所示。

表4-7　例4-7会计核算方法 　　　　　　　　　　　　　　　　　　　　　　元

会计科目	所属项目	变动情况	借贷方向	金额
银行存款	资产	增加	借方	300 000
长期借款(工商银行)	负债	增加	贷方	300 000

企业借入资金，则银行存款增加，应借记"银行存款"；同时，企业也增加了一笔负债，故应贷记"长期借款"。大连雨阳公司会计人员应根据上述业务内容编制如下会计分录：

借：银行存款　　　　　　　　　　　　　300 000

　　贷：长期借款——工商银行　　　　　　　　　300 000

【**例4-8**】当年12月31日，大连雨阳公司确认本年度长期借款的应计利息30 000元。会计核算方法如表4-8所示。

表4-8　例4-8会计核算方法 　　　　　　　　　　　　　　　　　　　　　　元

会计科目	所属项目	变动情况	借贷方向	金额
财务费用	费用	增加	借方	30 000
应付利息	负债	增加	贷方	30 000

企业借入款项后，必须承担支付利息的义务。虽然借款约定到期一次付息，但借款的占用是整个借款期。因此，如果借款受益期跨了两个或两个以上的会计期间，应于每个会计期末确认应归属当期的利息费用及当期应承担、但未支付的利息债务。大连雨阳公司会计人员应根据上述业务内容编制如下会计分录：

借：财务费用　　　　　　　　　　　　　30 000

　　贷：应付利息——工商银行　　　　　　　30 000

在本例中，大连雨阳公司借入的款项是两年期，而利息却在到期时一次支付。在会计分期的前提下，企业应确认当期应承担的利息费用。由于收入与费用的确认是以权责发生制为基础的，大连雨阳公司当期使用了该笔借款(实现了权益)，就应当确认应承担的利息支付义务(责任)。因此，第一年末，企业一方面要确认当年应承担的利息费用，同时，还要确认将来要支付的利息债务。

若企业与银行约定，长期借款的利息每年支付一次。则借款企业应于年末直接以银行存款支付当年的利息费用，并编制会计分录如下：

借：财务费用　　　　　　　　　　　　　30 000

　　贷：银行存款　　　　　　　　　　　　　30 000

4.2 生产准备过程的核算

4.2.1 固定资产业务

1. 固定资产的取得

【工作流程】

固定资产需求单位填制采购申请书→审批→供应部门签订合同→将已生效的合同送达财务部并办理签收手续→供应人员将固定资产移交使用单位，填制"固定资产交接单"并经审核签字→供应部填制"资产采购入库批准单"并经批准→需付款的填制"付款审批单"→综合会计审核原始凭证，编制记账凭证→会计主管审核→出纳人员办理付款业务，在记账凭证上签字，在原始凭证上加盖"付讫"章，登记现金、银行存款日记账→综合会计登记固定资产明细卡片、应交税费等明细账→会计主管保管凭证→按旬编制"科目汇总表"后登记总账。

"固定资产"，资产类科目，核算企业持有固定资产的原价。当企业因购入或通过其他方式取得可直接投入使用的固定资产时，借记本科目；因处置而减少固定资产时，贷记本科目；本科目期末借方余额，反映企业固定资产的账面原价。企业应当按照固定资产类别和项目进行明细核算。

【例4-9】大连雨阳公司购入办公用设备，价款300 000元，运费1 000元，开出承兑的商业汇票(不考虑增值税)。会计核算方法如表4-9所示。

表4-9 例4-9会计核算方法　　　　　　　　　元

会计科目	所属项目	变动情况	借贷方向	金额
固定资产	资产	增加	借方	301 000
应付票据	负债	增加	贷方	301 000

企业购入设备，则企业"固定资产"增加；同时，款项未付，则企业负债增加，但开出了承兑的商业汇票，应记入"应付票据"科目。故应编制分录如下：

借：固定资产　　　　　　　　301 000

　　贷：应付票据　　　　　　　　301 000

若购入的设备需要安装后才能使用，则购入的固定资产应先通过"在建工程"科目核算设备及安装成本，待安装完毕，设备可投入使用时，再将全部成本转入"固定资产"科目。

【例4-10】假设**【例4-9】**中购入的设备需要安装，安装费用为600元，以存款支付(不考虑增值税)。会计核算方法如表4-10所示。

表4-10 例4-10会计核算方法　　　　　　　　　元

会计科目	所属项目	变动情况	借贷方向	金额
在建工程	资产	增加	借方	600
银行存款	资产	减少	贷方	600

(续表)

会计科目	所属项目	变动情况	借贷方向	金额
固定资产	资产	增加	借方	301 600
在建工程	资产	减少	贷方	301 600

购入的设备因需要安装，故应将设备的采购成本先记入"在建工程"；发生安装费用时，再增加"在建工程"的成本，同时，银行存款减少；待安装完工时，则将"在建工程"借方发生额合计转入"固定资产"科目。各环节应编制分录如下：

(1) 购入设备时

借：在建工程　　　　　　　　　　　301 000
　　贷：应付票据　　　　　　　　　　　　301 000

(2) 发生安装费用时

借：在建工程　　　　　　　　　　　600
　　贷：银行存款　　　　　　　　　　　　600

(3) 安装完工达到可使用状态时

借：固定资产　　　　　　　　　　　301 600
　　贷：在建工程　　　　　　　　　　　　301 600

注意，在建工程完工并结转成本后，"在建工程"科目余额应为零。

2. 固定资产的折旧

固定资产折旧是指在固定资产使用寿命内，按照确定的方法对应计折旧额进行的系统分摊。其中，应计折旧额是指应当计提折旧的固定资产的原价扣除其预计净残值后的金额。已计提减值准备的固定资产，还应当扣除已计提的固定资产减值准备累计金额。

预计净残值是指假定固定资产的预计使用寿命已满并处于使用寿命终了时的预期状态，企业目前从该项资产的处置中获得的扣除预计处置费用后的金额。预计净残值率是指固定资产预计净残值额占其原价的比率。企业应当根据固定资产的性质和使用情况，合理确定固定资产的预计净残值。预计净残值一经确定，不得随意变更。应当按月对所有的固定资产计提折旧，但是，已提足折旧仍继续使用的固定资产、单独计价入账的土地和持有待售的固定资产除外。提足折旧是指已经提足该项固定资产的应计折旧额。当月增加的固定资产，当月不计提折旧，从下月起计提折旧；当月减少的固定资产，当月仍计提折旧，从下月起不计提折旧。提前报废的固定资产，不再补提折旧。

1) 固定资产折旧的计算方法

企业可选用的折旧方法有年限平均法、工作量法、双倍余额递减法和年数总和法等。

(1) 平均年限法。又称直线法，是将固定资产的应计折旧额均衡地分摊到固定资产预计使用寿命内的一种方法。每期折旧额都是等额的，其计算公式为

$$年折旧额=(固定资产原值-预计净残值)/预计使用年限$$

$$年折旧率=年折旧额/固定资产原值×100\%=(1-预计净残值率)/预计使用年限$$

$$月折旧额=年折旧额/12$$

$$月折旧率=年折旧率/12$$

如：企业有一设备，原值为200 000元，预计可使用10年，按照有关规定，该设备报废时的净残值率为2%。该设备的月折旧率和月折旧额为

年折旧率=(1-2%)÷10=9.8%

月折旧率=9.8%÷12=0.82%

月折旧额=200 000×0.82%=1 640(元)

(2) 工作量法。工作量法是根据实际工作量计提折旧的一种方法。这种方法弥补了年限平均法只重视使用时间不考虑使用强度的缺点，其基本计算公式为

每单位工作量折旧额=固定资产原值×(1-净残值率)/预计总工作量

某项固定资产月折旧额=该项固定资产当月工作量×每单位工作量折旧额

如：企业一辆运输卡车原值为100 000元，预计总行驶里程为50万公里，其报废时的净残值率为5%，本月行驶4 000公里，该辆汽车的月折旧额为

单位里程折旧额=[100 000×(1-5%)]÷500 000=0.19(元/公里)

本月折旧额=4000×0.19=760(元)

(3) 双倍余额递减法。双倍余额递减法是在不考虑固定资产残值的情况下，根据每期期初固定资产账面净值(固定资产账面余额减累计折旧)和双倍的直线法折旧率计算固定资产折旧的一种方法，其计算公式为

年折旧率=2/预计折旧年限×100%

月折旧率=年折旧率/12

月折旧额=固定资产账面净值×月折旧率

在使用双倍余额递减法时应特别注意，其所计提折旧的固定资产，应在固定资产折旧年限到期以前两年内，将固定资产账面净值扣除预计净残值后的余额平均摊销。

如：某企业进口设备一台，价值为80 000元，预计使用年限为5年，预计残值收入3 000元。该设备用双倍余额递减法计算折旧额。

年折旧率=2/5×100%=40%

第1年折旧额=80 000×40%=32 000

第2年折旧额=(80 000-32 000)×40%=19 200

第3年折旧额=(80 000-32 000-19 200)×40%=11 520

第4年年初固定资产的账面净值=80 000-32 000-19 200-11 520=17 280

第4、5年应改为直线法计提折旧

第4、5年折旧额=(17 280-3 000)÷2=7 140

如：某企业一项固定资产的原值为200 000元，预计使用年限5年，预计净残值5 000元，计算每年的折旧额。

年折旧率=2/5×100%=40%

第1年应提折旧额=200 000×40%=80 000

第2年应提折旧额=(200 000-80 000)×40%=48 000

第3年应提折旧额=(200 000-80 000-48 000)×40%=28 800

第4、5年应提折旧额=$\dfrac{(200\,000-80\,0000-48\,000-28\,800)-5\,000}{2}$=19 100

(4) 年数总和法。年数总和法是指固定资产应提折旧的总额(固定资产原值－预计净残值)乘以固定资产的变动折旧率计算折旧额的一种方法,其计算公式为

固定资产各年折旧率
=固定资产各年初尚可使用年数/固定资产预计使用年限各年数之和×100%
固定资产各年折旧额=(固定资产原值-预计净残值)×年折旧率

如:企业的某项固定资产原值为100 000元,预计使用年限为5年,预计净残值为4 000元,采用年数总和法计算各年折旧额。

第1年=(100 000-4 000)×5/15=32 000

第2年=(100 000-4 000)×4/15=25 600

第3年=(100 000-4 000)×3/15=19 200

第4年=(100 000-4 000)×2/15=12 800

第5年=(100 000-4 000)×1/15=6 400

双倍余额递减法和年数总和法都是加速折旧法,其特点是在固定资产使用过程中前期多提折旧额、后期少提折旧额,这样可以使企业在较短时间内收回大部分投资,减少固定资产的无形损耗,并可加快固定资产的更新换代。但是运用加速折旧法,会造成企业固定资产使用前期少缴所得税,使用后期多缴所得税,虽然税款总额相同,但国家财政损失了缓缴所得税的时间价值。

2) 固定资产折旧的账务处理

借:制造费用(基本生产车间使用的固定资产计提折旧)

　　管理费用 (管理部门固定资产计提的折旧以及未使用固定资产计提的折旧)

　　销售费用 (销售部门使用的固定资产计提的折旧)

　　在建工程 (自行建造固定资产过程中使用的固定资产计提的折旧)

　　其他业务成本 (经营出租固定资产计提的折旧)

　　研发支出(研发无形资产过程中使用的固定资产折旧)

　　贷:累计折旧

【例4-11】大连雨阳公司计提本月固定资产折旧,其中:基本生产车间22 000元,行政管理部门8 000元,专设销售机构1 600元。

借:制造费用	22 000	
管理费用	8 000	
销售费用	1 600	
贷:累计折旧		31 600

3. 固定资产的处置的账务处理

固定资产处置的方式主要有出售、报废、毁损等,企业出售、报废、毁损的固定资产,应通过"固定资产清理"账户进行核算。"固定资产清理"账户借方登记固定资产转入清理的净值和清理过程中发生的费用和税费;贷方登记收回出售固定资产的价款、残料价值和变价收入。其贷方余额表示清理后的净收益;借方余额表示清理后的净损失。固定

资产清理完成后产生的清理净损益，依据固定资产处置方式的不同，分别适用不同的处理方法：

①因已丧失使用功能、自然灾害发生毁损等原因而报废清理产生的利得或损失：

借：固定资产清理　　　或　　　借：营业外支出
　　贷：营业外收入　　　　　　　　贷：固定资产清理

②因出售、转让等原因产生固定资产处置利得或损失计入"资产处置损益"

【工作流程】

1. 出售固定资产

签订固定资产出售合同→取得发票→会计开具收据→综合会计审核原始凭证并编制记账凭证→会计主管审核→出纳人员收款→出纳人员在原始凭证上加盖收讫章，在记账凭证上签字→登记现金日记账→综合会计登记相关明细账→会计主管保管凭证→按旬编制"科目汇总表"后登记总账。

2. 固定资产报废转销

申请报废部门提出报废申请→管理部门做出技术鉴定→依据鉴定结果，办理报废申请核批(填制固定资产审批单)→报废清理处置→注销固定资产卡片→综合会计审核原始凭证并编制记账凭证→会计主管审核→综合会计登记相关明细账→会计主管保管凭证→按旬编制"科目汇总表"后登记总账。

4.2.2　材料采购业务

材料的采购成本是指企业物资从采购到入库前所发生的全部支出，包括购买价款、相关税费、运输费、装卸费、保险费以及其他可归属于采购成本的费用。在实务中，企业也可以将发生的运输费、装卸费、保险费以及其他可归属于采购成本的费用等先进行归集，期末，按照所购材料的存销情况进行分摊。

材料的日常收发结存可以采用实际成本法核算，也可以采用计划成本法核算。

知识拓展

采购过程中发生的运费的税率为9%，一般纳税人应将运费计入采购材料的成本，运费的增值税额单独确认"应交税费——应交增值税(进项税)"。

【业务流程】

使用材料部门填制采购申请书→库房签字证明材料的现有情况→供应部门签订合同→将已生效的合同送达财务部，并办理签收手续→采购人员将所购货物经质量检验后交付保管员→填制入库单并经审核→供应部门填制"资产采购入库批准单"并经批准→材料成本会计登记该材料明细账中的"数量"栏→需付款的，填制付款审批单并经审批→材料成本会计审核原始凭证并编制记账凭证→会计主管审核→出纳人员按审批结果办理付款手续→出纳人员在记账凭证上签字，在原始凭证上加盖付讫章，登记银行存款日记账→成本会计登记材料采购明细账，综合会计登记应交税费等明细账→会计主管保管凭证→按旬编制"科目汇总表"后登记总账。

1. 材料采购的实际成本法核算

"在途物资"是资产类科目，用来核算实际成本法下企业在途物资的采购成本。其借方核算在途物资采购成本的增加，贷方核算因在途物资被验收入库而转入"原材料"账户的在途物资成本，其借方余额表示尚未到达或尚未验收入库的在途物资的实际采购成本。本科目应当按照供应单位进行明细核算。

在途物资是指企业购入尚在途中或虽已运达企业但尚未验收入库的购入材料。

【例4-12】大连雨阳公司(小规模纳税人)从大连东方公司购入甲材料，含增值税价款113 000元，以存款支付，材料尚未验收入库(假设企业按实际成本法核算，下同)。核算方法见表4-11。

表4-11　例4-12会计核算方法　　　　　　　　　　　　　元

会计科目	所属项目	变动情况	借贷方向	金额
在途物资	资产	增加	借方	113 000
银行存款	资产	减少	贷方	113 000

企业购入材料，但未验收入库，故"在途物资"这一资产增加；同时，以存款支付，故"银行存款"这一资产减少；同时，小规模纳税人购入材料支付的价款中所含的增值税应计入所购材料的成本。故应编制分录如下：

借：在途物资——甲材料　　　　　　　113 000
　　贷：银行存款　　　　　　　　　　　　113 000

"应付账款"是负债类科目，核算企业因购买材料、商品和接受劳务供应等经营活动应支付的款项。企业赊购货物时负债增加，贷记本科目；偿还货款时该笔负债减少，借记本科目；其贷方余额表示尚未归还的货款。本科目应当按照不同的债权人进行明细核算。

【例4-13】大连雨阳公司(小规模纳税人)从大连东方公司购入甲材料，含增值税价款113 000元，款项暂欠，材料尚未验收入库。核算方法见表4-12。

表4-12　例4-13会计核算方法1　　　　　　　　　　　元

会计科目	所属项目	变动情况	借贷方向	金额
在途物资	资产	增加	借方	113 000
应付账款	负债	增加	贷方	113 000

大连雨阳公司因购入材料而增加了一笔负债，即"应付账款"增加；由于材料尚未验收入库，故应通过"在途物资"科目进行核算。故该业务应编制如下会计分录：

借：在途物资——甲材料　　　　　　　113 000
　　贷：应付账款——大连东方公司　　　　113 000

待企业以存款支付上述所欠货款时，核算方法见表4-13。

表4-13　例4-13会计核算方法2　　　　　　　　　　　元

会计科目	所属项目	变动情况	借贷方向	金额
银行存款	资产	减少	贷方	113 000
应付账款	负债	减少	借方	113 000

还款分录编制如下：

借：应付账款——大连东方公司　　　　113 000

　　贷：银行存款　　　　　　　　　　113 000

另外，付款企业还可以通过开出承兑的商业汇票作为承诺支付货款的形式，即在汇票上注明应支付的金额、支付的时间等交易信息，待票据到期时，再通过银行转账兑付。

"应付票据"是负债类科目，核算企业购买材料、商品和接受劳务供应等而承付的商业汇票，包括银行承兑汇票和商业承兑汇票。企业新增承付的商业汇票时，贷记本科目；以存款支付汇票款时，借记本科目；本科目期末贷方余额，反映企业尚未到期的商业汇票的票面金额。支付银行承兑汇票的手续费记入"财务费用"科目。

【例4-14】大连雨阳公司开出承兑的商业汇票偿付上一年度所欠大连东方公司的购货款50 000元。核算方法见表4-14。

表4-14　例4-14会计核算方法1　　　　　　　　　　　元

会计科目	所属项目	变动情况	借贷方向	金额
应付票据	负债	增加	贷方	50 000
应付账款	负债	减少	借方	50 000

该笔业务使大连雨阳公司的负债发生一增一减，即"应付账款"减少、"应付票据"增加。故该业务应编制如下会计分录：

借：应付账款——大连东方公司　　　　50 000

　　贷：应付票据——大连东方公司　　　50 000

待上述票据到期，根据银行的付款通知付款，核算方法见表4-15。

表4-15　例4-14会计核算方法2　　　　　　　　　　　元

会计科目	所属项目	变动情况	借贷方向	金额
应付票据	负债	减少	借方	50 000
银行存款	资产	减少	贷方	50 000

编制付款分录如下：

借：应付票据——大连东方公司　　　　50 000

　　贷：银行存款　　　　　　　　　　50 000

若上述票据到期，而大连雨阳公司账上又无支付能力，核算方法见表4-16。

表4-16　例4-14会计核算方法3　　　　　　　　　　　元

会计科目	所属项目	变动情况	借贷方向	金额
应付票据	负债	减少	借方	50 000
应付账款	负债	增加	贷方	50 000

即大连雨阳公司应将"应付票据"金额转回到"应付账款"科目，应编制分录如下：

借：应付票据　　　　　　　　　　　50 000

　　贷：应付账款　　　　　　　　　　　　　　50 000

企业应当设置"应付票据备查簿"，详细登记每一商业汇票的种类、号数和出票日期、到期日、票面余额、交易合同号、收款人姓名或单位名称以及付款日期和金额等资料。应付票据到期结清时，应当在备查簿内逐笔注销。

"应交税费"是负债类科目，本科目核算企业按照税法规定计算应缴纳的各种税费，包括增值税、消费税、所得税、资源税、土地增值税、城市维护建设税、房产税、土地使用税、车船使用税、教育费附加、矿产资源补偿费等。新增应交而未交的税费时，负债增加，记本科目的贷方；实际支付税费时，负债减少，借记本科目；本科目期末贷方余额，反映企业应交而未交的税费；期末如为借方余额，反映企业已支付并可在下期继续抵扣的税金。本科目应当按照应交税费的税种进行明细核算。

【例4-15】大连雨阳公司(一般纳税人)从大连东方公司购入甲材料，价款100 000元，增值税率13%，款项未付，材料尚未验收入库。核算方法见表4-17。

表4-17　例4-15会计核算方法　　　　　　　　　　　　　　　　元

会计科目	所属项目	变动情况	借贷方向	金额
在途物资	资产	增加	借方	100 000
应交税费(应交增值税)	负债抵减项	增加	借方	13 000
应付账款(大连东方公司)	负债	增加	贷方	113 000

一般纳税人企业购入材料时，支付的材料价款计入材料的采购成本，支付的增值税(进项税额)作为已交(可抵扣)税金理解，视同企业应交税费这一负债的减少，记入"应交税费——应交增值税(进项税额)"的借方。故本业务应编制会计分录如下：

借：在途物资——甲材料　　　　　　　　　100 000

　　应交税费——应交增值税(进项税额)　　13 000

　　贷：应付账款——大连东方公司　　　　　　　　113 000

"原材料"是资产类科目，核算企业库存的各种材料(包括原料及主要材料、辅助材料、外购半成品、修理用备件、包装材料、燃料等)的计划成本或实际成本。原材料验收入库而增加时，借记本科目；领用等原因使原材料减少时，贷记本科目；本科目的期末借方余额，反映企业库存材料的计划成本或实际成本。企业应按照材料的保管地点(仓库)、材料的类别、品种和规格等进行明细核算。

【例4-16】大连雨阳公司以现金支付【例4-13】中从大连东方公司购入甲材料的运费2 000元。核算方法见表4-18。

表4-18　例4-16会计核算方法　　　　　　　　　　　　　　　　元

会计科目	所属项目	变动情况	借贷方向	金额
在途物资	资产	增加	借方	2 000
库存现金	资产	减少	贷方	2 000

购入材料的运费应计入所购材料的成本，同时现金减少。故应编制分录如下：

借：在途物资——甲材料　　　　　　　2 000

　　贷：库存现金　　　　　　　　　　　2 000

【例4-17】大连雨阳公司在【例4-13】中所购入的材料验收入库。核算方法见表4-19。

表4-19　例4-17会计核算方法　　　　　　　　　　　　　　　　元

会计科目	所属项目	变动情况	借贷方向	金额
原材料	资产	增加	借方	115 000
在途物资	资产	减少	贷方	115 000

材料验收入库，则在途物资(资产)减少，而库存材料(资产)增加。故应编制分录如下：

借：原材料——甲材料　　　　　　　115 000

　　贷：在途物资——甲材料　　　　　115 000

应该注意的是，购入的材料验收入库时的成本结转，应包括材料的所有采购成本，如买价、运杂费、途中仓储与保险费、入库时的挑选整理费等可直接归集于采购成本的费用，但不包括可抵扣的增值税进项税额。全部验收入库并结转后，"在途物资"科目余额应为零。

2. 材料采购的计划成本法核算

"材料采购"账户属于资产类账户，用以核算企业采用计划成本进行材料日常核算而购入材料的采购成本。该账户借方登记企业采用计划成本进行核算时，采购材料的实际成本以及材料入库时结转的节约差异，贷方登记入库材料的计划成本以及材料入库时结转的超支差异。期末余额在借方，反映企业在途材料的采购成本。该账户可按供应单位和材料品种进行明细核算。

"材料成本差异"账户属于资产类账户，用以核算企业采用计划成本进行日常核算的材料计划成本与实际成本的差额。该账户借方登记入库材料形成的超支差异以及转出的发出材料应负担的节约差异，贷方登记入库材料形成的节约差异以及转出的发出材料应负担的超支差异。期末余额在借方，反映企业库存材料等的实际成本大于计划成本的差异；期末余额在贷方，反映企业库存材料等的实际成本小于计划成本的差异。该账户可以分"原材料""周转材料"等科目，按照类别或品种进行明细核算。

【例4-18】大连雨阳公司购入甲材料一批，货款200 000元，增值税26 000元，发票账单已收到，计划成本为220 000元，材料已验收入库，款项已用银行存款支付。相关的会计分录如下：

借：材料采购——甲材料	200 000
应交税费——应交增值税(进项税额)	26 000
贷：银行存款	226 000
借：原材料——甲材料	220 000
贷：材料采购——甲材料	200 000
材料成本差异——甲材料	20 000

4.3　生产过程业务的核算

产品生产业务的核算，主要涉及材料的领用、薪酬的确认与支付、生产费用的摊销与分配、生产设备等固定资产的折旧、完工产品成本的计算与入库等内容。

【业务流程】

材料使用部门填制"领料单"并经审批→仓库据以发出材料→材料成本会计登记该材料明细账中的"数量"栏→成本会计保管"领料单"，月末编制发料凭证汇总表。

知识拓展

企业领用材料应按材料用途分别计入产品成本、辅助生产成本、制造费用、管理费用、销售费用等。由于企业领用材料业务频繁发生，为了提高工作效率，通常可按五天、十天、十五天、一个月进行汇总，一并按受益对象进行材料费用分配。填写"领料单"时，应根据"领料单"的项目填列，企业的领料单应首先确认领料单位，不同的领料单位不可合并填列一张"领料单"，同意领料单位可一单多料。

"生产成本"是成本类科目，核算企业进行工业性生产发生的各项生产费用，包括生产各种产品(包括产成品、自制半成品等)、自制材料、自制工具、自制设备等。企业应当按照基本生产成本和辅助生产成本进行明细核算。基本生产成本应当分别按照基本生产车间和成本核算对象(如产品的品种、类别、订单、批别、生产阶段等)设置明细账(或成本计算单，下同)，并按照规定的成本项目设置专栏。当企业发生各项直接的生产费用时，即生产成本增加，应借记本科目；因产品完工入库，在产品减少时，应将完工产品的"生产成本"结转入"库存商品"科目；本科目期末借方余额，反映企业尚未加工完成的在产品的成本或生产性生物资产尚未收获的农产品成本。

【例4-19】车间生产领用甲材料一批，材料成本50 000元，分别用于A产品和B产品的生产，其中A产品直接耗用30 000元，B产品直接耗用20 000元。核算方法见表4-20。

表4-20　例4-19会计核算方法　　　　　　　　　　　　　　　　元

会计科目	所属项目	变动情况	借贷方向	金额
生产成本——A产品	费用	增加	借方	30 000
生产成本——B产品	费用	增加	借方	20 000
原材料(甲材料)	资产	减少	贷方	50 000

材料从仓库领出，则库存的"原材料"这一资产减少；同时，投入车间的在产品生产成本增加。故企业应编制分录如下：

借：生产成本——A产品　　　　　　30 000
　　　　　　——B产品　　　　　　20 000
　　贷：原材料——甲材料　　　　　　　　50 000

"制造费用"是成本类科目，核算企业生产车间、部门为生产产品和提供劳务而发生的各项间接费用，如固定资产折旧、职工薪酬、物料消耗、水电支出、停工损失等，可按不同的生产车间、部门和费用项目进行明细核算。当企业产品生产间接费用发生或增加时，借记本科目；期末，将产品生产的间接费用在受益产品间分配并结转入"生产成本"科目时，贷记本科目；除季节性的生产性企业外，本科目期末应无余额。

【例4-20】车间领用生产物料，物料成本40 000元，用于产品生产一般耗用。(注：生产一般耗用，一般是共同耗用的物资，如螺丝、焊条等，很难对象化，因此应该先计入制造费用。)核算方法见表4-21。

表4-21　例4-20会计核算方法　　　　　　　　　　　　　　　　元

会计科目	所属项目	变动情况	借贷方向	金额
制造费用	费用	增加	借方	40 000
原材料(乙材料)	资产	减少	贷方	40 000

物料从仓库领出，则库存的"原材料"减少；同时，投入车间在产品生产的间接成本增加。故企业应编制分录如下：

借：制造费用　　　　　　　　　　40 000
　　贷：原材料——乙材料　　　　　　　40 000

"应付职工薪酬"是负债类科目，核算企业根据有关规定应付给职工的各种薪酬。企业(外商)按规定从净利润中提取的职工奖励及福利基金，也在本科目核算。本科目可按"工资""职工福利""社会保险费""住房公积金""工会经费""职工教育经费""非货币性福利""辞退福利""股份支付"等进行明细核算。当企业计算确认应付的职工薪酬时，贷记本科目；当企业实际支付职工薪酬时，借记本科目；本科目期末贷方余额，反映企业应付未付的职工薪酬。

企业应当根据职工提供服务的受益对象，对发生的职工薪酬分别以下情况进行处理：

生产部门人员的职工薪酬，借记"生产成本""制造费用""劳务成本"科目，贷记本科目。

管理部门人员的职工薪酬，借记"管理费用"科目，贷记本科目。

销售人员的职工薪酬，借记"销售费用"科目，贷记本科目。

应由在建工程、研发支出负担的职工薪酬，借记"在建工程""研发支出"科目，贷记本科目。

因解除与职工的劳动关系给予的补偿，借记"管理费用"科目，贷记本科目。

外商投资企业按规定从净利润中提取的职工奖励及福利基金，借记"利润分配——提取的职工奖励及福利基金"科目，贷记本科目。

非货币性福利按产品或商品的市场公允价值，计入相关资产成本或当期损益。

企业发放工资一般分两个过程：计算——发放。当公司计算出员工工资时，但并未发放，因此作为企业的一项负债。

【例4-21】大连雨阳公司期末计算确认当期应付给生产人员的薪酬为100 000元，其中A产品直接生产人员薪酬40 000元，B产品直接生产人员薪酬30 000元，车间间接生产人员薪酬10 000元，应付给行政管理人员及销售人员的工资分别为15 000元和5 000元。核算方法见表4-22。

表4-22 例4-21会计核算方法 元

会计科目	所属项目	变动情况	借贷方向	金额
生产成本(A产品直接生产人员)	费用	增加	借方	40 000
生产成本(B产品直接生产人员)	费用	增加	借方	30 000
制造费用(车间间接生产人员)	费用	增加	借方	10 000
管理费用(行政管理人员)	费用	增加	借方	15 000
销售费用(销售人员)	费用	增加	借方	5 000
应付职工薪酬	负债	增加	贷方	100 000

企业计算确认应付职工薪酬时，一方面表明企业产品生产成本、管理费用及销售费用增加，另一方面表明企业应付给职工的薪金增加。故应编制分录如下：

借：生产成本——A产品　　　　　　　40 000
　　　　　　——B产品　　　　　　　30 000
　　制造费用　　　　　　　　　　　　10 000
　　管理费用　　　　　　　　　　　　15 000
　　销售费用　　　　　　　　　　　　5 000
　　贷：应付职工薪酬——工资　　　　　　100 000

【例4-22】大连雨阳公司代扣职工个人所得税共计2 000元。核算方法见表4-23。

表4-23 例4-22会计核算方法 元

会计科目	所属项目	变动情况	借贷方向	金额
应付职工薪酬	负债	减少	借方	2 000
应交税费(应交个人所得税)	负债	增加	贷方	2 000

企业代扣了职工的个人所得税，"应交税费——应交个人所得税"增加。故应编制分录如下：

借：应付职工薪酬——工资　　　　　　 2 000
　　贷：应交税费——应交个人所得税　　 2 000

【例4-23】根据有关规定，企业按职工工资的14%计提职工福利费。核算方法见表4-24。

表4-24　例4-23会计核算方法　　　　　　　　　　　　　　元

会计科目	所属项目	变动情况	借贷方向	金额
生产成本(A产品直接生产人员)	费用	增加	借方	5 600
生产成本(B产品直接生产人员)	费用	增加	借方	4 200
制造费用(车间间接生产人员)	费用	增加	借方	1 400
管理费用(行政管理人员)	费用	增加	借方	2 100
销售费用(销售人员)	费用	增加	借方	700
应付职工薪酬	负债	增加	贷方	14 000

本期应付职工工资共100 000元，所以应计提职工福利费14 000元，所计提的职工福利费用作为企业的一项负债，在实际发生福利费用支出时再予以冲减。另外，计提的职工福利费用的会计处理与其计提的依据(工资)一致，应分别计入产品的成本、制造费用、管理费用及销售费用等科目。故大连雨阳公司应编制分录如下：

借：生产成本——A产品　　　　　　 5 600
　　生产成本——B产品　　　　　　 4 200
　　制造费用　　　　　　　　　　 1 400
　　管理费用　　　　　　　　　　 2 100
　　销售费用　　　　　　　　　　　 700
　　贷：应付职工薪酬——职工福利　 14 000

【例4-24】因职工穆念慈生活困难，企业决定以现金为其发放生活补助1 000元。核算方法见表4-25。

表4-25　例4-24会计核算方法　　　　　　　　　　　　　　元

会计科目	所属项目	变动情况	借贷方向	金额
应付职工薪酬	负债	减少	借方	1 000
库存现金	资产	减少	贷方	1 000

一方面企业库存现金减少，即资产减少；另一方面可供使用的职工福利费因使用而减少，即负债减少。故大连雨阳公司应编制分录如下：

借：应付职工薪酬——职工福利　　　 1 000
　　贷：库存现金　　　　　　　　　 1 000

"管理费用"是损益类(费用)科目，核算企业行政管理部门为组织和管理生产经营活动而发生的各种费用。包括的具体项目有：企业董事会和行政管理部门在企业经营管理中发生的，或者应当由企业统一负担的公司经费、工会经费、待业保险费、劳动保险费、董事会费、聘请中介机构费、咨询费、诉讼费、业务招待费、办公费、差旅费、邮电费、绿化费、管理人员工资及福利费等。企业(商品流通)管理费用不多的，可不设置本科目，本科目的核算内容可并入"销售费用"科目核算。企业生产车间(部门)和行政管理部门等发生的固定资产修理费用等后续支出，也在本科目核算。本科目可按费用项目进行明细核算。企业确认发生管理费用时，借记本科目；期末将本科目余额结转入"本年利润"科目时，贷记本科目；结转后应无余额。

"累计折旧"是资产类的备抵调整账户，其结构与一般资产账户的结构刚好相反，累计折旧是贷方登记增加，借方登记减少，余额在贷方。

固定资产折旧费用根据固定资产的原值和规定的折旧率计算确定，按照一定的标准分摊计入各期的间接费用和期间费用。

生产车间用房屋建筑物、机器设备的折旧，作为间接费用，计入制造费用账户。

厂部行政用办公房屋的，计入管理费用账户，由当期收入负担。

折旧合计数计入"累计折旧"账户的贷方。

对固定资产计提了折旧后，固定资产的账面价值为固定资产的账面原价减去相应的累计折旧之后的余额。对固定资产计提的折旧越多，其账面价值就越少。同时，通过每期计提固定资产折旧，将固定资产的购置成本分期地计入产品的生产成本，体现了会计核算的权责发生制原则和收入与费用的配比原则。

【例4-25】企业计提车间固定资产的折旧30 000元、行政管理部门固定资产折旧20 000元。核算方法见表4-26。

表4-26 例4-25会计核算方法 元

会计科目	所属项目	变动情况	借贷方向	金额
制造费用	费用	增加	借方	30 000
管理费用	费用	增加	借方	20 000
累计折旧	资产抵减项	增加	贷方	50 000

其成本也应在可供使用的年限内分摊。计提累计折旧就是将固定资产成本分期转入成本或费用。而固定资产在使用过程中可以保持原有的实物形态和数量，所以固定资产因使用等原因而出现的价值减少并不直接冲减固定资产的原价，而是通过"累计折旧"来反映。企业对固定资产计提折旧，一方面表明企业生产费用和管理费用在增加，同时企业的固定资产价值在减少(即累计折旧在增加)。故大连雨阳公司应编制如下会计分录：

借：制造费用   30 000

      管理费用   20 000

    贷：累计折旧   50 000

各生产车间和分厂为产品生产而发生的间接计入成本按单位分别归集后，月终就需按照一定的标准在各生产单位所生产的产品或劳务成本间进行分配。

确定制造费用的分配标准，应使其具有以下特性：

(1) 共有性，即各应承担制造费用的对象都具有该分配标准的资料；

(2) 比例性，即分配标准与制造费用之间存在客观的因果比例关系，分配标准总量的变化与制造费用总额的多少有较密切的依存关系；

(3) 易得性，即各受益对象所耗用分配标准的资料较为容易地取得；

(4) 可计量性，即各受益对象所耗用标准的数量可以客观地进行计量；

(5) 稳定性，即使用的分配标准相对稳定，不宜经常变动，便于各期间的成本比较分配。

制造费用的分配标准一般有：

(1) 直接人工工时，各受益对象所耗的生产工人工时数，可以是实际工时，也可以是定额工时；

(2) 直接人工成本，各受益对象所发生的直接人工成本数；

(3) 机器工时，各受益对象所消耗的机器工时数，可以是实际工时，也可以是定额工时；

(4) 直接材料成本或数量，各受益对象所耗用的直接材料成本或数量；

(5) 直接成本，各受益对象所耗用的直接材料成本和直接人工成本之和；

(6) 标准产量，将各产品实际产量换算成标准产量，以各产品的标准产量数作为分配标准。

企业根据各生产单位制造费用的特性和生产特点选定分配标准后，就可进入具体的分配过程。

为了能及时分配制造费用，尽早提供本期成本信息以及解决季节性生产企业制造费用负担水平波动的问题，企业可采用计划分配率的方法分配制造费用。

由于采用计划分配率，所分配的制造费用与实际发生的数额之间总会存在一定的差额，对此月末不加以调整而是逐月累计，到年终时一次调整计入12月份的产品生产成本中。调整的方法一是按各产品全年已承担的制造费用总额的比例进行调整，二是将差额并入12月份制造费用实际发生额中，然后改用实际分配率进行分配。

如果企业产品生产周期较长，产品生产批次较多，每月完工产品的批次只占全部产品批次的一部分，那么每月进行制造费用分配，其计算与记账的工作量较大，为简化核算，可采用累计分配率的方法分配制造费用。这一方法是将当月完工批次的产品应负担的全部制造费用，在其完工月份一次进行分配计入其生产成本，而对当月末完工批次的在产品应负担的制造费用保留在制造费用一起分配计入其生产成本。

【业务流程】

根据"制造费用"明细账，归集不同车间的制造费用→编制"制造费用分配表" →成本会计编制记账凭证→会计主管审核→成本会计登记相关明细账→主管会计保管凭证→按旬编制"科目汇总表"后登记总账。

【例4-26】月末，企业将例4-19～例4-25中间接生产费用分别转入两种产品的"生产成本"科目。

本月发生的制造费用为：

40 000(元)(【例20】)+10 000(元)(【例21】)+1 400(元)(【例23】)+30 000(元)(【例25】)=81 400(元)

如本题按照直接人工成本进行分配，则分配过程如下：

81 400/(40 000+30 000) =1.162 86

A产品应负担的制造费用为40 000*1.162 86=46 514(元)

B产品应负担的制造费用为30 000*1.162 86=34 886(元)

具体核算方法见表4-27。

表4-27 例4-26会计核算方法

元

会计科目	所属项目	变动情况	借贷方向	金额
生产成本(A产品)	费用	增加	借方	46 514
生产成本(B产品)	费用	增加	借方	34 886
制造费用	费用	减少	贷方	81 400

将间接生产费用分配转入产品的生产成本，则"制造费用"因分配结转而减少，"生产成本"因转入分配的"制造费用"而增加。故应编制如下会计分录：

借：生产成本——A产品   46 514

生产成本——B产品   34 886

贷：制造费用   81 400

一般情况下，制造费用在月末结转后应无余额。

"库存商品"是资产类科目，核算企业库存的各种商品的实际成本(或进价)或计划成本(或售价)，包括库存产成品、外购商品、存放在门市部准备出售的商品、发出展览的商品以及寄存在外的商品等。接受来料加工制造的代制品和为外单位加工修理的代修品，在制造和修理完成验收入库后，视同企业的产成品，也通过本科目核算。本科目可按库存商品的种类、品种和规格等进行明细核算。企业产品完工入库时，借记本科目；因出售等原因而减少库存商品时，贷记本科目；本科目期末借方余额，反映企业库存商品的实际成本(或进价)或计划成本(或售价)。

【工作流程】

成本会计汇总直接材料、直接人工、制造费用项目额编制完成"成本计算单"→成本会计编制记账凭证→会计主管审核→成本会计登记相关明细账→会计主管保管凭证→按旬编制"科目汇总表"后登记总账。

【例4-27】月末，大连雨阳公司生产的A产品全部完工，验收入库。

本月A产品的生产成本计算如下：

30 000(元)(【例4-19】)+ 40 000(元)(【例4-21】)+5 600(元)(【例4-23】)+46 514(元)(【例4-26】)=122 114(元)

具体核算方法见表4-28。

表4-28 例4-27会计核算方法

元

会计科目	所属项目	变动情况	借贷方向	金额
库存商品	资产	增加	借方	122 114
生产成本(A产品)	费用	减少	贷方	122 114

产品完工入库,一方面表明库存商品增加,另一方面表明车间的在产品因完工而减少。故应编制分录如下:

借:库存商品——A产品　　　　　　　122 114
　　贷:生产成本——A产品　　　　　　　122 114

4.4　产品销售业务的核算

企业生产产品,目的是用于销售,以实现收入。同时,企业将库存商品的所有权转让给了购货方。这种为取得销售收入而让渡的商品生产成本形成了企业的一项费用。企业在销售产品的过程中,还会发生其他的相关费用,如销售税金、销售运杂费、促销活动费用、销售机构的办公费等。

【工作流程】

签订销售合同→编制销售订单及发货单→开具销售发票→填制出库单→办理货物出库→销售发货→收取并审核商业汇票(或者银行汇票、支票等其他结算方式)→开具收到商业汇票的收据→综合会计审核原始凭证并编制记账凭证→主管会计审核→综合会计登记相关明细账→出纳人员登记“应收票据”备查账(其他结算方式需要出纳人员在原始凭证上加盖收讫章,在记账凭证上签名,登记银行存款日记账)→会计主管保管凭证→按旬编制“科目汇总表”后登记总账。

成本会计岗需要根据出库单登记“库存商品”明细账数量栏,至月末计算出全月一次加权平均单价后登记金额。

“主营业务收入”:损益类(收入)科目,核算企业确认的销售商品、提供劳务等主营业务形成的收入,可按主营业务的种类进行明细核算。企业确认实现营业收入时,贷记本科目;期末,应将本科目的余额转入“本年利润”科目,结转时应借记本科目;结转后本科目应无余额。

【例4-28】大连雨阳公司(适用增值税率13%)将一批产品售出,售价(价税合计)113 000元,收到款项。核算方法见表4-29。

表4-29　例4-28会计核算方法　　　　　　　　　　　　　　　　　　　　元

会计科目	所属项目	变动情况	借贷方向	金额
银行存款	资产	增加	借方	113 000
主营业务收入	收入	增加	贷方	100 000
应交税费(应交增值税)	负债	销项税	贷方	13 000

企业将产品售出,款项也已收到,表明企业主营业务收入增加,同时银行存款增加;另外,作为小规模纳税企业,应按收入的一定比率计算应缴纳的增值税额,即在企业主营业务收入增加的同时,还应同时确认一笔负债(应交税费)。故大连雨阳公司应计算该笔业务应缴纳的增值税并编制分录如下:

“应缴纳的增值税=113 000÷(1+13%)×13%=13 000”,主营业务收入=113 000-

13 000=100 000(元)

　　借：银行存款　　　　　　　　　　　113 000
　　　贷：主营业务收入　　　　　　　　　100 000
　　　　　应交税费——应交增值税　　　　 13 000

　　此外，由于小规模纳税人在增值税的征收上实行简易征收方式，不实行进销抵扣制，故小规模纳税人企业不需要进行"应交增值税"的明细核算。

　　【例4-29】大连雨阳公司(一般纳税企业，适用增值税率13%)将一批产品售出，售价(不含税)200 000元，收到购货方开出的已承兑商业汇票。核算方法见表4-30。

表4-30　例4-29会计核算方法　　　　　　　　　　　　　　　　　元

会计科目	所属项目	变动情况	借贷方向	金额
应收票据	资产	增加	借方	226 000
主营业务收入	收入	增加	贷方	200 000
应交税费(应交增值税)	负债	销项税	贷方	26 000

　　一般纳税企业在销售商品时，不仅要向客户收取货款，还应按适用的税率计算并代收增值税(销项税额)。所以，企业在确认收入的同时，还应确认一笔负债(应交税费)。故大连雨阳公司应计算该笔业务应缴纳的增值税并编制分录如下：

　　应缴纳的增值税=200 000×13%=26 000元，应收票据=200 000+26 000=226 000元

　　借：应收票据　　　　　　　　　　　226 000
　　　贷：主营业务收入　　　　　　　　　200 000
　　　　　应交税费——应交增值税(销项税额)　26 000

　　企业销售商品，在确认销售商品而实现的收入的同时，还要将所销售商品的生产成本转入费用。在确认销售收入和销售成本时，应以权责发生制为判断基础。对因同一事项或在同一期间实现的收入和发生的费用必须计入相同的会计期间，以确保收入与费用在计算口径上的一致性，使当期确认的收入与费用具有配比性，以确保会计信息的可靠与有用。

　　"主营业务成本"：损益类(费用)科目，核算企业确认销售商品、提供劳务时应结转的商品成本或劳务成本，可按主营业务的种类进行明细核算。企业确认发生的主营业务成本时，借记本科目；期末，将本科目的余额转入"本年利润"科目时，贷记本科目；结转后本科目应无余额。

　　【例4-30】假设【例4-29】中所售出库存商品的生产成本为100 000元。核算方法见表4-31。

表4-31　例4-30会计核算方法　　　　　　　　　　　　　　　　　元

会计科目	所属项目	变动情况	借贷方向	金额
主营业务成本	费用	增加	借方	100 000
库存商品	资产	减少	贷方	100 000

　　企业为获得收入，将库存商品的所有权出让并交付了商品，表明企业库存商品减少，

获得收入的结果即主营业务成本增加。故大连雨阳公司应编制如下会计分录：

借：主营业务成本　　　　　　　　　　　　100 000

贷：库存商品　　　　　　　　　　　　　100 000

"其他业务收入"：损益类(收入)科目，核算企业确认的除主营业务活动以外的其他经营活动所实现的收入，包括出租固定资产、出租无形资产、出租包装物和商品、销售材料、用材料进行非货币性交换(非货币性资产交换具有商业实质且公允价值能够可靠计量)或债务重组等实现的收入，可按其他业务收入种类进行明细核算。企业确认实现其他业务收入时，贷记本科目；期末，将本科目余额转入"本年利润"科目时，借记本科目；结转后本科目应无余额。

【例4-31】大连雨阳公司(一般纳税企业，适用增值税率13%)将一批原材料售出，售价(不含税)200 000元，货款尚未收到。

分析：

应缴纳的增值税=200 000×13%=26 000(元)

应收账款=200 000+26 000=226 000(元)

具体核算方法如表4-32所示。

表4-32　例4-31会计核算方法　　　　　　　　　　　　　　　　　　元

会计科目	所属项目	变动情况	借贷方向	金额
应收账款	资产	增加	借方	226 000
其他业务收入	收入	增加	贷方	200 000
应交税费(应交增值税)	负债	销项税	贷方	26 000

企业通过材料销售业务，取得了收取货款及增值税税款的权利，实现了收入的增长，同时还产生一笔应纳税负债(应交税费)。故大连雨阳公司应计算该笔业务应缴纳的增值税并编制分录如下：

借：应收账款　　　　　　　　　　　　　　226 000

贷：其他业务收入　　　　　　　　　　　200 000

应交税费——应交增值税(销项税额)　26 000

"其他业务成本"：损益类(费用)科目，核算企业确认的除主营业务活动以外的其他经营活动所发生的支出，包括销售材料的成本、出租固定资产的折旧额、出租无形资产的摊销额、出租包装物的成本或摊销额等，可按其他业务成本的种类进行明细核算。企业确认发生其他业务成本时，借记本科目；期末，将本科目余额转入"本年利润"科目时，贷记本科目；结转后本科目无余额。

【例4-32】假设【例4-31】中所售出材料的账面成本为30 000元。核算方法见表4-33。

表4-33　例4-32会计核算方法 元

会计科目	所属项目	变动情况	借贷方向	金额
其他业务成本	费用	增加	借方	30 000
原材料	资产	减少	贷方	30 000

企业为获得收入，将库存材料出售，表明企业库存材料减少、"其他业务成本"这一费用增加。故大连雨阳公司应编制如下会计分录：

借：其他业务成本　　　　　　30 000
　　贷：原材料　　　　　　　　　　30 000

"销售费用"：损益类(费用)科目，核算企业销售商品和材料、提供劳务的过程中发生的各种费用，包括保险费、包装费、展览费和广告费、商品维修费、预计产品质量保证损失、运输费、装卸费等以及为销售本企业商品而专设的销售机构(含销售网点、售后服务网点等)的职工薪酬、业务费、折旧费等经营费用。企业发生的与专设销售机构相关的固定资产修理费用等后续支出，也在本科目核算，本科目可按费用项目进行明细核算。企业在销售商品过程中发生各种经营费用时，借记本科目；期末，将本科目余额转入"本年利润"科目，结转后本科目无余额。

【例4-33】为销售【例4-31】中的材料，大连雨阳公司以现金支付销售运费1 000元。核算方法见表4-34。

表4-34　例4-33会计核算方法 元

会计科目	所属项目	变动情况	借贷方向	金额
销售费用	费用	增加	借方	1 000
库存现金	资产	减少	贷方	1 000

销售产品和材料发生的销售费用均应通过"销售费用"科目核算。一方面企业的费用增加，同时库存现金减少。故大连雨阳公司应编制分录如下：

借：销售费用　　　　　　　1 000
　　贷：库存现金　　　　　　　　1 000

【例4-34】大连雨阳公司计提销售部门当期固定资产折旧2 000元。核算方法见表4-35。

表4-35　例4-34会计核算方法 元

会计科目	所属项目	变动情况	借贷方向	金额
销售费用	费用	增加	借方	2 000
累计折旧	资产备抵项	增加	贷方	2 000

企业计提固定资产折旧，一方面表明累计折旧增加；同时，因计提销售部门固定资产折旧所引起的固定资产价值减少作为一项销售费用增加处理。故大连雨阳公司应编制分录如下：

借：销售费用　　　　　　　2 000
　　贷：累计折旧　　　　　　　　2 000

"税金及附加"：损益类(费用)科目，核算企业经营活动发生的消费税、城市维护建设税、教育费附加、资源税、房产税城镇土地使用税、车船税、印花税等相关税费。其中，按规定计算确定的与经营活动相关的消费税、城市维护建设税、资源税、教育费附加、房产税、城镇土地使用税、车船税等税费，企业应借记"税金及附加"科目，贷记"应交税费"科目。期末，应将"税金及附加"科目余额转入"本年利润"科目，结转后，"税金及附加"科目无余额。企业交纳的印花税，不会发生应付未付税款的情况，不需要预计应纳税金额，同时也不存在与税务机关结算或者清算的问题。因此，企业交纳的印花税不通过"应交税费"科目核算，于购买印花税票时，直接借记"税金及附加"科目，贷记"银行存款"科目。

【例4-35】期末，经计算，企业当期销售商品及材料应缴纳的消费税为3 000元、城市维护建设税为2 000元。核算方法见表4-36。

表4-36　例4-35会计核算方法　　　　　　　　　　　　　　　　　元

会计科目	所属项目	变动情况	借贷方向	金额
税金及附加	费用	增加	借方	5 000
应交税费(消费税)	负债	增加	贷方	3 000
应交税费(城市维护建设税)	负债	增加	贷方	2 000

企业因销售商品及材料必须承担相应的纳税义务，由此而产生的费用增加应记入"税金及附加"科目；同时，由于只是产生了纳税义务，税款并未实际缴纳，故产生了纳税债务(应交税费)。因此，大连雨阳公司应编制分录如下：

借：税金及附加　　　　　　　　　　　　　　　　　　　5 000
　　贷：应交税费——应交消费税　　　　　　　　　　　　3 000
　　　　应交税费——应交城市维护建设税　　　　　　　　　2 000

【例4-36】企业开出支票，缴付当期销售商品应纳的消费税3 000元、城市维护建设税2 000元。核算方法见表4-37。

表4-37　例4-36会计核算方法　　　　　　　　　　　　　　　　　元

会计科目	所属项目	变动情况	借贷方向	金额
应交税费(消费税)	负债	减少	借方	3 000
应交税费(城市维护建设税)	负债	减少	借方	2 000
银行存款	资产	减少	贷方	5 000

企业以存款支付所欠的税费，一方面存款减少，一方面负债减少。故大连雨阳公司应编制分录如下：

借：应交税费——应交消费税　　　　　3 000
　　应交税费——应交城市维护建设税　　2 000
　　贷：银行存款　　　　　　　　　　　5 000

4.5　其他经济活动的核算

除了前面所述经营业务，企业还会发生其他一些非经常性事项。如资产减值业务、非流动资产的处置与交换业务、对外投资业务、债务重组业务等。这些业务的发生会导致企业资产等会计要素发生变化，从而需要进行相应的会计核算。

"营业外收入"是损益类(利得)科目，科目代码6301，核算企业发生的各项营业外收入，主要包括非流动资产处置利得、非货币性资产交换利得、债务重组利得、政府补助、盘盈利得、捐赠利得等，本科目可按营业外收入项目进行明细核算。企业确认实现营业外收入时，贷记本科目；期末将本科目余额转入"本年利润"科目时，借记本科目；结转后本科目应无余额。

【例4-37】大连雨阳公司欠大连东方公司500 000元货款，因大连雨阳公司财务困难，经双方协商，大连东方公司同意减免大连雨阳公司100 000元的债务，剩余的400 000元由大连雨阳公司以存款支付。核算方法见表4-38。

表4-38　例4-37会计核算方法　　　　　　　　　　　　　元

会计科目	所属项目	变动情况	借贷方向	金额
应付账款(大连东方公司)	负债	减少	借方	500 000
银行存款	资产	减少	贷方	400 000
营业外收入(债务重组收益)	收入	增加	贷方	100 000

大连雨阳公司以400 000元偿还了应付的500 000元债务，所以应付账款减少500 000元，银行存款减少400 000元；因获得减免而不需要偿付的100 000元则构成了大连雨阳公司的债务重组收益，即营业外收入增加。故大连雨阳公司应编制分录如下：

借：应付账款——大连东方公司　　500 000
　　贷：银行存款　　　　　　　　　400 000
　　　　营业外收入——债务重组收益　　　100 000

"营业外支出"是损益类(损失)科目，本科目核算企业发生的各项营业外支出，包括非流动资产处置损失、非货币性资产交换损失、债务重组损失、公益性捐赠支出、非常损失、盘亏损失等，本科目可按支出项目进行明细核算。企业确认发生营业外支出时，借记本科目；期末，将本科目余额转入"本年利润"科目时，贷记本科目；结转后本科目应无余额。

【例4-38】承【例4-37】，大连东方公司应收金额原为500 000元，但通过债务重组让步，实际收到400 000元存款(增加)，因减免100 000元债权而产生的损失构成大连东方公司的债务重组损失(增加)。核算方法见表4-39。

表4-39 例4-38会计核算方法   元

会计科目	所属项目	变动情况	借贷方向	金额
银行存款	资产	增加	借方	400 000
营业外支出(债务重组损失)	费用	增加	借方	100 000
应收账款(大连雨阳公司)	资产	减少	贷方	500 000

因此，大连东方公司应编制会计分录如下：

借：银行存款   400 000

  营业外支出——债务重组损失   100 000

  贷：应收账款——大连雨阳公司   500 000

"无形资产"是资产类科目，核算企业持有的无形资产成本，包括专利权、非专利技术、商标权、著作权、土地使用权等。因外购等原因而获得无形资产时，按应计入无形资产成本的金额或公允价值，借记本科目；因处置等原因而减少无形资产时，贷记本科目。本科目期末借方余额，反映企业无形资产的成本。

【例4-39】大连雨阳公司用银行存款购买一块土地使用权，价值1 000 000元。核算方法见表4-40。

表4-40 例4-39会计核算方法   元

会计科目	所属项目	变动情况	借贷方向	金额
无形资产	资产	增加	借方	1 000 000
银行存款	资产	减少	贷方	1 000 000

企业以支付银行存款形式购买土地使用权，通过"银行存款"核算，而土地使用权属于企业的"无形资产"。因此，一方面企业"无形资产"增加，同时"银行存款"减少。故大连雨阳公司应编制分录如下：

借：无形资产   1 000 000

  贷：银行存款   1 000 000

"累计摊销"是资产类(备抵)科目，核算企业对使用寿命有限的无形资产计提的累计摊销。企业按期(月)计提无形资产的摊销，借记"管理费用"或"其他业务成本"等科目，贷记本科目。处置无形资产还应同时结转累计摊销。本科目期末贷方余额，反映企业无形资产的累计摊销额。

【例4-40】企业摊销本期无形资产的应摊销成本100 000元。核算方法见表4-41。

表4-41 例4-40会计核算方法   元

会计科目	所属项目	变动情况	借贷方向	金额
管理费用(无形资产摊销)	费用	增加	借方	100 000
累计摊销	资产备抵项	增加	贷方	100 000

一般情形下，无形资产成本的摊销计入"管理费用"，即"管理费用"增加；计提无形资产的摊销额表明无形资产价值减少，应计资产类科目的贷方，即贷记"累计摊销"。

故大连雨阳公司应编制分录如下：

借：管理费用——无形资产摊销　　　100 000

　　贷：累计摊销　　　　　　　　　　　100 000

"资产减值损失"是损益类(损失)科目，核算企业计提各项资产减值准备所形成的损失，可按资产减值损失的项目进行明细核算。企业确认资产发生减值时，借记本科目；企业已计提了资产减值准备但相关资产的价值又得以恢复的，应在原已计提的减值准备金额内，按恢复增加的金额贷记本科目；期末，将本科目余额转入"本年利润"科目时，贷(或借)记本科目；期末结转后本科目无余额。

"坏账准备"是资产类(备抵)科目，核算企业应收款项的坏账准备，可按应收款项的类别进行明细核算。资产负债表日(期末)，若有应收款项发生减值的，按应减计的金额，贷记本科目。本期应计提的坏账准备大于"坏账准备"账面余额的，应按其差额计提；应计提的坏账准备小于"坏账准备"账面余额的差额做相反的会计分录。对于确实无法收回的应收款项，按管理权限报经批准后确认为坏账，转销应收款项时，应借记本科目。本科目期末贷方余额，反映企业已计提但尚未转销的坏账准备。

【例4-41】假设大连雨阳公司会计上采用余额百分比法提取坏账准备，会计提取坏账准备的比例为3%。2014年末应收账款余额5 000万元，坏账准备贷方余额150万元。2015年末应收账款余额6 000万元，包括关联方往来100万元。

分析：因预计应收账款的可变现净值低于其原值，表明应收账款很可能发生减值。根据谨慎性原则，对于很可能产生的资产减值损失，在符合相关确认条件时，企业应通过计提资产减值准备的方式确认该笔预计的损失。本例则通过计提相应的"坏账准备"("坏账准备"的增加意味着"应收账款"价值的减少)的方式，确认相应的信用减值损失。

会计处理：2015年末应计提坏账准备金额为180万元(6 000×3%=180)，由于坏账准备的年初数小于本年应计提数，应按其差额(180-150=30)补提坏账准备。核算方法见表4-42。

表4-42　例4-41会计核算方法　　　　　　　　　　　　　　　　元

会计科目	所属项目	变动情况	借贷方向	金额
信用减值损失(计提坏账准备)	费用	增加	借方	300 000
坏账准备	资产备抵项	增加	贷方	300 000

借：信用减值损失　　　　　　　300 000

　　贷：坏账准备　　　　　　　　　300 000

通过上述处理，使坏账准备的年末余额保持在本年应计提数180万元。

税务处理：本年末按税法规定的税前列支数额为(6 000-100-5 000)×5‰=4.5万元，纳税调整为30-4.5=25.5万元。

通过本例，该企业在会计核算中实际计提的坏账准备为180万元，是按照2015年末应收账款余额计算提取的，在提取时应注意与年初坏账准备余额相比较，本年应计提大于年初余额时应按其差额补提，反之应冲回。而按照税法规定计算时，应按年末应收账款余额剔除关联方往来，计算出当期应计入费用的数额，然后与会计制度规定计提并已计入当期费用的数额相比，依此来确认本年的纳税调整额。

4.6 利润的形成与分配业务的核算

4.6.1 利润的形成

利润是企业一定会计期间的经营成果。利润包括收入减去费用后的净额、直接计入当期利润的利得和损失等。利润由营业利润、利润总额和净利润三个层次构成。

(1) 营业利润=营业收入-营业成本-税金及附加-销售费用-管理费用-财务费用+投资收益(-投资损失)-资产减值损失+公允价值变动收益(-公允价值变动损失)

营业收入=主营业务收入+其他业务收入

营业成本=主营业务成本+其他业务成本

(2) 利润总额=营业利润+直接计入当期利润的利得-直接计入当期利润的损失=营业利润+营业外收入-营业外支出

(3) 净利润=利润总额-所得税费用

4.6.2 账务处理

1. 所得税的计算与账务处理

企业所得税是指对中华人民共和国境内的企业和其他取得收入的组织以其生产经营所得为课税对象所征收的一种所得税。根据所得税法的规定，我国境内居民企业的所得税税率一般为25%，即企业当期应纳所得税的计算公式为

当期应纳所得税=当期应纳税所得额×所得税税率(25%)

其中，当期应纳税所得额可以在当期会计利润的基础上，加或减有关的纳税调整金额得到。

【例4-42】假设大连雨阳公司2015年1月1日至12月31止，各损益类科目发生额汇总表如表4-43所示。

表4-43 各损益类科目发生额汇总表　　　　　　　　　　　　　元

会计科目	借方	会计科目	贷方
主营业务成本	3 000 000	主营业务收入	5000 000
税金及附加	200 000	其他业务收入	4000 000
销售费用	200 000	营业外收入	600 000
管理费用	300 000	投资收益	1000 000
财务费用	100 000		
其他业务成本	800 000		
营业外支出	200 000		
资产减值损失	300 000		
小 计	5 100 000	小 计	10 600 000

所以，大连雨阳公司2015年的应纳所得税税额计算如下：

应纳所得税税额=(10 600 000-5 100 000)×25%=1 375 000(元)

企业当期实现盈利所需要缴纳的所得税作为企业的一项费用处理，并通过"所得税费用"科目核算。

"所得税费用"：损益类(费用)科目，核算企业确认的应从当期利润总额中扣除的所得税费用。资产负债表日，企业按照税法规定计算确定当期的应交所得税时，借记本科目；期末，将本科目的余额转入"本年利润"科目时，贷记本科目；结转后本科目应无余额。

承【例4-42】，应纳所得税的会计核算方法见表4-44。

表4-44　例4-42会计核算方法1　　　　　　　　　　　　　　　　　元

会计科目	所属项目	变动情况	借贷方向	金额
所得税费用	费用	增加	借方	1 375 000
应交税费(所得税)	负债	增加	贷方	1 375 000

大连雨阳公司计算确定了当年应交所得税，表明应交所得税负债增加；同时产生的所得税费用也增加。故大连雨阳公司应编制分录如下：

借：所得税费用　　　　　　　　　　　　　1 375 000
　　贷：应交税费——应交所得税　　　　　　　　　　1 375 000

待公司以银行存款实际上缴所得税时核算方法见表4-45。

表4-45　例4-42会计核算方法2　　　　　　　　　　　　　　　　　元

会计科目	所属项目	变动情况	借贷方向	金额
应交税费(所得税)	负债	减少	借方	1 375 000
银行存款	资产	减少	贷方	1 375 000

应编制如下分录：

借：应交税费——应交所得税　　　　　　　　1 375 000
　　贷：银行存款　　　　　　　　　　　　　　　　1 375 000

到每期期末，企业应将当期发生的损益结转到"本年利润"账户，以便于核算出企业的利润总额。

2. 本年利润的账务处理

"本年利润"：所有者权益类科目，核算企业当期实现的净利润(或发生的净亏损)。企业期(月)末结转利润时，应将各损益类科目的金额转入本科目，结平各损益类科目。结转后本科目的贷方余额为当期实现的净利润；借方余额为当期发生的净亏损。年度终了，将"本年利润"科目的贷方余额转入"利润分配"科目时借记本科目；或将"本年利润"科目的借方余额转入"利润分配"科目时贷记"本年利润"科目；结转后本科目应无余额。

【例4-43】年末，根据【例4-42】中的损益类科目发生额及确认的所得税费用，结转大连雨阳公司当年的费用和损失的发生额。核算方法见表4-46。

表4-46　例4-43会计核算方法 元

会计科目	所属项目	变动情况	借贷方向	金额
本年利润	所有者权益	减少	借方	6 475 000
主营业务成本	费用	减少	贷方	3 000 000
税金及附加	费用	减少	贷方	200 000
销售费用	费用	减少	贷方	200 000
管理费用	费用	减少	贷方	300 000
财务费用	费用	减少	贷方	100 000
其他业务成本	费用	减少	贷方	800 000
营业外支出	费用	减少	贷方	200 000
资产减值损失	费用	减少	贷方	300 000
所得税费用	费用	减少	贷方	1 375 000

费用在发生时记入损益(费用和损失)类科目的借方，在期末则应全额从贷方转出，记入"本年利润"科目的借方。因此，大连雨阳公司年末应编制分录如下：

借：本年利润　　　　　　　　　6 475 000
　　贷：主营业务成本　　　　　　3 000 000
　　　　其他业务成本　　　　　　　800 000
　　　　税金及附加　　　　　　　　200 000
　　　　管理费用　　　　　　　　　300 000
　　　　销售费用　　　　　　　　　200 000
　　　　财务费用　　　　　　　　　100 000
　　　　资产减值损失　　　　　　　300 000
　　　　营业外支出　　　　　　　　200 000
　　　　所得税费用　　　　　　　1 375 000

【例4-44】年末，根据【例4-42】的数据，结转当年的收入与利得发生额。核算方法见表4-47。

表4-47　例4-44会计核算方法 元

会计科目	所属项目	变动情况	借贷方向	金额
本年利润	所有者权益	增加	贷方	10 600 000
主营业务收入	收入	减少	借方	5 000 000
其他业务收入	收入	减少	借方	4 000 000
营业外收入	收入	减少	借方	600 000
投资收益	收入	减少	借方	1 000 000

收入与利得发生(增加)时，记损益类(收入和利得)科目的贷方；年末(或期末)，企业应将其累计发生额转入"本年利润"科目。故大连雨阳公司应编制分录如下：

借：主营业务收入　　　　　　　5 000 000
　　其他业务收入　　　　　　　4 000 000

营业外收入	600 000
投资收益	1 000 000
贷：本年利润	10 600 000

根据【例4-43】和【例4-44】可知，结转完损益类科目的发生额后，损益类账户的余额为零，同时"本年利润"科目有贷方余额(10 600 000-6 475 000=4 125 000元)，这表示大连雨阳公司当年实现的净利润为4 125 000元。

"本年利润"账户主要是用来核算利润总额及净利润的形成的。核算出当年的净利润(或净亏损，下同)后，企业应将其余额转入"利润分配"账户，以进行利润分配事项的核算。

3. 利润分配的账务处理

企业年度净利润，除法律、行政法规另有规定外，按照以下顺序进行分配。

(1) 弥补5年以前年度亏损。

(2) 提取10%法定公积金。法定公积金累计额达到注册资本50%以后，可以不再提取。

(3) 应付优先股股利，指企业按照利润分配方案分配给优先股股东的现金股利。

(4) 提取任意公积金。任意公积金提取比例由投资者决定。

(5) 向普通股投资者分配利润。企业以前年度未分配的利润，并入本年度利润，在充分考虑现金流量状况后，向普通股投资者分配。

(6) 保留一定量的未分配利润。

"利润分配"：所有者权益类科目，核算企业利润的分配(或亏损的弥补)和历年分配(或弥补)后的余额。本科目应当分别"提取法定盈余公积""提取任意盈余公积""应付现金股利或利润""转作股本的股利""盈余公积补亏"和"未分配利润"等进行明细核算。年度终了，企业应将本年实现的净利润，自"本年利润"科目转入本科目，若为净亏损则做相反的会计分录。企业按规定提取盈余公积、向股东或投资者分配现金股利或利润等时，应借记本科目；用盈余公积弥补亏损时，则贷记本科目(盈余公积补亏)；进行利润分配后，再将"利润分配"科目所属其他明细科目的余额转入本科目的"未分配利润"明细科目。结转后，本科目除"未分配利润"明细科目外，其他明细科目应无余额。若"未分配利润"明细科目余额在贷方表示留待以后年度分配的利润；若在借方，则表示尚未弥补的亏损。

【例4-45】期末，大连雨阳公司将"本年利润"的余额转入"利润分配——未分配利润"。核算方法见表4-48。

表4-48 例4-45会计核算方法 元

会计科目	所属项目	变动情况	借贷方向	金额
本年利润	所有者权益	减少	借方	4 125 000
利润分配(未分配利润)	所有者权益	增加	贷方	4 125 000

借：本年利润   4 125 000
　　贷：利润分配——未分配利润   4 125 000

结转后，"本年利润"账户无余额。

若企业当年发生亏损，则结转损益类科目后，"本年利润"的余额应在借方，故结转当年亏损额时应编制分录如下：

借：利润分配——未分配利润
　　贷：本年利润

若企业当年实现盈利，则应进行利润的分配，利润分配的内容分两种情形而有所不同。若上一年末有未弥补完的亏损，则本年度的净利润应先用于弥补上年末的未弥补亏损；弥补后仍有剩余的，再按剩余的利润为基数进行后续分配，即先提取盈余公积金，然后向投资者分配股利(含现金股利和股票股利)或利润。分配后仍有剩余的，则作为未分配利润留待以后年度进行分配。

若上一年末有剩余的未分配利润，则企业应按当年的净利为基数提取盈余公积，再以"当年实现的净利-提取的盈余公积+上年末留存的未分配利润"为可供股东(或投资者)分配的利润，向股东(或投资者)分配股利(或利润)后，仍有剩余的，作为未分配利润留待以后年度分配。

若企业当年发生亏损，则可以用以前年度的未分配利润及盈余公积予以弥补，或者用以后年度的盈利弥补。但是，亏损的弥补并不需要进行特殊的会计处理。只要将"本年利润"的借方余额转入"利润分配"账户即可。

【例4-46】承【例4-45】，大连雨阳公司当年的利润分配方案为：按净利润的10%提取法定盈余公积金、按净利的20%提取任意盈余公积金、按当年净利润的50%向投资者分配，剩余部分留待以后年度分配(假设年初的未分配利润余额为0元)。有关金额计算如下：

当年提取的法定盈余公积=4 125 000×10%=412 500(元)

当年提取的任意盈余公积=4 125 000×20%=825 000(元)

当年应向投资者分配的利润=4 125 000×50%=2 062 500(元)

留待以后年度分配的利润=4 125 000-412 500-825 000-2 062 500=825 000(元)

需要指出的是，进行利润分配只是对企业当年可分配利润用途的一个划分，而不是实际支付利润。通过利润分配，企业的盈余公积、应付利润增加，而未分配利润则因被分配而减少。核算方法见表4-49所示。

表4-49　例4-46会计核算方法   元

会计科目	所属项目	变动情况	借贷方向	金额
利润分配(法定盈余公积)	所有者权益	减少	借方	412 500
利润分配(任意盈余公积)	所有者权益	减少	借方	825 000
利润分配(现金利润)	所有者权益	减少	借方	2 062 500
盈余公积(法定盈余公积)	所有者权益	增加	贷方	412 500
盈余公积(任意盈余公积)	所有者权益	增加	贷方	825 000
应付利润	负债	增加	贷方	2 062 500

根据上述利润分配方案，公司应编制分录如下：

借：利润分配——提取法定盈余公积　　　　　　　　412 500
　　利润分配——提取任意盈余公积　　　　　　　　825 000
　　利润分配——应付现金利润　　　　　　　　　2 062 500
　　贷：盈余公积——法定盈余公积　　　　　　　　　412 500
　　　　盈余公积——任意盈余公积　　　　　　　　　825 000
　　　　应付利润　　　　　　　　　　　　　　　　2 062 500

【例4-47】将【例4-46】中的各"利润分配"明细科目发生额转入"利润分配——未分配利润"明细科目。核算方法见表4-50。

表4-50　例4-47会计核算方法　　　　　　　　　　　　　　　　元

会计科目	所属项目	变动情况	借贷方向	金额
利润分配(未分配利润)	所有者权益	减少	借方	3 300 000
利润分配(法定盈余公积)	所有者权益	增加(结转)	贷方	412 500
利润分配(任意盈余公积)	所有者权益	增加(结转)	贷方	825 000
利润分配(现金利润)	所有者权益	增加(结转)	贷方	2 062 500

借：利润分配——未分配利润　　　　　　3 300 000
　　贷：利润分配——提取法定盈余公积　　　412 500
　　　　利润分配——提取任意盈余公积　　　825 000
　　　　利润分配——应付现金利润　　　　2 062 500

结转完已分配利润后，"利润分配"账户下的二级账户中，除"未分配利润"有余额外，其他二级户的余额均为零。"未分配利润"二级账户的余额为825 000元，这是留待以后年度分配的利润。若"未分配利润"的余额在借方，则表示留待以后年度弥补的累积亏损。

"盈余公积"，所有者权益类科目，核算企业从净利润中提取的盈余公积。企业应当分别设置"法定盈余公积""任意盈余公积"进行明细核算；外商投资企业还应分别"储备基金""企业发展基金"进行明细核算；中外合作经营在合作期间归还投资者的投资，应在本科目设置"利润归还投资"明细科目进行核算。企业按规定提取盈余公积时，贷记本科目；用盈余公积弥补亏损、转增资本、分配股利或利润、归还投资者投资时，借记本科目；本科目期末贷方余额，反映企业的盈余公积余额。

提取盈余公积，目的是将企业的盈利留存在企业，避免盈利被全部分配掉，从而壮大企业经营规模。另外，在特殊情况下，企业也可以用盈余公积转增资本、弥补亏损甚至发放股利。

【例4-48】假设，大连雨阳公司决定用任意盈余公积弥补当年的亏损80 000元。核算方法见表4-51。

表4-51　例4-48会计核算方法

				元
会计科目	所属项目	变动情况	借贷方向	金额
盈余公积(任意盈余公积)	所有者权益	减少	借方	80 000
利润分配(盈余公积补亏)	所有者权益	增加	贷方	80 000
利润分配(盈余公积补亏)	所有者权益	减少	借方	80 000
利润分配(未分配利润)	所有者权益	增加	贷方	80 000

用盈余公积弥补亏损，则"盈余公积"因使用而减少，"利润分配"因获得弥补而增加。故企业应编制会计分录如下：

借：盈余公积——任意盈余公积　　　　80 000

　　贷：利润分配——盈余公积补亏　　　80 000

然后，再将"盈余公积补亏"的余额转入"未分配利润"明细科目：

借：利润分配——盈余公积补亏　　　　80 000

　　贷：利润分配——未分配利润　　　　80 000

"应付利润"或"应付股利"，负债类科目，核算企业分配的现金股利或利润，可按投资者进行明细核算。企业根据股东大会或类似机构审议批准的利润分配方案确认应支付的现金股利或利润时，贷记本科目；实际支付现金股利或利润时，借记本科目。董事会或类似机构通过的利润分配方案中拟分配的现金股利或利润，不做账务处理，但应在附注中披露。本科目期末贷方余额，反映企业应付未付的现金股利或利润。

【例4-49】大连雨阳公司以银行存款向投资者发放利润2 062 500元。核算方法见表4-52。

表4-52　例4-49会计核算方法

				元
会计科目	所属项目	变动情况	借贷方向	金额
应付利润	负债	减少	借方	2 062 500
银行存款	资产	减少	贷方	2 062 500

借：应付利润　　　2 062 500

　　贷：银行存款　　　2 062 500

[要点总结]

本章主要以工业企业主要经营活动产生的资金运用为例，进一步阐明在借贷记账法下主要经济业务的账户运用。企业要进行生产经营活动，首先必须有个筹集资金的过程，包括借款和接受投资。有了资金才能进行生产，企业将资金投入生产后，随着生产经营活动的进行，资金以货币资金—储备资金—生产资金—成品资金—货币资金的形式不断运动，依次通过了采购、生产、销售阶段。另外，企业除进行产品生产以外，还会发生一些其他经营业务。最后，企业还要计算全部生产经营的财务成果以及对财务成果进行分析。因此资金筹集业务、物资采购业务、产品生产业务、产品销售业务、利润的形成与分配业务及其他事项，都构成工业企业主要经营过程的核算内容。

资金筹集业务主要包括借款业务和接受投资业务，主要通过"实收资本"和"短期(长期)借款"账户进行核算。

物资采购业务主要核算采购过程采购成本实际支出。通过"固定资产""材料采购""原材料"等账户进行核算。

产品生产业务的核算主要涉及材料的领用、薪酬的确认与支付、生产费用的摊销与分配、生产设备等固定资产的折旧、完工产品成本的计算与入库等内容。主要通过"生产成本""制造费用""库存商品"等账户进行核算。

产品销售业务的核算主要核算销售产品形成的收入、销售产品成本和费用及销售产品形成的税费。主要通过"主营业务收入""主营业务成本""销售费用""税金及附加"等账户进行核算。

利润的形成与分配业务的核算主要核算企业净利润的形成业务及对净利润的分配过程业务核算。主要通过"所得税费用""本年利润""利润分配"等账户进行核算。

分层次练习

A. 基础练习

一、根据以下经济交易或事项编制会计分录

资料：某小规模纳税企业2016年5月份发生下列交易或事项：

1. 购入原材料一批，取得的发货票上注明货款为6 000元，材料已经入库，货款以银行存款支付。

2. 从银行提取现金2 000元，以备零用。

3. 用银行存款偿付前欠供应单位货款24 000元。

4. 其他单位投入资金180 000元，存入银行。

5. 以银行存款购入汽车一辆，价值160 000元。

6. 销售产品一批，货款40 000元存入银行。

7. 以银行存款上缴税金3 000元。

8. 以银行存款80 000元归还短期借款。

9. 收到购货单位前欠货款16 000元，其中现金2 000元，支票14 000元，支票已送存银行。

10. 采购员预借差旅费2 300元，以现金支付。假设：①报销差旅费1 800元；②报销差旅费2 500元。

二、根据以下经济交易或事项编制会计分录

资料：甲工厂(一般纳税人)7月份发生下列经济交易或事项：

1. 购进材料一批，计价11 600元(含增值税13%)，材料验收入库，货款以银行存款支付。

2. 生产车间从仓库领用材料40 000元，全部投入产品生产。

3. 从银行存款户提取现金400元。

4. 以银行存款购入新汽车一辆，计价100 000元。

5. 用银行存款支付前欠供货单位材料款3 000元。

6. 收到购货单位前欠货款1 000元，已存入银行，另收现金400元。

7. 收到购货单位前欠货款3 000元，存入银行。

8. 以银行存款16 000元，归还短期借款12 000元，归还应付供货单位货款4 000元。

9. 其他单位投入资本20 000元，存入银行。

三、综合业务题

1. 各账户月初余额如表4-53所示。

表4-53　账户期初余额表　　　　　　　　　　　　　　　元

账户名称	借方余额	账户名称	贷方余额
库存现金	800		
银行存款	10 400	累计折旧	100 000
应收账款	86 000	短期借款	42 200
原材料	62 000	应付账款	30 000
库存商品	35 000	实收资本	500 000
预付账款	18 000		
固定资产	460 000		
合计	672 200		

2. 本月发生下列经济业务(进销价含增值税13%)：

(1) 5日，购入材料11 700元，货款以银行存款支付。

(2) 7日，领用材料28 000元，用于产品生产。

(3) 9日，收回购货单位前欠货款20 000元，存入银行。

(4) 10日，销售商品一批，价款32 760元，存入银行。

(5) 14日，以银行存款偿付前欠供应单位款项30 000元。

(6) 15日，从银行提取现金1 000元。

(7) 17日，以现金购买办公用品620元。

(8) 19日，以银行存款支付电话费1 000元。

(9) 21日，从银行提取现金10 000元，准备发放工资。

(10) 23日，以现金支付职工工资10 000元。

(11) 25日，销售产品一批，价款40 014元，货款未收。

(12) 27日，以银行存款支付本月水电费2 400元，其中车间耗用2 000元，管理部门耗用400元。

(13) 30日，以现金支付销售产品运费及包装费1 000元。

(14) 31日，计算分配职工工资，生产工人8 000元，管理部门人员2 000元；同时按工资总额14%提取职工福利费。

(15) 31日，计提本月固定资产应计折旧8 200元，其中车间固定资产应计折旧6 600元，管理部门固定资产应计折旧1 600元。

(16) 31日，预提本月短期借款利息348元。

(17) 31日，摊销本月应负担的管理费用4 100元。

(18) 31日，结转本月制造费用8 600元。

(19) 31日，结转完工产品制造成本45 720元。

(20) 31日，结转本月销售产品的制造成本45 000元。

(21) 31日，计算本月应交消费税金3 110元。

(22) 31日，按利润总额25%计算应交所得税，并转入本年利润。

(23) 将本年利润转入利润分配。

(24) 31日，计算分给投资者利润，按税后利润20%分给投资者，10%提取盈余公积。

要求：

(1) 根据上述资料编制1月份会计分录；

(2) 计算1月份利润总额；

(3) 填制资产负债表及利润表。

B. 从业资格考试习题

一、单项选择题

1. 下列各项中，不可对"库存商品"账户进行明细分类核算的是(　　)。

A. 库存商品的种类　　　　　　　　B. 库存商品的数量

C. 库存商品的品种　　　　　　　　D. 库存商品的规格

2. 设置账户、复式记账与编制财务报表的理论基础是(　　)。

A. 会计要素　　　　　　　　　　　B. 会计恒等式

C. 会计核算的原则　　　　　　　　D. 会计核算的前提条件

3. 某企业发行股票12 000股，每股面值为7元，发行价为每股9元，则计入"资本公积"账户的金额是(　　)。

A. 10 000　　　　B. 50 000　　　　C. 24 000　　　　D. 108 000

4. 下列属于负债类的会计科目是(　　)。

A. 预收账款　　　　　　　　　　　B. 本年利润

C. 主营业务收入　　　　　　　　　D. 应收账款

5. 下列属于成本类的会计科目是(　　)。

A. 生产成本　　　B. 销售费用　　　C. 管理费用　　　D. 应付账款

6. 某资产类账户期初余额为2 000元，借方本期发生额6 000元，贷方本期发生额5 000元，则该账户期末余额为(　　)元。

A. 1 000　　　　B. 2 000　　　　C. 3 000　　　　D. 13 000

7. 某权益类账户期初余额为4 000元，借方本期发生额10 000元，期末余额为6 000元，则该账户贷方本期发生额为(　　)元。

A. 8 000　　　　B. 20 000　　　　C. 0　　　　D. 12 000

8. 复式记账是对每一项经济业务的发生，都要在相互联系的两个或两个以上的账户中(　　)。

A. 连续登记   B. 补充登记

C. 平衡登记   D. 以相等的金额进行登记

9. 某企业购入甲材料一批，款项已用银行存款支付，材料已运达企业并验收入库，该笔业务账务处理不涉及的会计科目是(　　)。

A. 原材料   B. 应交税费   C. 应收账款   D. 银行存款

10. 下列各项中，不属于财务费用的是(　　)。

A. 发生的现金折扣   B. 技术转让费   C. 利息收入   D. 汇兑损益

11. 下列经济业务中，引起负债减少，同时所有者权益增加的有(　　)。

A. 以银行存款还欠款   B. 将应付股利转为股本

C. 以赊购方式购入材料   D. 取得银行借款存入银行

12. 计提长期借款利息时，可能借记的科目是(　　)。

A. 应付利息   B. 在建工程   C. 长期借款   D. 其他应付款

13. 下列各账户，在借贷记账法下，本期增加的金额记入借方的有(　　)。

A. 银行存款   B. 实收资本

C. 主营业务收入   D. 长期借款

14. 固定资产账户本期借方发生额 6 000 元，贷方发生额 5 000 元，期末余额 9 000 元，则期初余额(　　)元。

A. 10 000   B. 8 000   C. 2 000   D. 1 000

15. "应付账款"账户期初贷方余额 85 000 元，本期借方发生额 18 000 元，期末余额 99 000 元，则本期贷方发生额(　　)元。

A. 18 000   B. 32 000   C. 117 000   D. 166 000

16. 账户是根据(　　)开设的，用来连续、系统地记载各项经济业务的一种手段。

A. 会计凭证   B. 会计对象   C. 会计科目   D. 财务指标

17. 在下列账户中与负债账户结构相同的是(　　)账户的结构。

A. 资产   B. 成本   C. 费用   D. 所有者权益

18. 简单会计分录是指(　　)的会计分录。

A. 一借多贷   B. 一借一贷   C. 一贷多借   D. 多借多贷

19. 在借贷记账法中，账户的哪一方记增加数，哪一方记减少数，是由(　　)决定的。

A. 记账规则   B. 账户的性质   C. 业务性质   D. 账户的结构

20. 净利润，应按照国家的规定和投资者的决议进行合理分配，首先应(　　)。

A. 法定盈余公积   B. 任意盈余公积

C. 以前年度尚未弥补的亏损   D. 投资者分配利润

21. 企业销售商品或提供劳务实现的收入，应按实际收到、应收或预收的金额，贷记的账户是(　　)。

A. 应收票据   B. 其他业务收入

C. 主营业务收入   D. 银行存款

22. 下列各项中，应收账款的入账价值不包括的是(　　)。

A. 商业折扣   B. 增值税(销项税额)

C. 现金折扣 D. 代购货方垫付的运杂费

23. 用以核算企业从净利润中提取的盈余公积的账户是( )。

A. 盈余公积 B. 本年利润 C. 应付股利 D. 所得税费用

24. 下列各项中，用以核算企业因销售商品、提供劳务经营活动应收取的款项的账户是( )。

A. 营业业务收入 B. 应收账款 C. 其他业务成本 D. 税金及附加

25. 下列不计入采购成本的费用是( )。

A. 材料买价 B. 运杂费

C. 运输中的保险费 D. 采购员的差旅费

26. 期末将企业实现的净利润转入"利润分配"时，应借记的是( )。

A. 投资损失 B. 本年利润 C. 应收票据 D. 其他业务成本

27. 企业结转出租固定资产成本时，应借记的账户是( )。

A. 固定资产 B. 其他业务成本 C. 累计折旧 D. 主营业务成本

28. 企业销售商品的装卸费，计入的账户是( )。

A. 制造费用 B. 管理费用 C. 销售费用 D. 财务费用

29. 下列企业为销售商品而发生的业务招待费，应计入的费用账户是( )。

A. 管理费用 B. 其他业务成本 C. 销售费用 D. 营业外支出

二、多项选择题

1. 资本公积转增资本的经济业务，企业不会涉及的有( )。

A. 资产和所有者权益同时增加 B. 资产和负债同时增加

C. 负债增加，所有者权益减少 D. 所有者权益一增一减

2. 下列所有者权益类科目中，可以反映投资者投入资本的科目有( )。

A. 资本公积 B. 实收资本 C. 股本 D. 利润分配

3. 下列属于成本类会计科目的有( )。

A. 制造费用 B. 管理费用 C. 财务费用 D. 生产成本

4. 下列各项中，关于"应付职工薪酬"科目说法正确的有( )。

A. 该账户借方登记本月实际支付的职工薪酬数额

B. 贷方登记本月计算的应该支付的职工薪酬总额

C. 该账户期末一定无余额

D. 贷方用于登记本月实际支付给职工的薪酬数额

5. 对短期借款账户可以用来进行明细分类核算的项目有( )。

A. 借款的时间 B. 贷款人 C. 币种 D. 借款种类

6. 应当在"应收账款"账户贷方核算的是( )。

A. 应收账款的增加数 B. 应收账款的收回数

C. 确认的坏账损失数 D. 坏账准备的提取数

7. 企业计提固定资产折旧的会计分录，以下正确的有( )。

A. 计提销售机构固定资产折旧：

借：销售费用 贷：累计折旧

B. 计提自建工程使用的固定资产折旧：

借：在建工程　　　贷：累计折旧

C. 计提公司行政管理部门固定资产折旧：

借：管理费用　　　贷：累计折旧

D. 计提生产车间固定资产折旧：

借：制造费用　　　贷：累计折旧

8. 下列属于资金的筹集有(　　)。

A. 投资者的投资增值　　　　　　　　B. 投资者的投入

C. 债权人的投入　　　　　　　　　　D. 向其他公司投入资金

9. 下列属于期间费用的是(　　)。

A. 制造费用　　　　B. 管理费用　　　　C. 财务费用　　　　D. 销售费用

10. 不应计入产品成本的是(　　)。

A. 专设销售人员的工资　　　　　　　B. 车间管理人员的工资

C. 车间生产人员的工资　　　　　　　D. 企业管理人员的工资

11. 通过"税金及附加"科目核算的有(　　)。

A. 城市维护建设税　　B. 印花税　　　　C. 房产税　　　　D. 教育费附加

12. 实际成本法下涉及的会计科目是(　　)。

A. 原材料　　　　　　B. 材料采购　　　　C. 在途物资　　　　D. 材料成本差异

13. 下列属于单位可以用现金结算的是(　　)。

A. 职工工资、津贴　　　　　　　　　B. 向个人收购农副产品

C. 个人劳务报酬　　　　　　　　　　D. 各种劳保、福利费

三、判断题

1. 预收账款和预付账款都属于负债类科目。(　　)

2. 借贷记账法下，账户的借方表示增加，贷方表示减少。(　　)

3. 会计科目与账户反映的内容是一致的，因而两者之间并无区别。(　　)

4. 账户都是依据会计科目开设的。(　　)

5. 在借贷记账法下，可以设置资产、权益双重性账户。(　　)

6. 单式记账的缺点是不能反映交易或事项的来龙去脉，不能进行试算平衡。(　　)

7. 平行登记，是指对同一交易或事项，必须以会计凭证为依据，独立、互不依赖地记入总分类账户与所属明细分类账户。(　　)

8. 账户的余额方向一般与记录减少额的方向在同一方向。(　　)

9. 企业只能使用国家统一的会计制度规定的会计科目，不得自定科目。(　　)

10. 资本公积只有在所有者投入企业的资金超过注册资本总额时才可能发生。(　　)

11. 企业购入不需要安装的固定资产，按应计入固定资产成本的金额借记"固定资产"科目，贷记"银行存款"等科目。(　　)

12. "材料采购"账户贷方登记企业采用计划成本进行核算时，采购材料的实际成本以及材料入库时结转的节约差异。(　　)

13. 固定资产折旧采用年限平均法，年折旧率计算公式的分子是"1-预计残值"。

（ ）

14. 购买材料时，对于可以抵扣的增值税进项税额，一般纳税人企业应根据收到的普通发票上注明的金额，借记"应交税费——应交增值税(进项税额)"科目。( )

15. 企业在结转销售材料成本时，应借记"其他业务成本"账户。( )

16. 如果企业是小规模纳税人，在销售商品取得收入时，应将增值税销项税额贷记"应交税费——应交增值税"账户。( )

17. 企业持有固定资产的目的是为了生产商品、提供劳务、出租或经营管理和直接用于出售。( )

18. 直接计入当期利润的利得和损失反映企业日常活动的业绩。( )

19. "材料采购"账户贷方登记入库材料的计划成本以及材料入库时结转的节约差异。( )

四、计算分析题

1. 某企业5月发生如下业务：

(1) 采购材料一批，价值为18 000元，取得增值税专用发票，税额为3 060元，货已入库，款未付。

(2) 购入不需要安装的设备一台，价款为95 000元，取得增值税专用发票，税额为16 150元，以银行存款支付。

(3) 企业计提固定资产折旧21 000元，其中车间发生折旧12 600元，行政管理部门发生折旧8 400元。

(4) 企业车间发生固定资产修理费用3 000元，用转账支票付讫。

(5) 用银行存款支付业务招待费用4 400元。

要求：根据上述经济业务编制会计分录。

2. 甲公司期末进行财产清查时，发现如下情况：

(1) 现金盘盈517元，原因待查。

(2) 经查明现金盘盈属于多收乙公司的货款，报经有关部门批准将给予退回。

(3) 盘亏设备一台，17 700元，已提折旧14 160元，原因待查。

(4) 该设备盘亏损失由保险公司赔偿1 000元，其余损失甲公司承担，报经有关部门批准后进行会计处理。

(5) 无法支付的应付账款7 900元，报经有关部门批准后进行会计处理。

要求：根据上述资料，逐笔编制甲公司的会计分录。

3. 甲公司为制造企业，增值税一般纳税人，原材料核算采用实际成本法，2016年7月发生下列业务：

(1) 本月领用N材料39 000元用于生产W产品。

(2) 本月领用M材料68 000元用于生产W、Y产品，以产量为标准对M材料进行分配，本月W产品完工300件，Y产品完工200件。

(3) 本月车间领用M材料15 000元，用于车间一般消耗。

(4) 本月专设销售机构领用N材料18 600元。

(5) 本月行政管理部门领用M材料60 000元。

要求：计算本月生产W产品的财务费用。

4. 甲公司2016年5月1日"银行存款"账户与"短期借款"账户余额如下：银行存款期初余额为800 000元；短期借款期初余额为500 000元。

甲公司5月份发生下列经济业务：

(1) 用银行存款偿还短期借款300 000元。

(2) 用银行存款支付工资100 000元。

(3) 用银行存款支付5 000元购买原材料。

(4) 收到租金收入并存入银行50 000元。

计算：

(1) "银行存款"账户本月借方发生额合计为(　　　)。

(2) "银行存款"账户本月贷方发生额合计为(　　　)。

(3) "银行存款"账户本月月末余额为(　　　)。

(4) "短期借款"账户本月借方发生额合计为(　　　)。

(5) "短期借款"账户本月月末余额为(　　　)。

5. 甲公司2016年5月1日"银行存款"与"应付账款"账户余额如表4-54所示。

表4-54　相关账户余额　　　　　　　　　　　　　　　　　　　　　　元

账户名称	期初借方余额	账户名称	期初贷方余额
银行存款	80 000	应付账款	26 000

甲公司5月份发生下列经济业务：

(1) 将现金30 000元存入银行。

(2) 用银行存款偿还应付账款23 000元。

(3) 用银行存款支付40 000元购买设备，尚欠1 000元。

(4) 销售原材料款存入银行5 000元。

计算：

(1) "银行存款"账户本月借方发生额合计为(　　　)。

(2) "银行存款"账户本月贷方发生额合计为(　　　)。

(3) "银行存款"账户本月月末余额为(　　　)。

(4) "应付账款"账户本月借方发生额合计为(　　　)。

(5) "应付账款"账户本月月末余额为(　　　)。

第5章
会 计 凭 证

本章介绍会计实务的第一个环节——会计凭证的有关基本问题。

会计凭证是会计工作的起点，也是税务人员及其他有关人员判断会计核算是否合理合法的重要依据，可以说会计凭证在会计核算中占有特殊的地位和作用。

学习本章后，要求：

1. 理解会计凭证的作用和种类、原始凭证的填制和审核；

2. 掌握记账凭证的填制和审核、填制原始凭证和记账凭证的技术方法；

3. 了解会计凭证的传递和保管。

5.1　会计凭证概述

5.1.1　会计凭证的概念

会计凭证是记录经济业务、明确经济责任的书面证明，也是登记账簿的依据。

会计管理工作要求会计核算提供真实的会计资料，强调记录的经济业务必须有根有据。因此，任何企业、事业和行政单位，每发生一笔经济业务，都必须由执行或完成该项经济业务的有关人员取得或填制会计凭证，并在凭证上签名或盖章，以对凭证上所记载的内容负责。例如，购买商品、材料由供货方开出发票；支出款项由收款方开出收据；接收商品、材料入库要有收货单；发出商品要有发货单；发出材料要有领料单等。这些发票、收据、收据单、发货单、领料单都是会计凭证。

所有会计凭证必须认真填制，同时还得经过财会部门严格审核，只有审核无误的会计凭证才能作为经济业务发生或完成的证明，才能作为登记账簿的依据。

5.1.2　会计凭证的作用

填制和审核会计凭证是会计核算方法之一，也是会计核算工作的基础。填制和审核会计凭证在经济管理中具有重要作用。

1. 记录经济业务，提供记账依据

任何经济业务发生都必须取得或填制会计凭证，如实地反映经济业务发生或完成情况。会计凭证上记载了经济业务发生的时间和内容，从而为会计核算提供了原始凭据，保证了会计核算的客观性与真实性，克服了主观随意性，使会计信息的质量得到了可靠保障。

2. 明确经济责任，强化内部控制

每一笔经济业务发生或完成都要填制和取得会计凭证，并由相关单位和人员在凭证上签名盖章，这样能促使经办人员严格按照规章制度办事。一旦出现问题，便于分清责任，及时采取措施，有利于岗位责任制的落实。

3. 监督经济活动，控制经济运行

经济业务是否合法、合理，是否客观真实，在记账前都必须经过财会部门审核。通过审核会计凭证，可以充分发挥会计监督作用。通过检查每笔经济业务是否符合有关政策、法令、制度、计划和预算的规定，有无铺张浪费和违纪行为，从而促进各单位和经办人树立遵纪守法的观念，促使各单位建立健全各项规章制度，确保财产安全完整。

5.1.3 会计凭证的种类

经济业务的纷繁复杂决定了会计凭证是多种多样的。为了正确地使用和填制会计凭证，必须对会计凭证进行分类。会计凭证按照编制的程序和用途不同，分为原始凭证和记账凭证。

1. 原始凭证

原始凭证是在经济业务发生或完成时由相关人员取得或填制的，用以记录或证明经济业务发生或完成情况并明确有关经济责任的一种原始凭据。任何经济业务发生都必须填制和取得原始凭证，原始凭证是会计核算的原始依据。

2. 记账凭证

记账凭证是财会部门根据审核无误的原始凭证进行归类、整理，记载经济业务简要内容，确定会计分录的会计凭证。记账凭证是登记会计账簿的直接依据。

5.2 原始凭证

5.2.1 原始凭证的基本内容

原始凭证是在经济业务发生或完成时由相关人员取得或填制的，用以记录或证明经济业务发生或完成情况并明确有关经济责任的一种原始凭据。原始凭证是证明经济业务发生的原始依据，具有较强的法律效力，是一种很重要的会计凭证。

企业发生的经济业务纷繁复杂，反映其具体内容的原始凭证也品种繁多。虽然原始凭证反映经济业务的内容不同，但无论哪一种原始凭证，都应该说明有关经济业务的执行和完成情况，都应该明确有关经办人员和经办单位的经济责任。因此，各种原始凭证，尽管名称和格式不同，但都应该具备一些共同的基本内容。这些基本内容就是每一张原始凭证所应该具备的要素。原始凭证必须具备以下基本内容：

(1) 原始凭证的名称。

(2) 填制原始凭证的日期和凭证编号。

(3) 接受凭证的单位名称。

(4) 经济业务内容，如品名、数量、单价、金额大小写。

(5) 填制原始凭证的单位名称和填制人姓名。

(6) 经办人员的签名或盖章。

如图5-1说明了发票应具备的基本内容。

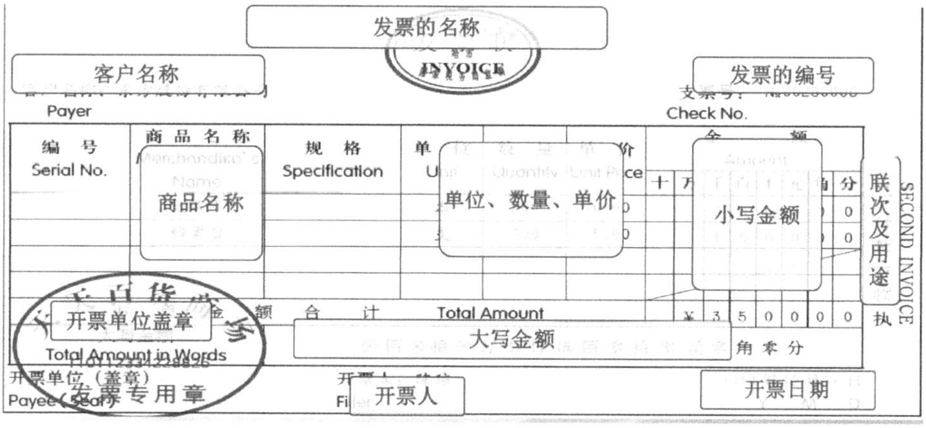

图5-1　发票具备的基本内容

有些原始凭证，不仅要满足会计工作的需要，还应满足其他管理工作的需要。因此，在有些凭证上，除具备上述内容外，还应具备其他一些项目，如与业务有关的经济合同、结算方式、费用预算等，以更加完整、清晰地反映经济业务。

在实际工作中，各单位根据会计核算和管理的需要，可自行设计印制适合本单位需要的各种原始凭证。但是对于在一个地区范围内经常发生的大量同类经济业务，应由各主管部门统一设计印制原始凭证。如银行统一印制的银行汇票、转账支票和现金支票等，由铁路部门统一印制的火车票，由税务部门统一印制的有税务登记的发票，由财政部门统一印制的收款收据等。这样，可以使原始凭证的内容格式统一，便于加强监督管理。

5.2.2　原始凭证的种类

纷繁复杂的经济业务导致原始凭证的品种繁多，为了更好地认识和利用原始凭证，必须按照一定标准对原始凭证进行分类。原始凭证按照不同的分类标准，可以属于不同种类。

1. 原始凭证按其来源不同分类

原始凭证按其来源不同分类，可以分为外来原始凭证和自制原始凭证两种。

外来原始凭证是在经济业务活动发生或完成时，从其他单位或个人直接取得的原始凭证。如增值税专用发票、非增值税及小规模纳税人的发票、铁路运输部门的火车票、由银行转来的结算凭证和对外支付款项时取得的收据等都是外来原始凭证。其格式如图5-2和5-3所示。

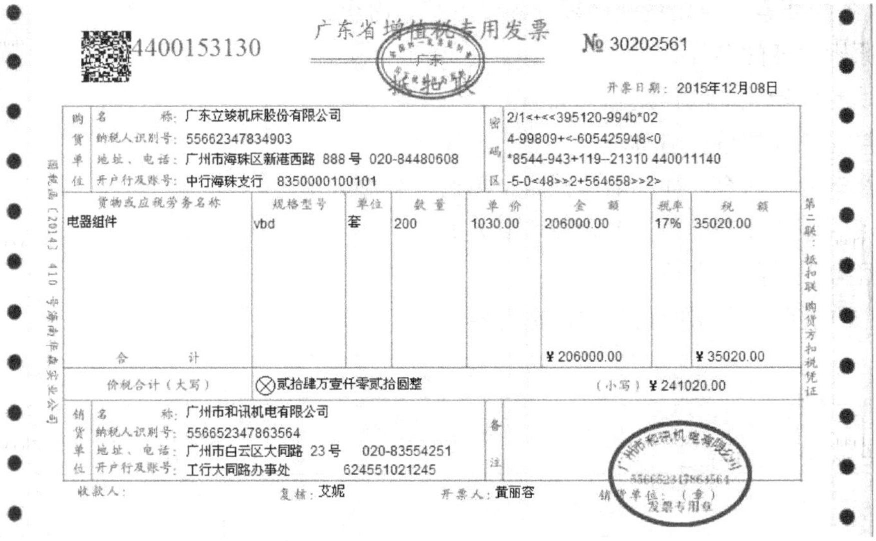

广东省增值税专用发票

4400153130　　№ 30202561

开票日期：2015年12月08日

购货单位	
名称	广东立竣机床股份有限公司
纳税人识别号	55662347834903
地址、电话	广州市海珠区新港西路 888 号 020-84480608
开户行及账号	中行海珠支行　8350000100101

密码区：2/1<+<<395120-994b*02　4-99809+<-605425948<0　*8544-943+119--21310 440011140　-5-0<48>>2+564658>>2>

货物或应税劳务名称	规格型号	单位	数量	单价	金额	税率	税额
电器组件	vbd	套	200	1030.00	206000.00	17%	35020.00
合计					¥206000.00		¥35020.00
价税合计（大写）	⊗贰拾肆万壹仟零贰拾圆整				（小写）¥241020.00		

销货单位	
名称	广州市和讯机电有限公司
纳税人识别号	556652347863564
地址、电话	广州市白云区大同路 23 号　020-83554251
开户行及账号	工行大同路办事处　624551021245

备注

收款人：　复核：艾妮　开票人：黄丽容　销货单位：（章）

第二联：抵扣联　购货方扣税凭证

图5-2　增值税专用发票票样

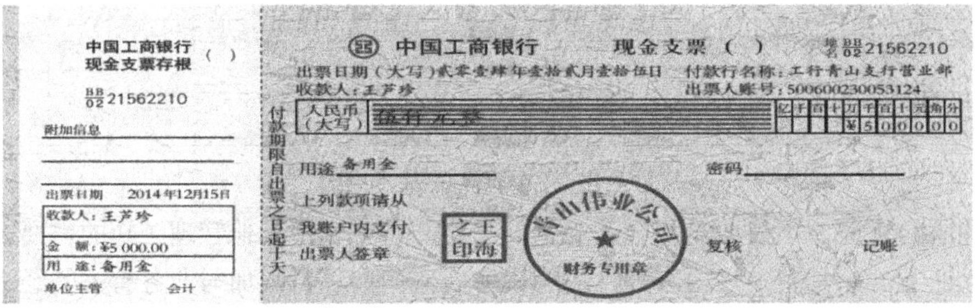

中国工商银行　现金支票存根（　）

BB 02 21562210

附加信息

出票日期　2014年12月15日

收款人：王芦珍

金　额：¥5 000.00

用　途：备用金

单位主管　会计

中国工商银行　现金支票（　）　BB 02 21562210

出票日期（大写）贰零壹肆年壹拾贰月壹拾伍日　付款行名称：工行青山支行营业部

收款人：王芦珍　出票人账号：500600230053124

人民币（大写）伍仟元整　¥5 0 0 0 0 0

付款期限自出票之日起十天

用途 备用金　密码

上列款项请从

我账户内支付

出票人签章　　复核　记账

图5-3　现金支票示例

自制原始凭证是指本单位内部具体经办业务的部门和人员，在执行或完成某项经济业务时所填制的原始凭证。如“收料单”“领料单”“销货发票”“产品入库单”“工资结算表”等。领料单和入库单格式分别如图5-4、图5-5所示。

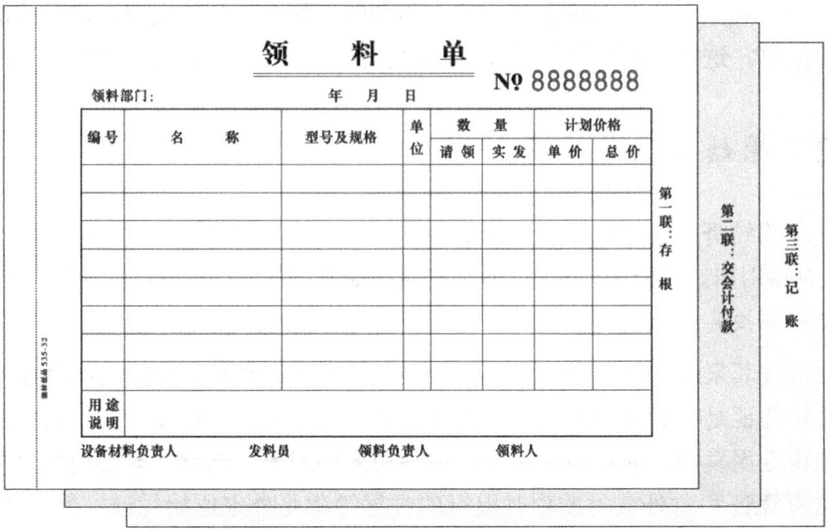

领　料　单

№ 8888888

领料部门：　　年　月　日

编号	名　称	型号及规格	单位	数量		计划价格	
				请领	实发	单价	总价
用途说明							

设备材料负责人　　发料员　　领料负责人　　领料人

第一联：存根　第二联：交会计付款　第三联：记账

图5-4　领料单

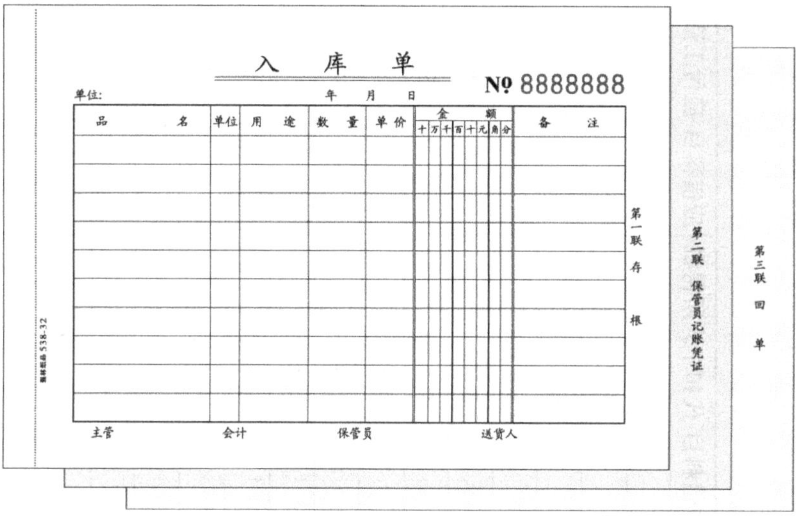
入　库　单
№ 8888888
单位：　年　月　日
品　名	单位	用　途	数　量	单价	金额（十 万 千 百 十 元 角 分）	备　注

主管　会计　保管员　送货人
第一联　存根
第二联　保管员记账凭证
第三联　回单

图5-5　入库单

2. 原始凭证按其填制方法不同分类

原始凭证按其填制方法不同分类，可以分为一次凭证、累计凭证和汇总凭证三种。

一次凭证是指一次填制完成的原始凭证。它反映一笔经济业务或同时反映若干同类经济业务的内容。外来原始凭证一般均属一次凭证，自制原始凭证中大多数也是一次凭证。日常的原始凭证多属此类，如“现金收据”“发货票”“收料单”等。一次凭证能够清晰地反映经济业务活动情况，使用方便灵活且数量较多。

累计凭证，是指在一张凭证上连续登记一定时期内不断重复发生的若干同类经济业务，直到期末才能填制完毕的原始凭证。累计凭证可以连续登记相同性质的经济业务，随时计算出累计数及结余数，期末按实际发生额记账。如“费用限额卡”“限额领料单”等。“限额领料单”的格式如图5-6所示。

限额领料单

领料部门：　　　　　　　　　　　　　　　　　　　领料编号：
用　　途：　　　　　　　　年　月　日　　　　　　发料仓库：

<table>
<tr><td rowspan="3">材料编号</td><td rowspan="3">材料名称规格</td><td rowspan="3">计量单位</td><td rowspan="3">计划投产量</td><td rowspan="3">单位消耗定额</td><td rowspan="3">领用限额</td><td colspan="17">实发</td></tr>
<tr><td rowspan="2">数量</td><td colspan="7">单价</td><td colspan="9">金额</td></tr>
<tr><td>万</td><td>千</td><td>百</td><td>十</td><td>元</td><td>角</td><td>分</td><td>百</td><td>十</td><td>万</td><td>千</td><td>百</td><td>十</td><td>元</td><td>角</td><td>分</td></tr>
<tr><td></td><td></td><td></td><td></td><td></td><td></td><td></td><td></td><td></td><td></td><td></td><td></td><td></td><td></td><td></td><td></td><td></td><td></td><td></td><td></td><td></td><td></td><td></td></tr>
</table>

<table>
<tr><td rowspan="2">日期</td><td colspan="3">领　用</td><td colspan="3">退　料</td><td rowspan="2">限额结余数量</td></tr>
<tr><td>数量</td><td></td><td></td><td>数量</td><td>退料人</td><td>收料人</td></tr>
<tr><td></td><td></td><td></td><td></td><td></td><td></td><td></td><td></td></tr>
<tr><td></td><td></td><td></td><td></td><td></td><td></td><td></td><td></td></tr>
<tr><td></td><td></td><td></td><td></td><td></td><td></td><td></td><td></td></tr>
<tr><td></td><td></td><td></td><td></td><td></td><td></td><td></td><td></td></tr>
</table>

生产计划部门　　　　　　　　　　　供销部门　　　　　　　　　　　仓库

图5-6　限额领料单

汇总凭证，也叫原始凭证汇总表，是根据许多同类经济业务的原始凭证或会计核算资料定期加以汇总而重新编制的原始凭证。如“发出材料汇总表”“差旅费报销单”等。汇总凭证既可以提供经营管理所需要的总量指标，又可以大大简化核算手续。“工资结算汇总表”的格式如图5-7所示。

职工工资分配汇总表

2015年12月

企业名称：广东立竣机床股份有限公司
元

部门	应借科目-人数	应借科目-应付工资奖金津贴等	应借科目-应扣保险费	应借科目-代扣个人所得税	应借科目-应付工资
铸造车间-铸铁件	17	54 400.00	5 984.00	1 016.60	47 399.40
铸造车间-铸铝件	15	48 000.00	5 280.00	897.00	41 823.00
铸造车间-管理	2	11 000.00	1 210.00	618.50	9 171.50
加工车间-立竣一号机床	18	63 000.00	6 930.00	1 557.00	54 513.00
加工车间-立竣二号机床	16	56 000.00	6 160.00	1 384.00	48 456.00
加工车间-管理	2	11 000.00	1 210.00	618.50	9 171.50
装配车间-立竣一号机床	12	44 400.00	4 884.00	1 251.60	38 264.40
装配车间-立竣二号机床	11	40 700.00	4 477.00	1 147.30	35 075.70
装配车间-管理	2	13 000.00	1 430.00	885.50	10 684.50
机修车间	8	29 600.00	3 256.00	834.40	25 509.60
供气车间	6	19 800.00	2 178.00	412.20	17 209.80
企业管理人员	12	62 400.00	6 864.00	3 230.40	52 305.60
采购销售人员	10	65 000.00	7 150.00	4 427.50	53 422.50
合计	131	518 300.00	57 013.00	18 280.50	443 006.50

图 5-7 工资结算汇总表

3. 原始凭证按其用途不同分类

原始凭证按其用途不同分类，可以分为通知凭证、执行凭证和计算凭证三种。

通知凭证是指要求、指示或命令企业进行某项经济业务的原始凭证，如"罚款通知书""付款通知单"等。

执行凭证是用来证明某项经济业务发生或已经完成的原始凭证，如"销货发票""材料验收单""领料单"等。

计算凭证是指根据原始凭证和有关会计核算资料而编制的原始凭证。计算凭证一般是为了便于以后记账和了解各项数据来源和产生的情况而编制的。如"制造费用分配表""产品成本计算单""工资结算表"等。

4. 原始凭证按其格式不同分类

原始凭证按其格式不同分类，可以分为通用凭证和专用凭证两种。

通用凭证是指全国或某一地区、某一部门统一格式的原始凭证。如由银行统一印制的结算凭证、税务部门统一印制的发票等。

专用凭证是指一些单位具有特定内容、格式和专门用途的原始凭证。如高速公路通过费收据、养路费缴款单等。

以上是按不同的标准对原始凭证进行的分类。它们之间是相互依存、密切联系的，有些原始凭证按照不同的分类标准分别属于不同的种类。如现金收据对出具收据的单位来说是自制原始凭证，而对接收收据的单位来说则是外来原始凭证；同时，它既是一次凭证，又是执行凭证，还是专用凭证。外来的凭证大多为一次凭证，计算凭证、累计凭证大多为自制原始凭证。

根据上述原始凭证的分类，归纳如图5-8所示。

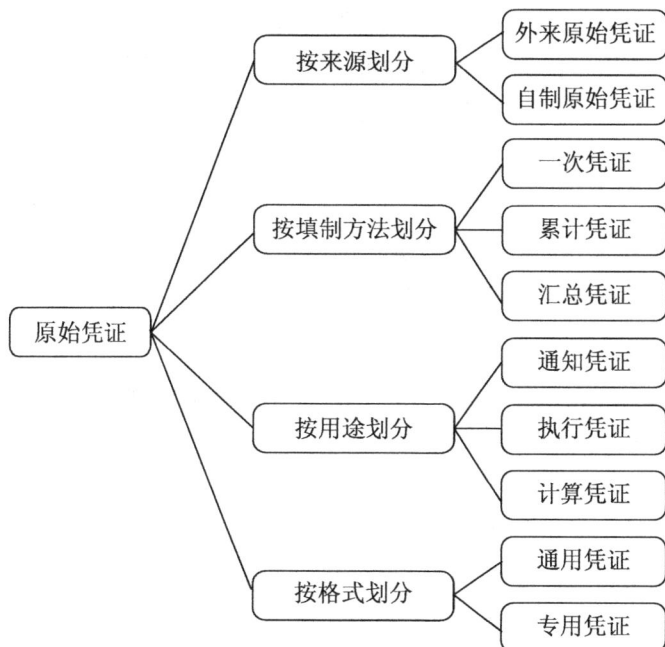

图5-8 原始凭证分类示意图

5.2.3 原始凭证的填制

填制原始凭证，要由填制人员将各项原始凭证要素按规定方法填写齐全，办妥签章手续，明确经济责任。

由于各种凭证的内容和格式千差万别，因此，原始凭证的具体填制方法也不同。一般来说，自制原始凭证通常有三种形式。一是根据经济业务的执行和完成的实际情况直接填列，如根据实际领用的材料品名和数量填制领料单等；二是根据账簿记录对某项经济业务进行加工整理填列，如月末计算产品成本时，先要根据"制造费用"账户本月借方发生额填制"制造费用分配表"，将本月发生的制造费用按照一定的分配标准分配到有关产品成本中去，然后再计算出某种产品的生产成本；三是根据若干张反映同类业务的原始凭证定期汇总填列，如发出材料汇总表。外来原始凭证是由其他单位或个人填制的，它同自制原始凭证一样，也要具备能证明经济业务完成情况和明确经济责任所必需的内容。

原始凭证是具有法律效力的证明文件，是进行会计核算的依据，必须认真填制。为了保证原始凭证能清晰地反映各项经济业务的真实情况，原始凭证的填制必须符合以下要求。

1. 记录要真实

原始凭证上填制的日期、经济业务内容和数字必须是经济业务发生或完成的实际情况，不得弄虚作假，不得以匡算数或估计数填入，不得涂改、挖补。

2. 内容要完整

原始凭证中应该填写的项目要逐项填写，不可缺漏；名称要写全，不要简化；品名和用途要填写明确，不能含糊不清；有关部门和人员的签名和盖章必须齐全。

3. 手续要完备

单位自制的原始凭证必须有经办业务的部门和人员签名盖章；对外开出的凭证必须加盖本单位的公章或财务专用章；从外部取得的原始凭证必须有填制单位公章或财务专用章。总之，取得的原始凭证必须符合手续完备的要求，以明确经济责任，确保凭证的合法性、真实性。

4. 填制要及时

所有业务的有关部门和人员，在经济业务实际发生或完成时，必须及时填写原始凭证，做到不拖延、不积压，不事后补填，并按规定的程序审核。

5. 编号要连续

原始凭证要顺序连续或分类编号，在填制时要按照编号的顺序使用，跳号的凭证要加盖"作废"戳记，连同存根一起保管，不得撕毁。

6. 书写要规范

原始凭证中的文字、数字的书写都要清晰、工整、规范，做到字迹端正、易于辨认，不草、不乱、不造字。大小写金额要一致。复写的凭证要不串行、不串格、不模糊，一式几联的原始凭证，应当注明各联的用途。数字和货币符号的书写要符合下列要求。

(1) 数字要一个一个地写，不得连笔写。特别是在要连写几个"0"时，也一定要单个地写，不能将几个"0"连在一起一笔写完。数字排列要整齐，数字之间的空格要均匀，不宜过大。此外阿拉伯数字的书写还应有高度的标准，一般要求数字的高度占凭证横格的1/2为宜。书写时还要注意紧靠横格底线，使上方能有一定的空位，以便需要进行更正时可以再次书写。

(2) 阿拉伯数字前面应该书写货币币种或者货币名称简写和币种符号。币种符号与阿拉伯数字之间不得留有空白。凡阿拉伯数字金额前写有货币币种符号的，数字后面不再写货币单位。所有以元为单位(其他货币种类为货币基本单位，下同)的阿拉伯数字，除表示单价等情况外，一律填写到角分；无角分的，角位和分位写"00"或者符号"-"；有角无分的，分位应当写"0"，不得用符号"-"代替。在发货票等须填写大写金额数字的原始凭证上，如果大写金额数字前未印有货币名称，应当加填货币名称，然后在其后紧接着填写大写金额数字，货币名称和金额数字之间不得留有空白。

(3) 汉字填写金额如零、壹、贰、叁、肆、伍、陆、柒、捌、玖、拾、佰、仟、万、亿等，应一律用正楷或行书体填写，不得用〇、一、二、三、四、五、六、七、八、九、十等简化字代替。不得任意自造简化字。大写金额数字到元或角为止的，在"元"或"角"之后应当写"整"或"正"字。阿拉伯数字金额之间有"0"时，汉字大写金额应写"零"字；阿拉伯数字金额中间连续有几个"0"时，大写金额中可以只有一个"零"；阿拉伯数字金额元位为"0"或者数字中间连续有几个"0"，元位也是"0"，但角位不是"0"时，汉字大写金额可以只写一个"零"字，也可以不写"零"字。

5.2.4 原始凭证的审核

为了正确反映和监督各项经济业务，财务部门对取得的原始凭证，必须进行严格审核和核对，保证核算资料的真实、合法、完整。只有经过审查无误的凭证，方可作为编制记账凭证和登记账簿的依据。原始凭证的审核，是会计监督工作的一个重要环节，一般应从以下两方面进行。

1. 审查原始凭证所反映经济业务的合理性、合法性和真实性

这种审查是以有关政策、法规、制度和计划合同等为依据，审查凭证所记录的经济业务是否符合有关规定，有无贪污盗窃、虚报冒领、伪造凭证等违法乱纪现象，有无不讲经济效益、违反计划和标准的要求等。对于不合理、不合法及不真实的原始凭证，财会人员应拒绝受理。如发现伪造或涂改凭证等弄虚作假、虚报冒领等不法行为，除拒绝办理外，还应立即报告有关部门，提请严肃处理。

2. 审核原始凭证的填制是否符合规定的要求

首先审查所用的凭证格式是否符合规定，凭证的要素是否齐全，是否有经办单位和经办人员签章；其次审查凭证上的数字是否完整，大、小写是否一致；最后审查凭证上数字和文字是否有涂改、污损等不符合规定之处。如果通过审查发现凭证不符合上述要求，那么凭证本身就失去作为记账依据的资格，会计部门应把那些不符合规定的凭证退还给原填制凭证的单位或个人，要求重新补办手续。

原始凭证的审核，是一项很细致而且十分严肃的工作。要做好原始凭证的审核，充分发挥会计监督的作用，会计人员应该做到精通会计业务；熟悉有关的政策、法令和各项财

务规章制度；对本单位的生产经营活动有深入的了解；同时还要求会计人员具有维护国家法令、制度和本单位财务管理制度的高度责任感，敢于坚持原则，才能在审核原始凭证时正确掌握标准，及时发现问题。

原始凭证经过审核后，对于符合要求的原始凭证，应及时填制记账凭证并登记账簿；对于手续不完备、内容记载不全或数字计算不正确的原始凭证，应退回有关经办部门或人员补办手续或更正；对于伪造、涂改或经济业务不合法的凭证，应拒绝受理，并向本单位领导汇报，提出拒绝执行的意见；对于弄虚作假、营私舞弊、伪造涂改凭证等违法乱纪行为，必须及时揭露并严肃处理。

5.3 记账凭证

5.3.1 记账凭证的基本内容

记账凭证是会计人员根据审核后的原始凭证进行归类、整理，并确定会计分录而编制的会计凭证，是登记账簿的依据。由于原始凭证只表明经济业务的内容，而且种类繁多、数量庞大、格式不一，因而不能直接记账。为了分类反映经济业务的内容，必须按会计核算方法的要求，将其归类、整理，编制记账凭证，标明经济业务应记入的账户名称及应借应贷的金额，作为记账的直接依据。所以，记账凭证必须具备以下内容。

(1) 记账凭证的名称。

(2) 填制凭证的日期、凭证编号。

(3) 经济业务的内容摘要。

(4) 经济业务应记入账户的名称、记账方向和金额。

(5) 所附原始凭证的张数和其他附件资料。

(6) 会计主管、记账、复核、出纳、制单等有关人员签名或盖章。

记账凭证和原始凭证同属于会计凭证，但二者存在以下不同：原始凭证是由经办人员填制，记账凭证一律由会计人员填制；原始凭证根据发生或完成的经济业务填制，记账凭证根据审核后的原始凭证填制；原始凭证仅用以记录、证明经济业务已经发生或完成，记账凭证要依据会计科目对已经发生或完成的经济业务进行归类、整理；原始凭证是填制记账凭证的依据，记账凭证是登记账簿的依据。

5.3.2 记账凭证的种类

由于会计凭证记录和反映的经济业务多种多样，因此，记账凭证也是多种多样的。记账凭证按不同的标准，可以分为不同的种类。

1. 记账凭证按其反映的经济内容不同，可分为收款凭证、付款凭证、转账凭证

1) 收款凭证

收款凭证是指专门用于记录现金和银行存款收款业务的会计凭证，收款凭证是出纳

人员收讫款项的依据，也是登记总账、现金日记账和银行存款日记账以及有关明细账的依据，一般按现金和银行存款分别编制。收款凭证格式如图5-9所示。

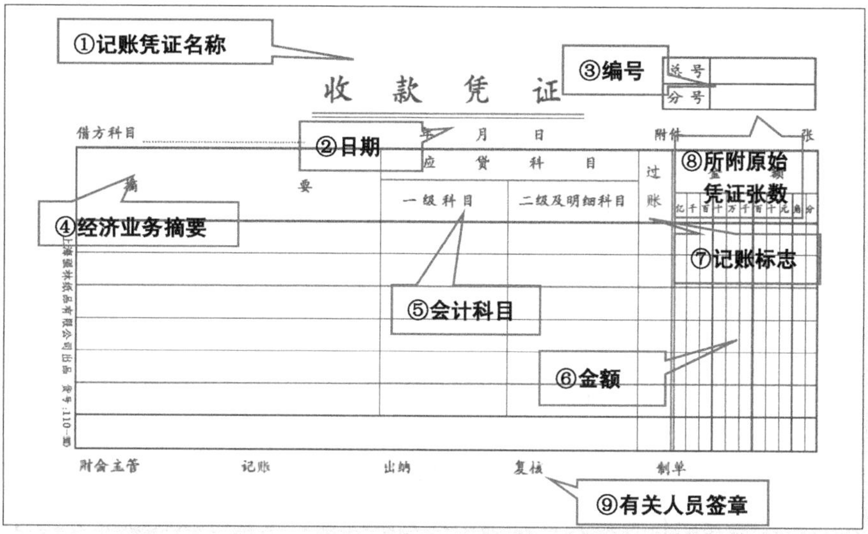

图5-9　收款凭证

2) 付款凭证

付款凭证是指专门用于记录现金和银行存款付款业务的会计凭证。付款凭证是出纳人员支付款项的依据，也是登记总账、现金日记账和银行存款日记账以及有关明细账的依据，一般按现金和银行存款分别编制。付款凭证格式如图5-10所示。

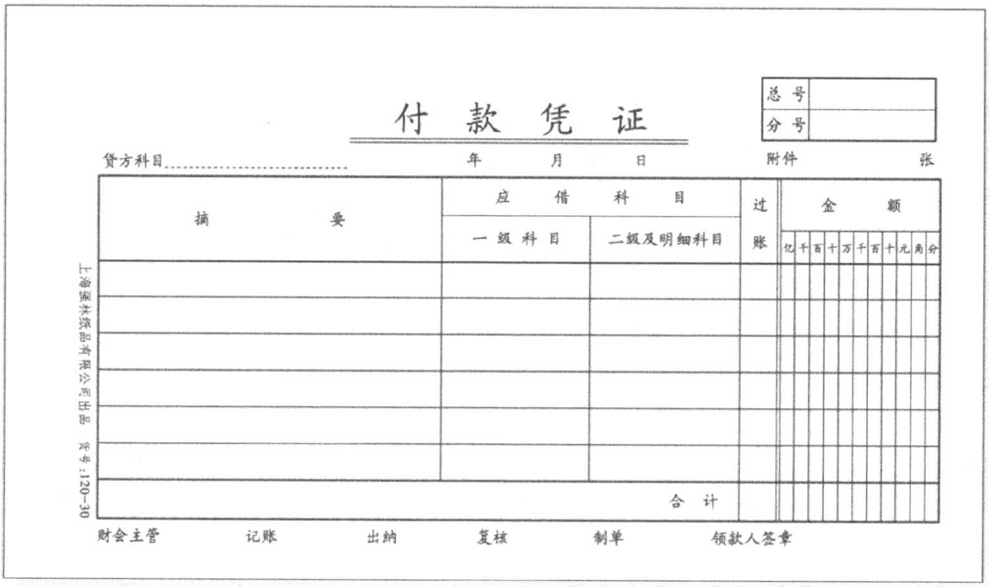

图5-10　付款凭证

3) 转账凭证

转账凭证是指专门用于记录不涉及现金和银行存款收付款业务的会计凭证。它是登记总账和有关明细账的依据。转账凭证格式如图5-11所示。

转 账 凭 证

总号 ____
分号 ____

年 月 日 附件 张

摘要	一级科目	二级及明细科目	过账	借方金额										贷方金额									
				千	百	十	万	千	百	十	元	角	分	千	百	十	万	千	百	十	元	角	分
		合计																					

上海强林纸品有限公司出品 货号:138-30

财会主管　　复核　　记账　　制单

图5-11　转账凭证

收款凭证、付款凭证和转账凭证分别用以记录现金、银行存款收款业务、付款业务和转账业务(与现金、银行存款收支无关的业务)，为了便于识别，各种凭证印制成不同的颜色。在会计实务中，对于现金和银行存款之间的收付款业务，为了避免重复记账，一般只编制付款凭证，不编制收款凭证。

2. 记账凭证按其填制方式不同，可分为单式记账凭证和复式记账凭证

1) 单式记账凭证

单式记账凭证是在每张凭证上只填列经济业务事项所涉及的一个会计科目及其金额的记账凭证。填列借方科目的称为借项记账凭证，填列贷方科目的称为贷项记账凭证。一项经济业务涉及几个科目，就分别填制几张凭证，并采用一定的编号方法将它们联系起来。单式凭证的优点是内容单一，便于记账工作的分工，也便于按科目汇总，并可加速凭证的传递。其缺点是凭证张数多，内容分散，在一张凭证上不能完整地反映一笔经济业务的全貌，不便于检验会计分录的正确性，故需加强凭证的复核、装订和保管工作。

2) 复式记账凭证

复式记账凭证是指将每一笔经济业务事项所涉及的全部会计科目及其发生额均在同一张凭证中反映的一种记账凭证。即一张记账凭证上登记一项经济业务所涉及的两个或者两个以上的会计科目，既有“借方”，又有“贷方”。复式记账凭证优点是可以集中反映账户的对应关系，有利于了解经济业务的全貌；同时还可以减少凭证的数量，减轻编制记账凭证的工作量，便于检验会计分录的正确性。其缺点是不便于汇总计算每一会计科目的发生额和进行分工记账。在实际工作中，普遍使用的是复式记账凭证。上述介绍的收款凭证、付款凭证、转账凭证都是复式记账凭证。

3. 记账凭证按汇总方法不同，可分为分类汇总凭证和全部汇总凭证

1) 分类汇总凭证

分类汇总凭证是指定期按现金、银行存款及转账业务进行分类汇总，也可以按科目进行汇总。如可以将一定时期的收款凭证、付款凭证、转账凭证分别汇总，编制汇总收款凭证、汇总付款凭证、汇总转账凭证。

2) 全部汇总凭证

全部汇总凭证是指将单位一定时期内编制的会计分录，全部汇总在一张记账凭证上。将一定时期的所有记账凭证按相同会计科目的借方和贷方分别汇总，编制记账凭证汇总表(或称科目汇总表)。

汇总凭证是将许多同类记账凭证逐日或定期(3天、5天、10天等)加以汇总后编制的记账凭证，有利于简化总分类账的登记工作。

收款凭证、付款凭证和转账凭证，称为专用记账凭证。实际工作中，货币资金的管理是财会人员的一项重要工作。为了单独反映货币资金收付情况，在货币资金收付业务量较多的单位，往往对货币资金的收付业务编制专用的收、付款凭证。有些经济业务简单或收、付款业务不多的单位，可以使用一种通用格式的记账凭证。这种通用记账凭证既可用于收、付款业务，又可用于转账业务，所以称为通用记账凭证。通用记账凭证的格式如图5-12所示。

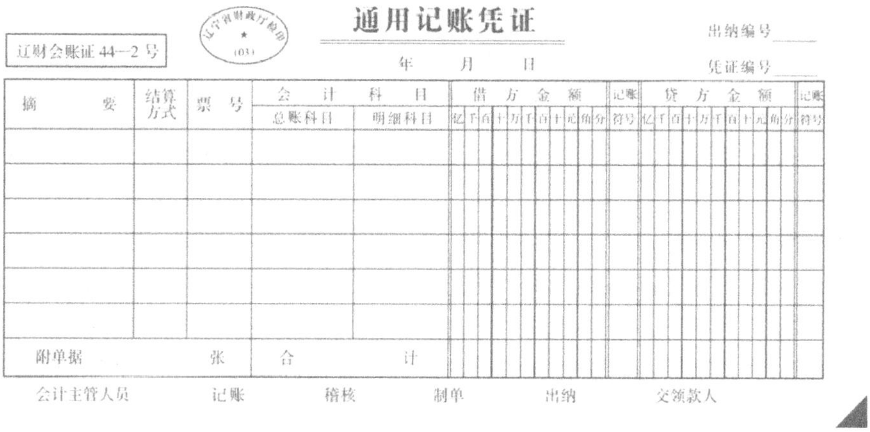

辽财会账证44—2号　　通用记账凭证　　出纳编号

年　月　日　　凭证编号

摘要	结算方式	票号	会计科目		借方金额	记账符号	贷方金额	记账符号
			总账科目	明细科目	亿千百十万千百十元角分		亿千百十万千百十元角分	
附单据　张			合计					

会计主管人员　记账　稽核　制单　出纳　交领款人

图5-12　通用记账凭证

记账凭证的分类，如图5-13所示。

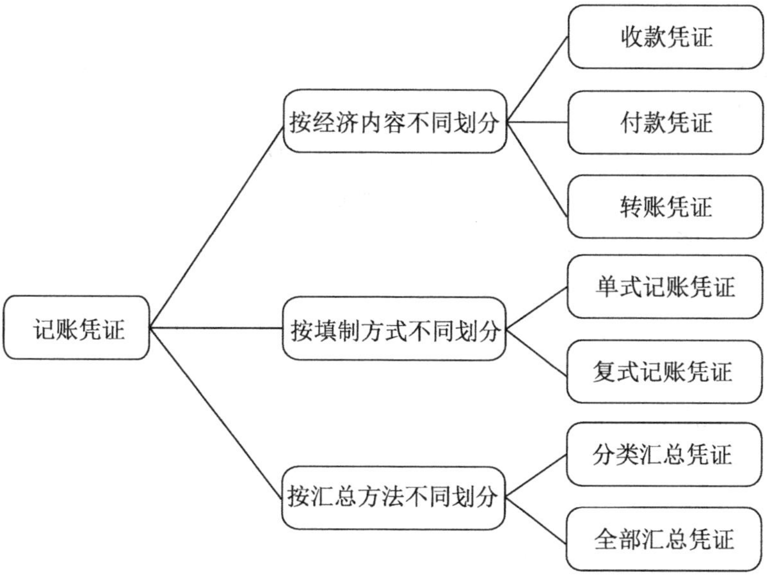

图5-13　记账凭证分类示意图

5.3.3 记账凭证的填制

1. 记账凭证的填制要求

填制记账凭证是一项重要的会计工作，为了便于登记账簿，保证账簿记录的正确性，填制记账凭证应符合以下要求。

1) 依据真实

除结账和更正错误外，记账凭证应根据审核无误的原始凭证及有关资料填制，记账凭证必须附有原始凭证并如实填写所附原始凭证的张数。记账凭证所附原始凭证张数的计算一般应以原始凭证的自然张数为准。如果记账凭证中附有原始凭证汇总表，则应该把所附的原始凭证和原始凭证汇总表的张数一起计入附件的张数之内。报销差旅费等零散票券，可以粘贴在一张纸上，作为一张原始凭证。一张原始凭证如果涉及几张记账凭证的，可以将原始凭证附在一张主要的记账凭证后面，在该主要记账凭证摘要栏注明"本凭证附件包括XX号记账凭证业务"字样，并在其他记账凭证上注明该主要记账凭证的编号或者附上该原始凭证的复印件，以便复核查阅。如果一张原始凭证所列的支出需要由两个以上的单位共同负担时，应当由保存该原始凭证的单位开给其他应负担单位原始凭证分割单，原始凭证分割必须具备原始凭证的基本内容，并可作为填制记账凭证的依据，计算在所附原始凭证张数之内。

2) 内容完整

记账凭证应具备的内容都要具备，要按照记账凭证上所列项目逐一填写清楚，有关人员的签名或者盖章要齐全，不可缺漏。如有以自制的原始凭证或者原始凭证汇总表代替记账凭证使用的，也必须具备记账凭证应有的内容。金额栏数字的填写必须规范、准确，与所附原始凭证的金额相符。金额登记方向、数字必须正确，角分位不留空格。

3) 分类正确

填制记账凭证，要根据经济业务的内容，区别不同类型的原始凭证，正确应用会计科目和记账凭证。记账凭证可以根据每一张原始凭证填制，或者根据若干张同类原始凭证汇总填制，也可以根据原始凭证汇总表填制，但不得将不同内容或类别的原始凭证汇总填制在一张记账凭证上，会计科目要保持正确的对应关系。一般情况下，现金或银行存款的收、付款业务，应使用收款凭证或付款凭证；不涉及现金和银行存款收付的业务，如将现金送存银行，或者从银行提取现金，应以付款业务为主，只填制付款凭证不填制收款凭证，以避免重复记账。在一笔经济业务中，如果既涉及现金或银行存款收、付，又涉及转账业务，则应分别填制收款或付款凭证和转账凭证。例如，单位职工出差归来报销差旅费并交回剩余现金时，就应根据有关原始凭证按实际报销的金额填制一张转账凭证，同时按收回的现金数额填制一张收款凭证。各种记账凭证的使用格式应相对固定，特别是在同一会计年度内，不宜随意更换，以免引起编号、装订、保管方面的不便与混乱。

4) 日期正确

记账凭证的填制日期一般应填制记账凭证当天的日期，不能提前或拖后；按权责发生制原则计算收益、分配费用、结转成本利润等调整分录和结账分录的记账凭证，虽然需要到下月才能填制，但为了便于在当月的账内进行登记，仍应填写当月月末的日期。

5) 连续编号

为了分清会计事项处理的先后顺序，以便记账凭证与会计账簿之间的核对，确保记账凭证完整无缺，填制记账凭证时，应当对记账凭证连续编号。记账凭证编号的方法有多种：一种是将全部记账凭证作为一类统一编号；另一种是分别按现金和银行存款收入业务、现金和银行付出业务、转账业务三类进行编号，这样记账凭证的编号应分为收字第X号、付字第X号、转字第X号；还有一种是分别按现金收入、现金支出、银行存款收入、银行存款支出和转账业务五类进行编号，这种情况下，记账凭证的编号应分为现收字第X号、现付字第X号、银收字第X号、银付字第X号和转字第X号，或者将转账业务按照具体内容再分成几类编号。各单位应当根据本单位业务繁简程度、会计人员多寡和分工情况来选择便于记账、查账、内部稽核、简单严密的编号方法。无论采用哪一种编号方法，都应该按月顺序编号，即每月都从1号编起，按自然数1、2、3、4、5……顺序编至月末，不得跳号、重号。一笔经济业务需要填制两张或两张以上记账凭证的，可以采用分数编号法进行编号，例如有一笔经济业务需要填制三张记账凭证，凭证顺序号为6，就可以编成6，前面的数表示凭证顺序，后面分数的分母表示该号凭证共有三张，分子表示三张凭证中的第一张、第二张、第三张。

6) 简明摘要

记账凭证的摘要栏是填写经济业务简要说明的，摘要应与原始凭证内容一致，能正确反映经济业务的主要内容，既要防止简而不明，又要防止过于烦琐。应能使阅读者通过摘要就能了解该项经济业务的性质、特征，判断出会计分录的正确与否，一般不需要再去翻阅原始凭证或询问有关人员。

7) 分录正确

会计分录是记账凭证中重要的组成部分，在记账凭证中，要正确编制会计分录并保持借贷平衡，就必须根据国家统一会计制度的规定和经济业务的内容，正确使用会计科目，不得任意简化或改动。应填写会计科目的名称，或者同时填写会计科目的名称和会计科目编号，不应只填编号，不填会计科目名称。应填明总账科目和明细科目，以便于登记总账和明细分类账。会计科目的对应关系要填写清楚，应先借后贷，一般填制一借一贷，一借多贷或者多借一贷的会计分录。但如果某项经济业务本身就需要编制一个多借多贷的会计分录时，也可以填制多借多贷的会计分录，以集中反映该项经济业务的全过程。填入金额数字后，要在记账凭证的合计行计算填写合计金额。记账凭证中借、贷方的金额必须相等，合计数必须计算正确。

8) 空行注销

填制记账凭证时，应按行次逐行填写，不得跳行或留有空行。记账凭证填完经济业务后，如有空行，应当在金额栏自最后一笔金额数字下的空行至合计数上的空行处划斜线或"～"注销。

9) 填错更改

填制记账凭证时如果发生错误，应当重新填制。已经登记入账的记账凭证在当年内发生错误的，如果是使用的会计科目或记账凭证方向有错误，可以用红字金额填制一张与原始凭证内容相同的记账凭证，在摘要栏注明"注销某月某日某号凭证"字样，同时再用蓝字重新填制一张正确的记账凭证，在摘要栏注明"更正某月某日某号凭证"字样；如果会计科目和记账方向都没有错误，只是金额错误，可以按正确数字和错误数字之间的差额，另编一张调整的记账凭证，调增金额用蓝数字，调减金额用红数字。发现以前年度的金额有错误时，应当用蓝字填制一张更正的记账凭证。

记账凭证中，文字、数字和货币符号的书写要求，与原始凭证相同。实行会计电算化的单位，其机制记账凭证应当符合对记账凭证的基本要求，打印出来的机制凭证上，要加盖制单人员、审核人员、记账人员和会计主管人员印章或者签字，以明确责任。

2. 记账凭证的填制方法

1) 单式记账凭证的填制

单式记账凭证，就是在一张凭证上只填列一个会计科目。一项经济业务的会计分录涉及几个会计科目，就填几张记账凭证。为了保持会计科目间的对应关系，便于核对，在填制一个会计分录时编一个总号，再按凭证张数编几个分号。

单式记账凭证中，填列借方账户名称的称为借项记账凭证，填列贷方账户名称的称为贷项记账凭证。为了便于区别，两者常用不同的颜色印制。

2) 复式记账凭证的填制

复式记账凭证就是在一张记账凭证上记载一笔完整的经济业务所涉及的全部会计科目。为了清晰地反映经济业务的来龙去脉，不应将不同的经济业务合并填制。

(1) 收款凭证的填制。收款凭证是根据审核无误的现金和银行存款收款业务的原始凭证编制的。收款凭证左上角的"借方科目"，按收款的性质填写"现金"或者"银行存款"；日期填写的是编制本凭证的日期；右上角填写编制收款凭证顺序号；"摘要栏"简明扼要地填写经济业务的内容梗概；"贷方科目"栏内填写与收入"现金"或"银行存款"科目相对应的总账科目及所属明细科目；"金额"栏内填写实际收到的现金或银行存款的数额，各总账科目与所属明细科目的应贷金额，应分别填写在与总账科目或明细科目同一行的"总账科目"或"明细科目"金额栏内；"金额栏"的合计数，只合计"总账科目"金额，表示借方科目"现金"或"银行存款"的金额；"记账栏"供记账人员在根据收款凭证登记有关账簿后作记号用，表示已经记账，防止经济业务的事项的重记或漏记；该凭证右边"附件 张"根据所附原始凭证的张数填写；凭证最下方有关人员签章处供有关人员在履行了责任后签名或签章，以明确经济责任。

(2) 付款凭证的填制。付款凭证是根据审核无误的现金和银行付款业务的原始凭证编制的。付款凭证的左上角"贷方科目"，应填列"现金"或者"银行存款"，"借方科目"栏应填写与"现金"或"银行存款"科目相对应的总账科目及所属的明细科目。其余各部分的填制方法与收款凭证基本相同，不再赘述。

(3) 转账凭证的填制。转账凭证是根据审核无误的不涉及现金和银行存款收付的转账业务的原始凭证编制的。转账凭证的"会计科目"栏应按照先借后贷的顺序分别填写应借应贷的总账科目及所属的明细科目；借方总账科目及所属明细科目的应记金额，应在与科目同一行的"借方金额"栏内相应栏次填写，贷方总账科目及所属明细科目的应记金额，应在与科目同一行的"贷方金额"栏内相应栏次填写；"合计"行只合计借方总账科目金额和贷方总账科目金额，借方总账科目金额合计数与贷方总账金额合计数应相等。

下面分别举例说明收款凭证、付款凭证和转账凭证的填制。

【例5-1】某企业2016年6月12日收到雨阳公司偿还所欠货款1 000元，存入银行。根据经济业务的原始凭证填制的收款凭证如图5-14所示。

收 款 凭 证

	总 号	9
	分 号	2

借方科目 **银行存款**   2016 年 6 月 12 日   附件 1 张

摘 要	应 贷 科 目		过账	金 额
	一级科目	二级及明细科目		亿 千 百 十 万 千 百 十 元 角 分
收到雨阳公司偿还货款	应收账款	雨阳公司		1 0 0 0 0 0
				¥ 1 0 0 0 0 0

财会主管 [张力]   记账 [王伟]   出纳 [李静]   复核 [姜玲]   制单 [陈庆]

图5-14 收款凭证填写示例

【例5-2】某企业2016年8月17日以现金支付采购员周晓龙预借差旅费3 000元。根据这项经济业务的原始凭证填制的付款凭证如图5-15所示。

付 款 凭 证

	总 号	15
	分 号	6

贷方科目 **库存现金**   2016 年 8 月 17 日   附件 1 张

摘 要	应 借 科 目		过账	金 额
	一级科目	二级及明细科目		亿 千 百 十 万 千 百 十 元 角 分
预支差旅费	其他应收款	周晓龙		3 0 0 0 0 0
		合 计		¥ 3 0 0 0 0 0

财会主管 [张力] 记账 [王伟] 出纳 [李静] 复核 [姜玲] 制单 [陈庆] 领款人签章 [周晓龙]

图5-15 付款凭证填写示例

【例5-3】某企业2016年10月28日销售产品30 000元(增值税暂不考虑)，冲减美华公司的预收款。根据该项经济业务的原始凭证填制的转账凭证如图表5-16所示。

转 账 凭 证

总号 30
分号 20

2016 年 10 月 28 日　　附件 1 张

摘要	一级科目	二级及明细科目	过账	借方金额（千百十万千百十元角分）	贷方金额（千百十万千百十元角分）
销售产品冲预收款	预收账款	美华公司		3000000	
	主营业务收入				3000000
		合计		¥3000000	¥3000000

财会主管 张力　复核 姜玲　记账 王伟　制单 陈庆

上海强林纸品有限公司出品　货号:138-30

图5-16　转账凭证填写示例

5.3.4　记账凭证的审核

记账凭证编制以后，必须由专人进行审核，借以监督经济业务的真实性、合法性和合理性，并检查记账凭证的编制是否符合要求。特别要审核最初证明经济业务实际发生、完成的原始凭证。因此，对记账凭证的审核是一项严肃细致、政策性很强的工作。只有做好这项工作才能正确地发挥会计反映和监督的作用。记账凭证审核的基本内容包括以下几项。

(1) 内容是否真实。审核记账凭证是否有原始凭证为依据，所附原始凭证的内容是否与记账凭证的内容一致，记账凭证汇总表的内容与其所依据的记账凭证的内容是否一致等。

(2) 项目是否齐全。审核记账凭证各项目的填写是否齐全，如日期、凭证编号、摘要、金额、所附原始凭证张数及有关人员签章等。

(3) 科目是否准确。审核记账凭证的应借、应贷科目是否正确，是否有明确的账户对应关系，所使用的会计科目是否符合国家统一的会计制度的规定等。

(4) 金额是否正确。审核记账凭证所记录的金额与原始凭证的有关金额是否一致、计算是否正确，记账凭证汇总表的金额与记账凭证的金额合计是否相符等。

(5) 书写是否规范。审核记账凭证中的记录是否文字工整、数字清晰，是否按规定进行更正等。

(6) 手续是否完备。出纳人员在办理收款或付款业务后，应在凭证上加盖“收讫”或“付讫”的戳记，以避免重复收付。

在审核过程中，如果发现不符合要求的地方，应要求有关人员采取正确的方法进行更正。只有经过审核无误的记账凭证，才能作为登记账簿的依据。

原始凭证和记账凭证区别如表5-1所示。

表5-1 原始凭证与记账凭证比较表

区别	原始凭证	记账凭证
1. 填制人员不同	业务经办人	会计人员
2. 填制依据不同	根据发生或者完成的经济业务事项填制	审核后的原始凭证填制
3. 填列方式不同	仅用于记录、证明经济业务已经发生或者完成	依据会计科目对已经发生或者完成的经济业务进行归类、整理后编制
4. 发挥作用不同	作为记账凭证的附件和编制记账凭证的依据	直接登记账簿的依据

5.4 会计凭证的传递与保管

5.4.1 会计凭证的传递

会计凭证的传递，是指从会计凭证取得或填制起至归档保管时止，在单位内部有关部门和人员之间按照规定的时间、程序进行处理的过程。各种会计凭证，他们所记载的经济业务不同，涉及的部门和人员不同，办理的业务手续也不同，因此，应当为各种会计凭证规定一个合理的传递程序，即一张会计凭证填制后应交到哪个部门，哪个岗位，由谁办理业务手续等，直到归档保管为止。

1. 会计凭证传递的意义

正确组织会计凭证的传递，对于提高会计核算资料的及时性、正确组织经济活动、加强经济责任、实行会计监督等具有重要意义。

1) 正确组织会计凭证的传递，有利于提高工作效率

正确组织会计凭证的传递，能够及时、真实地反映和监督各项经济业务的发生和完成情况，为经济管理提供可靠的经济信息。例如，材料运到企业后，仓库保管员应在规定的时间内将材料验收入库，填制"收料单"，注明实收数量等情况，并将"收料单"及时送到财会部门及其他有关部门。财会部门接到"收料单"，经审核无误，就应及时编制记账凭证和登记账簿，生产部门得到该批材料已验收入库凭证后，便可办理有关领料手续，用于产品生产等。如果仓库保管员未按时填写"收料单"或虽填写"收料单"，但没有及时送到有关部门，就会给人以材料尚未入库的假象，影响企业生产正常进行。

2) 正确组织会计凭证的传递，能更好地发挥会计监督作用

正确组织会计凭证的传递，便于有关部门和个人分工协作，相互牵制，加强岗位责任制，更好地发挥会计监督作用。例如，材料运到企业验收入库，需要多少时间，由谁填制"收料单"，何时将"收料单"送到供应部门和财会部门，会计部门收到"收料单"后由谁进行审核，并同供应部门的发货票进行核对，由谁何时编制记账凭证和登记账簿，由谁负责整理保管凭证等。这样，就把材料验收入库到登记入账的全部工作，在本单位内部进

行分工合作，共同完成。同时可以考核经办业务的有关部门和人员是否按规定的会计手续办理，从而加强经营管理，提高工作质量。

2. 会计凭证传递的基本要求

各单位的经营业务性质是多种多样的，各种经营业务又有各自的特点，所以，办理各项经济业务的部门和人员以及办理凭证所需要的时间、传递程序也必然各不相同。这就要求每个单位都必须根据自己的业务特点和管理特点，由单位领导会同会计部门及有关部门共同设计制订出一套会计凭证的传递程序，使各个部门能够有序、及时地按规定的程序进行凭证传递。各单位在设计会计凭证传递流程时，应注意以下两个问题。

1) 根据经济业务的特点、机构设置和人员分工情况，明确会计凭证的传递程序

由于企业生产经营业务的内容不同，企业管理的要求也不尽相同。在会计凭证的传递过程中，要根据具体情况，确定每一种凭证的传递程序和方法。合理制定会计凭证所经过的环节，规定每个环节负责传递的相关责任人员，规定会计凭证的联数以及每一联凭证的用途。做到既可使各有关部门和人员了解经济活动情况、及时办理手续，又可避免凭证经过不必要的环节，以提高工作效率。

2) 规定会计凭证经过每个环节所需要的时间，以保证凭证传递的及时性

会计凭证的传递时间，应考虑各部门和有关人员的工作内容和工作量在正常情况下完成的时间，明确规定各种凭证在各个环节上停留的最长时间，不能拖延和积压会计凭证，以免影响会计工作的正常程序。一切会计凭证的传递和处理，都应在报告期内完成，不允许跨期，否则将影响会计核算的准确性和及时性。

会计凭证在传递过程中的衔接手续，应该做到既完备、严密，又简单易行。凭证的收发、交接都应当按一定的手续制度办理，以保证会计凭证的安全和完整。会计凭证的传递程序、传递时间和衔接手续明确后，制定凭证传递程序，规定凭证传递路线、环节及在各个环节上的时间、处理内容及交接手续，使凭证传递工作有条不紊、迅速而有效地进行。会计凭证传递过程如图5-17所示。

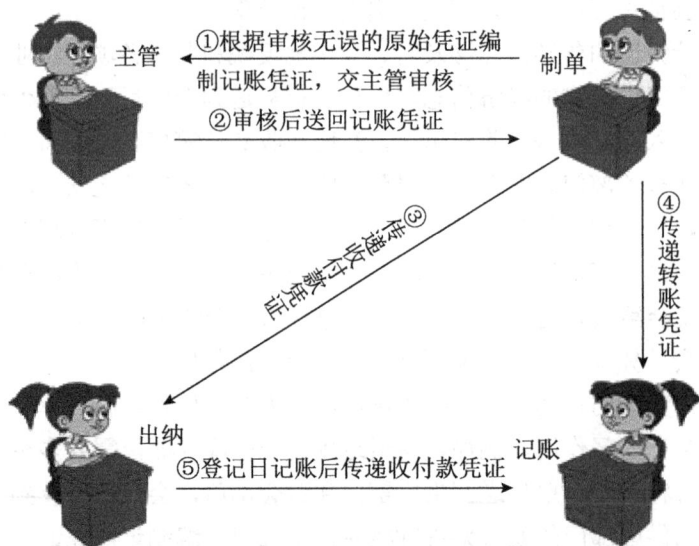

图5-17　会计凭证传递过程图

5.4.2 会计凭证的保管

会计凭证的保管是指会计凭证记账后的整理、装订、归档和存查工作。

会计凭证是记录经济业务、明确经济责任、具有法律效力的证明文件，又是登记账簿的依据，所以，它是重要的经济档案和历史资料。任何企业在完成经济业务手续和记账之后，必须按规定立卷归档，形成会计档案资料，妥善保管，以便日后随时查阅。

会计凭证整理保管的要求包括如下几个。

(1) 各种记账凭证，连同所附原始凭证和原始凭证汇总表，要分类并按顺序编号，定期(一天、五天、十天或一个月)装订成册，并加具封面、封底，注明单位名称、凭证种类、所属年月和起讫日期、起止号码、凭证张数等。为防止任意拆装，应在装订处贴上封签，并由经办人员在封签处加盖骑缝章。

(2) 对一些性质相同、数量很多或各种随时需要查阅的原始凭证，可以单独装订保管，在封面上写明记账凭证的时间、编号、种类，同时在记账凭证上注明"附件另订"。

(3) 各种经济合同和重要的涉外文件等凭证，应另编目录，单独登记保管，并在有关原始凭证和记账凭证上注明。

(4) 其他单位因有特殊原因需要使用原始凭证时，经本单位领导批准，可以复制，但应在专门的登记簿上进行登记，并由提供人员和收取人员共同签章。

(5) 会计凭证装订成册后，应由专人负责分类保管，年终应登记归档。会计凭证的保管期限和销毁手续，应严格按照《会计档案管理办法》进行管理。

(6) 会计凭证在归档后，应按年月日顺序排列，以便查阅。对已归档凭证的查阅、调用和复制，都应得到领导的批准，并办理一定的手续。会计凭证在保管中应防止霉烂破损和鼠咬虫蛀，以确保其安全和完整。

[要点总结]

1. 会计凭证就是用来记录经济业务、明确经济责任、作为记账依据的书面证明。具有如下作用。

(1) 作为审核经济业务真实性与合法性的依据；

(2) 作为账务处理的依据；

(3) 作为明确经济业务各有关方面责任的依据。

2. 会计凭证按其填制的程序和用途，可分为原始凭证和记账凭证。

3. 原始凭证的基本内容、填制和审核。

4. 记账凭证的填制和审核。

5. 会计凭证的传递，是指会计凭证从填制起到归档保存时止，在本单位内部各有关部门和人员之间的传递。

6. 会计凭证是一个单位的重要经济档案，必须妥善保管，以便日后查阅。

课外阅读及案例

一、税务机关对发票的管理

发票管理窗口主要对发票进行管理，为纳税人领购、使用发票等提供服务。它包括管理发售增值税专用发票和普通发票等，审批具名普通发票的印制，同时还可以为不能领购发票的纳税人，对其所发生的经营活动开具发票，鉴别真伪发票等。

需要审批的事项在此窗口办理。

1. 购买发票须具备的条件。纳税人已办理税务登记，领取了税务登记(注册税务登记)证的正本和副本，并正常申报纳税的，就可以提出申请领购发票。

2. 购买发票的手续。首先，纳税人应提出购票申请，写清纳税人的基本情况，所需要的发票种类、名称、数量等，并加盖公章和办税员印章。然后，由纳税人指定的经办人即办税员)带上税务登记证副本或居民身份证(或护照)、工作证和税务机关核发的办税员证，以及财务专用章或发票专用章印模，经税务机关工作人员审核后，领取发票领购簿。

我申请领购发票。

请出示您的购票手续。

购票申请

如果申请领购增值税专用发票，除提供上述证明外，还必须提供加盖"增值税一般纳税人"确认章的税务登记证(副本)，并与税务机关签订《XX省增值税专用发票领购、使用、保管责任书》，才能领购增值税专用发票。

您申请增值税发票还需要签订《责任保证书》

3. 购票的一般程序。第一步：将纳税人的发票购领簿(证)或发票磁卡、购票申请表、居民身份证(办税员证)一并递上，并说明所购发票种类、数量。第二步：经审核同意后，按规定价格付清所购发票工本费。第三步：对所购发票逐张检查，看是否有错，或存在缺份少联、断张废页等质量问题。最后，还应按主管税务机关的要求，在发票联上加盖有关印章。

我买5本发票

4. 购领增值税专用发票有特殊要求。首先须具有增值税一般纳税人资格，否则不能购领增值税专用发票。

对增值税小规模纳税人，增值税一般纳税人中不能正确提供销项、进项税额及其他有关增值税纳税资料，有违反发票管理规定尚未改正者，销售的货物全部属于免税项目者，均不能购领增值税专用发票。

营业执照还没办下来，我来这儿开发票。

发票

5. 一般来说，属下列情况之一的纳税人可要求税务机关开具发票：

① 未领取营业执照的临时经营者；

② 不符合印制、领购发票条件的单位和个人；

③ 使用限额发票的个体户，业务成交额超过限额，需要填开普通发票的；

④ 外省(或外市、县)持有关税收证明来本地经营的业户；

⑤ 小规模纳税人要求开具增值税专用发票。

凡需要到税务机关申请开具发票的单位和个人，均应提供发票购销业务，接受服务或者其他经营活动的书面证明。

6. 申请办理发票缴销的手续。①用票单位和个人已使用的发票存根保管期满后，应造具清册，申请缴销；②用票单位和个人发生解散、破产、撤销、合并、联营、分设、迁移、停业、歇业时，原来印刷、购领的发票应申请缴销；③税务机关统一实行发票换版、换章时，原使用发票到期以后，要登记造册，集中缴销；④税务机关发现用票单位和个人有严重违反税法和发票管理办法时，书面通知收缴；⑤当地主管税务机关规定的其他需缴销发票的情况。

我局决定发票统一换版、换章，请您将剩余发票全部缴销。

7. 丢失发票怎么办？应于当日内向主管税务机关书面报告，并通过当地报刊或电视台等传媒公告，声明作废，同时接受税务机关的处理。如丢失了增值税专用发票，或发现有被盗现象，还要立即向当地公安机关报案。同时将"遗失声明""挂失登报费"一并交税务机关，由税务机关签署意见后统一在《中国税务报》上刊登遗失专用发票声明。

二、小贾的发票

小贾是刚从某财经院校财政专业毕业的专科生。由于毕业时正逢国家公务员队伍改变了从学校招聘的传统办法，使小贾进机关的愿望成了泡影。在求职的压力下，他应聘做了一家书店的营业员。

作为一名男性公民，整天身不离岗地待在书店里虽不尽如他的意，但毕竟有了正当的职业和优良的工作环境。比尚在拥挤的人才市场奔波的同窗好友还是有几分庆幸。因此，他希望能胜任本职工作。

然而，事物的发展并不总是与小贾的主观愿望相统一。由于他在校学习的专业与现在所从事工作的错位，使他要干好本职工作并不是一件轻松的事。最使他深感"掉价"的就是他为客户开出的第一张发票(发票见后，事由是客户以现金购买图书100本，每本25

元)。由于在填写时不懂得发票的填写规则遭到了客户的"退票",从而将自己"没有实践经验"的缺陷暴露无遗。

发 票											

客户名称：　　　　　　　年　月　日　　　　　　　　NO.17086

货 物 名 称	数量	单价	金 额							
			万	千	百	十	元	角	分	
书	100	25		2	5	0	0	0	0	② 发票联
合计：人民币（大写）贰佰伍拾元整										

收款人：　　　　　　　　　　　　　开票单位：　（未盖章无效）

你能指出小贾所填制的发票存在哪些问题，并填列一张正确的发票吗？

分层次练习

A. 基础练习

一、名词解释

1. 会计凭证

2. 原始凭证

3. 记账凭证

4. 收款凭证

5. 付款凭证

6. 转账凭证

二、练习记账凭证的填制

资料：

1. 企业购进甲材料一批40 000元，进项税额6 800元，材料已验收入库，款项用银行存款支付。

2. 周华出差借支差旅费1 000元，以现金支付。

3. 销售产品一批，售价30 000元，销项税额5 100元，款项已收存银行。

4. 用现金购进办公用品150元，其中车间使用50元，厂部行政管理部门用100元。

5. 周华出差返回，报销差旅费870元，余款交回作为现金使用。

6. 发出甲材料6 000元，其中生产A产品领用2 000元，B产品领用3 400元，车间一般耗用600元。

7. 收回华源工厂所欠账款12 000元，存入银行。

8. 结转已售产品成本26 000元。

要求：根据以上业务判断应编制收款凭证、付款凭证还是转账凭证，并编制相应的会计分录。

三、简答题

1. "对于现金和银行存款之间的划拨业务，在复式记账法下，一般只编制付款凭证。"这种说法对吗？为什么？

2. 如何审核原始凭证？如果原始凭证有问题，会计人员应如何处理？

B. 从业资格考试习题

一、单选题

1. 一笔经济业务涉及会计科目较多，需填制多张记账凭证的，可采用( )。

A. 连续编号法   B. 分数编号法

C. 同一编号法   D. 以上都不对

2. 在一定时间内连续记录若干同类经济业务的会计凭证是( )。

A. 原始凭证   B. 记账凭证   C. 累计凭证   D. 一次凭证

3. 从银行提取现金的业务，应编制( )。

A. 现金收款凭证   B. 银行存款凭证

C. 现金付款凭证   D. 银行存款付款凭证

4. "限额领料单"属于( )。

A. 自制一次凭证   B. 累计凭证   C. 外部一次凭证   D. 原始凭证汇总表

5. 外来原始凭证一般都是( )。

A. 一次凭证   B. 汇总凭证   C. 累计凭证   D. 联合凭证

6. 统一印制或批准统一印制外来原始凭证的部门是( )。

A. 统计局等部门   B. 财经局等部门

C. 税务局等部门   D. 民政局等部门

7. 甲公司2013年10月12日开出一张现金支票，对出票日期正确的填写方法是( )。

A. 贰零壹叁年壹拾月贰拾日   B. 贰零壹叁年零壹拾月壹拾贰日

C. 贰零壹叁年壹拾月壹拾贰日   D. 贰零壹叁年零拾月壹拾贰日

8. 会计凭证在会计年终了后，可由会计部门保存( )。

A. 三个月   B. 六个月   C. 一年   D. 三年

9. 材料领用单是( )。

A. 一次凭证   B. 二次凭证   C. 累计凭证   D. 汇总原始凭证

10. 需要查阅已入档的会计凭证时必须办理借阅手续。其他单位因特殊原因需要使用原始凭证时，经本单位的( )批准，可以复制。

A. 财务部负责人   B. 总会计师   C. 总经理   D. 单位负责人

11. 企业购进原材料一批，取得增值税专用发票和运费发票，货款及运费未付，材料验收入库，则不涉及的原始凭证是( )。

A. 收料单   B. 增值税专用发票

C. 运费发票   D. 支票存根

12. 下列选项中，根据原始凭证或汇总原始凭证编制记账凭证，定期根据记账凭证分类汇总记账凭证的账务处理程序是(   )。

A. 记账凭证账务处理程序　　　　　　　B. 汇总记账凭证账务处理程序

C. 科目汇总表账务处理程序　　　　　　D. 多栏式日记账账务处理程序

13. 下列各项中，不属于外来原始凭证的是(   )。

A. 火车票　　　　　B. 销货发票　　　　C. 购货发票　　　　D. 工资结算单

14. 下列各项中，不属于汇总记账凭证的是(   )。

A. 汇总收款凭证　　B. 汇总付款凭证　　C. 汇总转账凭证　　D. 多栏式凭证

15. 下列各项中，可以不附原始凭证的是(   )。

A. 所有收款凭证　　　　　　　　　　　B. 所有付款凭证

C. 所有转账凭证　　　　　　　　　　　D. 用于结账的记账凭证

二、多选题

1. 下列不能作为原始凭证的是(   )。

A. 购货合同　　　　B. 车间派工单　　　C. 材料请购单　　　D. 工资表

2. 企业的领料单、借款单是(   )。

A. 原始凭证　　　　B. 一次凭证　　　　C. 自制凭证　　　　D. 累计凭证

3. 在填制的付款凭证中"借方科目"可能涉及(   )账户。

A. 现金　　　　　　B. 销售费用　　　　C. 应付账款　　　　D. 应交税费

4. 收款凭证的贷方科目可能是(   )。

A. 现金　　　　　　B. 银行存款　　　　C. 短期借款　　　　D. 主营业务收入

5. 会计凭证根据填制程序和用途不同可分为(   )。

A. 原始凭证　　　　B. 记账凭证　　　　C. 汇总记账凭证　　D. 汇总原始凭证

6. 自制原始凭证根据填制手续和内容不同分为(   )。

A. 一次凭证　　　　B. 累计凭证　　　　C. 汇总原始凭证　　D. 外来原始凭证

7. 原始凭证的审核从形式上讲主要包括(   )。

A. 内容的完整性　　B. 计算的准确性　　C. 手续的完备性　　D. 文字的清晰性

8. 原始凭证的审核从实质上讲主要包括(   )。

A. 经济业务的真实性　　　　　　　　　B. 经济业务的合法性

C. 经济业务的合理性　　　　　　　　　D. 经济业务的效益性

9. 专用记账凭证包括(   )。

A. 收款凭证　　　　B. 付款凭证　　　　C. 转账凭证　　　　D. 混合凭证

10. 以下哪些是记账凭证应具有的共同的基本内容？(   )

A. 填制凭证的日期和凭证的编号

B. 会计科目的名称、记账方向和金额

C. 所附原始凭证的张数

D. 制证、复核、会计主管等有关人员的签章

11. 对职工外出借款凭据，正确的处理方法有(   )。

A. 必须附在凭证之后　　　　　　　　　B. 收回借款时退回原借款收据

C. 收回借款时退回原借款收据副本　　　　D. 收回借款时另开收据

12. 在填制记账凭证时，下列做法正确的有(　　)。

A. 将不同类型业务的原始凭证合并编制一张记账凭证

B. 一个月内的记账凭证连续编号

C. 从银行取现金时只填制现金收款凭证

D. 记账凭证日期必须填写

13. 属于外来原始凭证的有(　　)。

A. 火车票　　　　　B. 销货发票　　　　　C. 购货发票　　　　　D. 工资结算单

14. 下列业务中，应填制付款凭证的是(　　)。

A. 提现金备用　　　　　　　　　B. 购买材料预付订金

C. 购买材料未付款　　　　　　　D. 以存款支付前欠某单位货款

15. 购入原材料一批，取得对方开具的增值税专用发票，材料入库，开出转账支票一张支付货款，这笔经济业务涉及的原始凭证有(　　)。

A. 收料单　　　　　　　　　　　B. 增值税专用发票

C. 支票存根　　　　　　　　　　D. 付款凭证

三、判断题

1. 记账凭证必须编制编号，如写错作废时，应加盖"作废"章，并全部保存，不行撕毁。(　　)

2. 为降低成本厉行节约，根据会计法规定，原始凭证的内容和金额有误的，可以由出具单位更正，更正处加盖出具单位印章即可。(　　)

3. 销售产品一批，货款金额共计伍万零玖元肆角整，在填写发票小写金额时应为50009.4元。(　　)

4. 自制原始凭证是由企业财会部门自行填制的原始凭证。(　　)

5. 一次凭证只能反映一项经济业务，累计凭证可以反映若干项经济业务。(　　)

6. 若一笔经济业务涉及的会计科目较多，需填制多张记账凭证的，可采用"分数编号法"，也可采用"连续编号法"。(　　)

7. 记账凭证和原始凭证填制的要求是相同的。(　　)

8. 通用记账凭证和专用记账凭证由于均用以记录经济业务，故二者的格式无差别。(　　)

9. 记账凭证按其填制方式不同分为一次凭证和累计凭证。(　　)

10. 对于涉及现金和银行存款之间的收、付款业务，一般编制转账凭证。(　　)

11. 会计凭证只有经过审核后才能登记账簿。(　　)

12. 原始凭证的内容有错误的，应当由出具单位重开或者更正，更正处加盖出具单位印章。(　　)

13. 领料汇总表属汇总原始凭证。(　　)

14. 原始凭证只有经审核无误后，才能作为编制记账凭证和登记明细账的依据。(　　)

15. 对于不真实、不合法的原始凭证，会计机构、会计人员应予以退回。(　　)

16. 复式记账的会计分录能反映经济业务的来龙去脉，所以会计在填制记账凭证时"摘要"一栏可以不填写。（　　）

17. 原始凭证记载的各项内容不得涂改。原始凭证的内容有错误的，应当由出具单位重开；原始凭证金额有错误的，应当由出具单位重开或者更正，更正处加盖单位印章。（　　）

18. 会计凭证是记录经济业务事项发生和完成情况、明确经济责任、据以登记账簿的具有法律效力的书面证明文件。（　　）

19. 在填制记账凭证时，不能将不同内容和类别的原始凭证汇总后填制在一张记账凭证上。（　　）

20. 原始凭证记载的信息是整个企业会计信息系统运行的起点，原始凭证的质量将影响会计信息的质量。（　　）

21. 以自制的原始凭证或者原始凭证汇总表代替记账凭证的，可以不具备记账凭证的基本内容。（　　）

22. 现金付款凭证不能作为登记银行存款日记账的依据。（　　）

第6章
会计账簿

本章阐述了会计实务操作的第二个环节——会计账簿的几个基本问题。

会计账簿是会计连续、系统、全面地对经济业务进行分类核算的重要工具，有关会计与税务法规对如何登记和使用账簿都有明确的要求。本章就来介绍会计账簿的使用问题。

学习本章后，要求：

1. 了解会计账簿的基本含义和单位登记会计账簿的基本原理；

2. 能够区别会计账簿的不同种类和各自内容；

3. 掌握建立和登记日记账、总分类账和明细分类账等会计账簿，账簿的试算平衡，检查与更正账簿错误，账簿的结账与对账的一般程序和操作方法。

6.1　会计账簿概述

会计账簿，是指由一定格式账页组成的，以经过审核的会计凭证为依据，全面系统连续地记录各项经济业务的账簿。在形式上，会计账簿是若干账页的组合；在实质上，会计账簿是会计信息形成的重要环节，是会计资料的主要载体之一，也是会计资料的重要组成部分。

会计账簿是账户的表现形式，两者既有区别又有联系。账户在账簿中以规定的会计科目开设户头，用以规定不同的账簿所记录的内容。账户存在于账簿之中，账簿中的每一账页就是账户的存在形式和信息载体。如果没有账户也就没有所谓的账簿；如果没有账簿，账户也成了一种抽象的东西，无法存在。但是账簿只是一种外在形式，账户才是它的真实内容。账簿序时分类地记载经济业务，是在个别账户中完成的，也可以说，账簿是由若干张账页组成的一个整体，而开设于账页上的账户则是这个整体上的个别部分。因此，账簿和账户的关系，是形式和内容的关系。

6.1.1　会计账簿的意义

各单位每发生一项经济业务，都必须取得或填制原始凭证，并根据审核无误的原始凭证及有关资料填制记账凭证。通过记账凭证的填制和审核，可以反映和监督单位每一项经济业务的发生和完成情况。但是由于会计凭证数量多，格式不一，所提供的资料比较分散，缺乏系统性，每张凭证一般只能反映个别经济业务的内容。为了连续、系统、全面地反映单位在一定时期内的某一类和全部经济业务及其引起的资产与权益的增减变化情况，给经济管理提供完整而系统的会计核算资料，并为编制会计报表提供依据，就需要设置会计账簿，把分散在会计凭证中的大量核算资料加以集中和归类整理，分门别类地记录在账簿中。因此，每一单位都应按照国家统一的会计制度和会计业务的需要设置和登记会计账簿。通过账簿记录，既能对经济活动进行序时核算，又能进行分类核算；既可提供各项总括的核算资料，又可提供明细核算资料。

合理地设置和登记账簿，能系统地记录和提供企业经济活动的各种数据。它对加强企业经济核算，改善经营效益有着重要意义，主要表现在以下几个方面。

1. 通过账簿的设置和登记，记载、储存会计信息

将会计凭证所记录的经济业务记入有关账簿，可以全面反映会计主体在一定时期内所发生的各项资金运动，储存所需要的各项会计信息。

2. 通过账簿的设置和登记，分类、汇总会计信息

账簿由不同的相互关联的账户所构成，通过账簿记录，一方面可以分门别类地反映各项会计信息，提供一定时期内经济活动的详细情况；另一方面可以通过发生额、余额计算，提供各方面所需要的总括会计信息，反映财务状况及经营成果。

3. 通过账簿的设置和登记，检查、校正会计信息

账簿记录是会计凭证信息的进一步整理。

4. 通过账簿的设置和登记，编表、输出会计信息

为了反映一定日期的财务状况及一定时期的经营成果，应定期进行结账工作，进行有关账簿之间的核对，计算出本期发生额和余额，据以编制会计报表，向有关各方提供所需要的会计信息。

6.1.2 会计账簿的分类

在会计账簿体系中，有各种不同功能和作用的账簿，它们各自独立又相互补充。为了便于了解和使用，必须从不同的角度对会计账簿进行分类。

1. 会计账簿按用途分类

会计账簿按其用途不同，可分为序时账簿、分类账簿和备查账簿。

序时账簿，又称日记账，是按经济业务发生或完成时间的先后顺序进行登记的账簿。按其记录的内容不同，序时日记账又分为普通日记账和特种日记账。

普通日记账是指用来逐笔记录全部经济业务的序时账簿。即把每天发生的各项经济业务逐日逐笔地登记在日记账中，并确定会计分录，然后据以登记分类账。

特种日记账是用来逐笔记录某一经济业务的序时账簿。目前在我国，大多数单位一般只设现金日记账和银行存款日记账。

分类账簿，是对全部经济业务按照会计要素的具体类别而设置的分类账户进行分类登记的账簿。按照总分类账户分类登记经济业务事项的是总分类账簿，简称总账，按照明细分类账户分类登记经济业务事项的是明细分类账簿，简称明细账。分类账簿提供的核算信息是编制会计报表的主要依据。

在实际工作中，序时账簿和分类账簿还可以结合为一本，既进行序时登记，又进行总分类登记的联合账簿，称为"日记账"。

备查账簿，简称备查账，是对某些能在序时账簿和分类账簿等主要账簿中进行登记或者登记不够详细的经济业务事项进行补充登记时使用的账簿，又称为辅助账簿。这些账簿可以对某些经济业务的内容提供必需的参考资料，但是它记录的信息不需编入会计报表中，所以也称表外记录。备查账簿没有固定格式，可由各单位根据管理的需要自行设置与设计。如租入固定资产登记簿、应收票据备查簿、受托加工来料登记簿。

2. 会计账簿按外形特征分类

会计账簿按其外形特征不同，可以分为订本式账簿、活页式账簿和卡片式账簿。

订本式账簿，也称订本账，是指在账簿启用前就把具有账户基本结构并连续编号的若干张账页固定地装订成册的账簿。这种账簿的优点是：可以避免账页散失，防止账页被随意抽换，比较安全。其缺点是：由于账页固定，不能根据需要增加或减少，不便于按需要调整各账户的账页，也不便于分工记账。这种账簿一般使用于总分类账、现金日记账和银行存款日记账。

活页式账簿，也称活页账，是指年度内账页不固定装订成册，而是将其放置在活页账夹中的账簿。当账簿登记完毕之后(通常是一个会计年度结束之后)，才能将账页予以装订，加具封面，并给各账页连续编号。这种账簿的优点是：随时取放，便于账页的增加和重新排列，便于分工记账和记账工作电算化。缺点是：账页容易散失和被随意抽换。活页账在年度终了时，应及时装订成册，妥善保管。各种明细分类账一般采用活页账式。

卡片式账簿，又称卡片账，是指由许多具有一定格式的卡片组成，存放在一定卡片箱内的账簿。卡片账的卡片一般装在卡片箱内，不用装订成册，随时可存放，也可跨年度长期使用。这种账簿的优点是：便于随时查阅，也便于按不同要求归类整理，不易损坏。其缺点是：账页容易散失和被随意抽换。因此，在使用时应对账页连续编号，并加盖有关人员图章，卡片箱应由专人保管，更换新账后也应封扎保管，以保证其安全。在我国，单位一般只对固定资产和低值易耗品等资产明细账采用卡片账形式。

3. 会计账簿按账页的格式分类

会计账簿按其账页的格式不同，可以分为两栏式账簿、三栏式账簿、多栏式账簿、数量金额式账簿和横线登记式账簿。

两栏式账簿，是指只有借方和贷方两个基本金额栏目的账簿。普通日记账一般采用两栏式。

三栏式账簿，是指其账页的格式主要分为借方、贷方和余额三栏或者收入、支出和余额三栏的账簿。三栏式账簿又可分为设对方科目和不设对方科目两种。区别是在摘要栏和借方科目栏之间是否有一栏"对方科目"栏。有"对方科目"栏的，称为设对方科目的三栏式账簿；不设"对方科目"栏的，称为不设对方科目的三栏式账簿。它主要适用于各种日记账、总分类账以及资本、债权债务明细账等。

多栏式账簿，是指根据经济业务的内容和管理的需要，在账页的"借方"和"贷方"栏内再分别按照明细科目或某明细科目的各明细项目设置若干专栏的账簿。这种账簿可以按"借方"和"贷方"分别设专栏，也可以只设"借方"专栏，"贷方"的内容在相应的借方专栏内用红字登记，表示冲减。收入、费用明细账一般采用这种格式的账簿。

数量金额式，是指在账页中分设"借方""贷方"和"余额"或者"收入""发出"和"结存"三大栏，并在每一大栏内分设数量、单价和金额三小栏的账簿，数量金额式账簿能够反映出财产物资的实物数量和价值量。原材料、库存商品和产成品等明细账一般采用数量金额式账簿。

横线登记式账簿，是指账页分为借方和贷方两个基本栏目，每一个栏目再根据需要分设若干栏次，在账页两方的同一行记录某一经济业务自始至终所有事项的账簿。它主要适用于需要逐笔结算的经济业务的明细账，如物资采购、应收账款等明细账。

6.2　会计账簿的设置和登记

6.2.1　会计账簿的基本内容

各种账簿所记录的经济内容不同，账簿的格式也多种多样，不同账簿的格式所包括的具体内容也不尽一致，但各种主要账簿应具备以下基本内容。

1. 封面

封面主要用于表明账簿的名称，如现金日记账、银行日记账、总分类账、应收账款明细账等。

2. 扉页

扉页主要用于载明经管人员一览表，其应填列的内容主要有：经管人员、移交人和移交日期；接管人和接管日期。

3. 账页

账页是用来记录具体经济业务的载体，其格式因记录经济业务内容的不同而有所不同，但每张账页上应载明的主要内容有：账户的名称(即会计科目)；记账日期栏；记账凭证种类和号数栏；摘要栏(经济业务内容的简要说明)；借方、贷方金额及余额的方向、金额栏；总页次和分页次等。

6.2.2　会计账簿的启用

为了考证会计账簿记录的合法性和会计资料的真实性、完整性，明确经济业务，会计账簿应由专人负责登记。启用会计账簿应遵守以下规则。

1. 认真填写封面、账簿启用和经管人员一览表

启用会计凭证时应在账簿封面上写明单位名称和账簿名称，并在账簿扉页附账簿启用和经办人员一览表(简称启用表)。启用表内容主要包括：账簿名称、启用日期、账簿页

数、记账人员和会计机构负责人、会计主管人员姓名，并加盖名章和单位公章。

启用订本式账簿，应当从第一页到最后一页顺序编定页数，不得跳页、缺页。使用活页式账簿，应当按账户顺序编号，并要定期装订成册；装订后再按实际使用的账页顺序编定页码，另加目录，记明每个账户的名称和页次。在使用卡片式账簿前应当登记卡片登记簿。

2. 严格交接手续

记账人员或者会计机构负责人、会计主管人员调动工作时，必须办理账簿交接手续，在账簿启用和经管人员一览表中注明交接日期、交接人员和监交人员姓名，并由双方交接人员签名或者盖章，以明确有关人员的责任，增强有关人员的责任感，确保会计记录的严肃性。

3. 及时结转旧账

每年年初更换新账时，应将旧账的各账户余额过入新账的余额栏，并在摘要栏中注明"上年结转"字样。

6.2.3 会计账簿的设置原则

会计账簿的设置和登记，包括确定账簿的种类、设计账页的格式、内容和规定账簿登记的方法等。各单位应根据经济业务的特点和管理要求，科学、合理地设置账簿。具体表现为如下几点。

(1) 账簿的设置必须保证能够全面、系统地核算和监督各项经济活动，为经济管理提供必要的考核指标。

(2) 账簿的设置要从各单位经济活动和业务工作特点出发，以有利于会计分工和加强岗位责任制。

(3) 账簿结构要科学严密，有关账簿之间要有统驭关系或平行制约关系，并应避免重复记账或遗漏。

(4) 账簿的格式，要力求简明实用，既要保证会计记录的系统和完整，又要避免过于烦琐，以便于日常使用和保存。

(5) 账簿的设置要组织严密、层次分明。账簿之间要互相衔接、互相补充、互相制约，能清晰地反映账户间的对应关系，以便能提供完整、系统的资料。

6.2.4 日记账的设置和登记

日记账分为普通日记账和特种日记账两类。

1. 普通日记账

普通日记账是逐日序时登记特种日记账以外的经济业务的账簿。在不设特种日记账的企业，则要序时地逐笔登记企业的全部经济业务，因此普通日记账也称分录簿。

普通日记账一般分为"借方金额"和"贷方金额"两栏，登记每一分录的借方账户和贷方账户及金额，这种账簿不结余额。

2. 特种日记账

常用的特种日记账是"现金日记账"和"银行存款日记账"。在企业、行政、事业单位中，现金日记账和银行存款日记账的登记，有利于加强货币资金的日常核算和监督，有利于贯彻执行国家规定的货币资金管理制度。

1) 现金日记账

现金日记账是用来核算和监督库存现金每日的收入、支出和结存状况的账簿。它由出纳人员根据现金收款凭证、现金付款凭证和银行存款付款凭证，按经济业务发生时间的先后顺序，逐日逐笔进行登记。

现金日记账的结构一般采用"收入""支出""结余"三栏式。现金日记账中的"年、月、日""凭证字号""摘要"和"对方科目"等栏，根据有关记账凭证登记；"收入"栏根据现金收款凭证和引起现金增加的银行存款付款凭证登记(从银行提取现金，只编制银行存款付款凭证)；"支出"栏根据现金付款凭证登记。每日终了应计算全日的现金收入、支出合计数，并逐日结出现金余额，与库存现金实存数核对，以检查每日现金收付是否有误。每月期末，应结出当期"收入"栏和"支出"栏的发生额和期末余额，并与"现金"总分类账户核对一致，做到日清月结，账实相符。如账实不符，应查明原因。现金日记账的格式如图6-1所示。

顶部注释：填制记账凭证的日期 · 登记入账的收付款凭证种类及号数 · 登记入账的标志 · 根据现金收款凭证和有关的银行存款付款凭证登记 · 根据现金付款凭证登记

现金日记账

2016年		凭证		摘要	对方科目	√	收入金额(借方)							收入金额(贷方)							借或贷	结存金额						
月	日	种类	号数				万	千	百	十	元	角	分	万	千	百	十	元	角	分		万	千	百	十	元	角	分
6	1			期初结存																			1	2	5	0	0	0
	1	现付	01	王伟借差旅费	其他应收款	√									1	0	0	0	0	0								
	1	银付	01	提现	银行存款	√		2	0	0	0	0	0															
	1			本日合计				2	0	0	0	0	0		1	0	0	0	0	0			2	2	5	0	0	0
	2	现付	02	付办公费	管理费用	√											5	0	0	0								
	2	现收	01	王伟退差旅费	其他应收款	√			2	0	0	0	0															
	2			本日合计					2	0	0	0	0				5	0	0	0			2	4	0	0	0	0
				......																								
	30			本月发生额合计及余额				9	0	5	8	0	0		9	0	0	0	0	0			1	3	0	8	0	0

底部注释：简要说明登记入账的经济业务的内容 · 现金收入的来源科目或现金支出的用途科目 · 逐日结出现金账面余额

图6-1 现金日记账

2) 银行存款日记账

银行存款日记账用来核算和监督银行存款每日的收入、支出和结存情况。它是由出纳人员根据银行存款收款凭证、银行存款付款凭证和现金付款凭证按经济业务发生时间的先后顺序，逐日逐笔进行登记的序时账簿。银行存款日记账应按企业在银行开立的账户和币种分别设置，每个银行存款账户设置一本银行存款日记账。

银行存款日记账的结构一般也采用"收入""支出"和"结余"三栏式，由出纳人员根据银行存款的收、付款凭证，逐日逐笔按顺序登记。对于将现金存入银行的业务，因习惯上只填制现金付款凭证，不填制银行存款收款凭证，所以此时的银行存款收入数，应根据相关的现金付款凭证登记。另外，因在办理银行存款收付业务时，均根据银行结算凭证办理，为便于和银行对账，银行存款日记账还设有"结算凭证种类和号数"栏，单独列出每项存款收付所依据的结算凭证种类和号数。银行存款日记账和现金日记账一样，每日终了时要结出余额，做到日清，以便检查监督各项收支款项，避免出现透支现象，同时也便于同银行对账单进行核对。银行存款日记账的格式同现金日记账的格式相似。银行存款日记账的格式如图6-2。现金日记账和银行存款日记账都必须使用订本账。

图6-2 银行存款日记账

6.2.5 分类账的设置和登记

分类账有总分类账和明细分类账两类。

1. 总分类账

总分类账也称总账，是按总分类账户进行分类登记，全面、总括地反映和记录经济活动情况，并为编制会计报表提供资料的账簿。由于总分类账能全面地、总括地反映和记录经济业务引起的资金运动和财务收支情况，并为编制会计报表提供数据。因此，任何单位都必须设置总分类账。

总分类账一般采用订本式账，按照会计科目的编码顺序分别开设账户，并为每个账户预留若干账页。由于总分类账只进行货币度量的核算，因此最常用的格式是三栏式，在账页中设置借方、贷方和余额三个基本金额栏。总分类账中的对应科目栏，可以设置也可以不设置。"借或贷"栏是指账户的余额在借方还是在贷方。

总分类账的登记，可以根据记账凭证逐笔进行，也可以通过一定的方式分次或按月一次汇总成汇总记账凭证或科目汇总表，然后据以登记，还可以根据多栏式现金、银行存款日记账在月末时汇总登记。总分类账登记的依据和方法，取决于企业采用的账务处理程序。

总分类账的格式如图6-3所示。

总分类账

会计科目：应收账款

2016年		凭证		摘要	借方									贷方									借或贷	余额								
月	日	种类	号数		百	十	万	千	百	十	元	角	分	百	十	万	千	百	十	元	角	分		百	十	万	千	百	十	元	角	分
6	1			承前页																						8	9	6	0	0	0	0
	10	科汇	01	1-10日发生额合计			1	0	0	0	0	0	0			1	3	2	0	0	0	0				5	7	6	0	0	0	0
	20	科汇	02	11-20日发生额合计				4	0	0	0	0	0				4	7	6	0	0	0				5	0	0	0	0	0	0
	30	科汇	03	21-30日发生额合计				3	5	0	0	0	0				8	5	0	0	0	0							0			
				过次页																												

从第2页开始的新账页第1行

每张账页的最后1行

图6-3 总分类账

2. 明细分类账

明细分类账是根据明细账户开设账页，分类、连续地登记经济业务以提供明细核算资料的账簿。根据实际需要，各种明细账分别按二级科目或明细科目开设账户，并为每个账户预留若干账页，用来分类、连续记录有关资产、负债、所有者权益、收入、费用、利润等详细资料。设置和运用明细分类账，有利于加强资金的管理和使用，并可为编制会计报表提供必要的资料。因此，各单位在设置总分类账的基础上，还要根据经营管理的需要，按照总账科目设置若干必要的明细账，以形成既能提供经济活动总括情况，又能提供详细情况的账簿体系。

明细账的格式，应根据它所反映经济业务的特点，以及财产物资管理的不同要求来设计，一般有三栏式明细账、数量金额式明细账、多栏式明细账和横线登记式明细分类账4种。

1) 三栏式明细分类账

三栏式明细分类账账页的格式同总分类账的格式基本相同，它只设借方、贷方和金额三个金额栏，不设数量栏。所不同的是，总分类账簿为订本账，而三栏式明细分类账簿多为活页账。这种账页适用于采用金额核算的应收账款、应付款款等账户的明细核算。其格式如图6-4所示。

应收账款 明细账

二级科目编号及名称：A公司

2016年		凭证		摘要	借方											贷方											借或贷	余额										
月	日	种类	号数		百	十	万	千	百	十	元	角	分	√		百	十	万	千	百	十	元	角	分	√		百	十	万	千	百	十	元	角	分	√
6	1			期初余额																						贷			1	0	0	0	0	0	0	
	10	转	15	购料														7	3	0	0	0	0	0	√	贷			1	7	3	0	0	0	0	
	20	银付	10	付材料款			1	0	0	0	0	0	0	√												贷					7	3	0	0	0	
	30			本月合计			1	0	0	0	0	0	0					7	3	0	0	0	0	0		贷					7	3	0	0	0	√

图6-4　三栏式明细分类账

2) 数量金额式明细账

数量金额式明细账账页格式在收入、发出、结存三栏内，再分别设置"数量""单价"和"金额"等栏目，以分别登记实物的数量和金额。其格式如图6-5所示。

原材料 明细账

货名：劳保服　　　　　　　　　　　　　　　　最高存量：500
存储地点：第一仓库　　　　　　　　　　　　　最低存量：100
　　　　　　　　　　　　　　　　　　　　　　计量单位：件

2016年		凭证		摘要	收入(借方)									发出(贷方)									借或贷	结存								
月	日	种类	号数		数量	单价	万	千	百	十	元	角	分	数量	单价	万	千	百	十	元	角	分		数量	单价	万	千	百	十	元	角	分
6	1			期初余额																			贷	100	5			5	0	0	0	0
	18	转	19	入库	400	5		2	0	0	0	0	0										贷	500	5		2	5	0	0	0	0
	28	转	38	领用										300	5		1	5	0	0	0	0	贷	200	5		1	0	0	0	0	0
	30			本月发生额合计及余额	400	5		2	0	0	0	0	0	300	5		1	5	0	0	0	0	贷	200	5		1	0	0	0	0	0

图6-5　数量金额式明细账

数量金额式明细账适用于既要进行金额明细核算，又要进行数量明细核算的财产物资项目。如"原材料""库存商品"等账户的明细核算。它能提供各种财产物资收入、发出、结存等的数量和金额资料，便于开展业务和加强管理的需要。

3) 多栏式明细分类账

多栏式明细分类账是根据经济业务的特点和经营管理的需要，在一张账页的借方栏或贷方栏设置若干专栏，集中反映有关明细项目的核算资料。它主要适用于只记金额、不记数量，而且在管理上需要了解其构成内容的费用、成本、收入、利润账户，如"生产成本""制造费用""管理费用""主营业务收入"等账户的明细分类账。"本年利润""利润分配"和"应交税费——应交增值税"等科目所属明细科目则需采用借、贷方均为多栏式的明细账。

多栏式明细账的格式视管理需要而相应变化。它在一张账页上，按明细科目分设若干专栏，集中反映有关明细项目的核算资料。如"生产成本明细账"，它在方栏下，可分设若干专栏，如直接材料、直接工资、制造费用等。其格式见图6-6。

生产成本 明细账

产品名称：A产品

2016年		凭证		摘要	借方发生额								成本项目 直接材料							直接人工							制造费用						
月	日	种类	号数		十	万	千	百	十	元	角	分	万	千	百	十	元	角	分	万	千	百	十	元	角	分	万	千	百	十	元	角	分
6	2	转	06	生产用料		3	0	4	0	0	0	0	3	0	4	0	0	0	0														
	8	转	10	分配工资及福利		1	5	9	6	0	0	0								1	5	9	6	0	0	0							
	21	转	25	分配制造费用		1	2	9	5	0	0	0															1	2	9	5	0	0	0
	30			本月生产费用合计		5	9	3	1	0	0	0	3	0	4	0	0	0	0	1	5	9	6	0	0	0	1	2	9	5	0	0	0
	30			结转完工产品成本		5	8	3	1	0	0	0	2	9	4	0	0	0	0	1	5	9	6	0	0	0	1	2	9	5	0	0	0
	30			月末余额		1	0	0	0	0	0	0	1	0	0	0	0	0	0														

图6-6 多栏式明细分类账

多栏式明细分类账是由会计人员根据审核无误的记账凭证或原始凭证，按照经济业务发生的时间先后顺序逐日逐笔进行登记的，对于成本费用类账户，只在借方设专栏，平时在借方登记费用，成本发生额，贷方登记月末将借方发生额一次转出的数额。平时如发生贷方发生额，应用"红字"在借方有关栏内登记，表示应从借方发生额中冲减。同样，对于收入、成果类账户，只在贷方设专栏，平时在贷方登记收入的发生额，借方登记月末将贷方发生额一次转入"本年利润"的数额，若平时发生退货，应用"红字"在贷方有关栏内登记。

这类账页，多用于费用、成本、收入、成果类科目的明细核算。

4) 平行式明细分类账

平行式明细分类账也称横线登记式明细分类账。它的账页结构特点是，将前后密切相关的经济业务在同一横行内进行详细登记，以检查每笔经济业务完成及变动情况。该种账页一般用于"材料采购""一次性备用金业务"等明细分类账。

平行式明细分类账的借方一般在购料付款或借出备用金时按会计凭证的编号顺序逐日逐笔登记，其贷方则不要求按会计凭证编号逐日逐笔登记，而是在材料验收入库或者备用金使用后报销和收回时，在与借方记录的同一行内进行登记。同一行内借方、贷方均有记录时，表示该项经济业务已处理完毕，若一行内只有借方记录而无贷方记录的，表示该项经济业务尚未结束。

材料采购明细分类账就是一种平行式明细分类账，其格式见图6-7。

材料采购明细分类账

年		凭证		摘要	借方			贷方	余额
月	日	种类	号码		买价	采购费用	合计		

图6-7　材料采购明细分类账

各种明细账的登记方法，应根据本单位业务量的大小和经营管理上的需要，以及所记录的经济业务内容而定，可以根据原始凭证、汇总原始凭证或记账凭证逐笔登记，也可以根据这些凭证逐日或定期汇总登记。

6.3　记账规则与错账更正

6.3.1　记账规则

1. 根据审核无误的会计凭证登记账簿

记账的依据是会计凭证，记账人员在登记账簿之前，应当首先审核会计凭证的合法性、完整性和真实性，这是确保会计信息质量的重要措施。

2. 记账时要做到准确完整

记账人员记账时，应当将会计凭证的日期、编号、经济业务内容摘要、金额和其他有关资料记入账内。每一会计事项，要按平行登记方法，一方面记入有关总账，另一方面记入总账所属的明细账，做到数字准确、摘要清楚、登记及时、字迹清晰工整。记账后，要在记账凭证上签章并注明所记账簿的页数，或划"√"表示已经登记入账，避免重记、漏记。

3. 书写不能占满格

为了便于更正记账和方便查账，登记账簿时，书写的文字和数字上面要留有适当的空格，不要写满格，一般应占格距的1/2，最多不能超过2/3。

4. 按顺序连续登记

会计账簿应当按照页次顺序连续登记，不得跳行、隔页。如果发生跳行、隔页的，应当将空行、空页用红色墨水对角划线注销，并注明"作废"字样，或者注明"此行空白""此页空白"字样，并由经办人员盖章，以明确经济责任。

5. 正确使用蓝黑墨水和红墨水

登记账簿要用蓝黑墨水或碳素墨水书写，不得使用圆珠笔或者铅笔书写。这是因为，各种账簿归档保管年限，国家规定一般都在10年以上，有些重要经济资料的账簿，则要长期保管，因此要求账簿记录能够长期保持清晰，以便长期查核使用，防止涂改。红色墨水只能在以下情况下使用：冲销错账；在未设借贷等栏的多栏式账页中，登记减少数；在三栏式账户的余额栏前，如未印明余额方向的，在余额栏内登记负数余额；根据国家统一会计制度的规定可以使用红字登记的其他会计记录。在会计工作中，书写墨水的颜色用错了，会传递错误的信息，红色表示对正常记录的冲减。因此，红色墨水不能随意使用。

6. 结出余额

凡需要结出余额的账户，都应按时结出余额，现金日记账和银行日记账必须逐日结出余额；债权债务明细账和各项财产物资明细账，每次记账后，都要随时结出余额；总账账户每月需要结出月末余额。结出余额后，应当在"借或贷"栏内写明"借"或者"贷"字样以说明余额的方向。没有余额的账户，应当在"借或贷"栏内写"平"字，并在余额栏内用"0"表示，一般来说，"0"应放在"元"位。

7. 过次承前

各账户在一张账页记满时，要在该账页的最末一行加计发生额合计数和结出余额，并在该行"摘要"栏注明"过次页"字样；然后，再把这个发生额合计数和余额填列在下一页的第一行内，并在"摘要"栏内注明"承前页"，以保证账簿记录的连续性。

8. 账簿记录错误应按规定的办法更正

账簿记录发生错误时，不得括、擦、挖、补，随意涂改或用褪色药水更改字迹，应根据错误的情况，按规定的方法进行更正。

6.3.2 错账更正

登记会计账簿是一项很细致的工作。在记账工作中，可能由于种种原因会使账簿记录发生错误，有的是填制凭证和记账时发生的单纯笔误；有的是写错了会计科目、金额等；有的是合计时计算错误；有的是过账错误，登记账簿中发生的差错，一经查出就应立即更正。对于账簿记录错误，不准涂改、挖补、刮擦或者用药水消除字迹，不准重新抄写，而必须根据错误的具体情况和性质，采用规范的方法予以更正。

1. 错账的查找方法

(1) 差数法。差数法是指按照错账的差数查找错账的方法。

(2) 尾数法。尾数法是指对于发生的差错只查找末位数，以提高查错效率的方法。这种方法适合于借贷方金额其他位数都一致，而只有末位数出现差错的情况。

(3) 除2法。除2法是指以差数除以2来查找错账的方法。当某个借方金额错记入贷方(或相反)时，出现错账的差数表现为错误的2倍，将此差数用2去除，得出的商即是反向的金额。

(4) 除9法。除9法是指以差数除以9来查找错账的方法，适用于以下三种情况：①将数字写小；②将数字写大；③邻数颠倒。

2. 错账的更正方法

1) 划线更正法

记账凭证填制正确，在记账或结账过程中发现账簿记录中文字或数字有错误，应采用划线更正法。具体做法是：先在错误的文字或数字上划一条红线，表示注销，划线时必须使原有字迹仍可辨认；然后将正确的文字或数字用蓝字写在划线处的上方，并由记账人员在更正处盖章，以明确责任。对于文字的错误，可以只划去错误的部分，并更正错误的部分，对于错误的数字，应当全部划红线更正，不能只更正其中的个别错误数字。例如，把"3457"元误记为"8457"元时，应将错误数字"8457"全部用红线注销后，再写上正确的数字"3457"，而不是只删改一个"8"字。如记账凭证中的文字或数字发生错误，在尚未过账前，也可用划线更正法更正。

2) 红字更正法

在记账以后，如果发现记账凭证中应借、应贷科目或金额发生错误时，可以用红字更正法进行更正。具体做法是：先用红字金额，填写一张与错误记账凭证内容完全相同的记账凭证，且在摘要栏注明"更正某月某日第×号凭证"，并据以用红字金额登记入账，以冲销账簿中原有的错误记录，然后再用蓝字重新填制一张正确的记账凭证，登记入账。这样，原来的错误记录便得以更正。

红字更正法一般适用于以下两种错账情况的更正：

(1) 记账后，如果发现记账凭证中的应借、应贷会计科目有错误，那么可以用红字更正法予以更正。

【例6-1】A车间领用甲材料2 000元用于一般消耗。

① 填制记账凭证时，误将借方科目写成"生产成本"，并已登记入账。原错误记账凭证为：

借：生产成本　　　　　2 000
　　贷：原材料　　　　　　　2 000

② 发现错误后，用红字填制一张与原错误记账凭证内容完全相同的记账凭证。

借：生产成本　　　　　2 000
　　贷：原材料　　　　　　　2 000

③ 用蓝字填制一张正确的记账凭证。

借：制造费用　　　　　2 000
　　贷：原材料　　　　　　　2 000

(2) 记账后，如果发现记账凭证和账簿记录中应借、应贷的账户没有错误，只是所记金额大于应记金额。对于这种账簿记录的错误，更正的方法是：将多记的金额用红字填制一张与原错误记账凭证会计科目相同的记账凭证，并在摘要栏注明"更正某月某日第×号凭证"，并据以登记入账，以冲销多记的金额，使错账得以更正。

【例6-2】承【例6-1】，假设在编制记账凭证时应借、应贷账户没有错误，只是金额由2 000元写成了20 000元，并且已登记入账。

该笔业务只需用红字更正法编制一张记账凭证将多记的金额18 000元用红字冲销即可。编制的记账凭证为：

借：制造费用　　　　18 000
　　贷：原材料　　　　　　18 000

3) 补充登记法

在记账之后，如果发现记账凭证中应借、应贷的账户没有错误，但所记金额小于应记金额，造成账簿中所记金额也小于应记金额，这种错账应采用补充登记法进行更正。更正的方法是：将少记金额用蓝笔填制一张与原错误记账凭证会计科目相同的记账凭证，并在摘要栏内注明"补记某月某日第×号凭证"并予以登记入账，补足原少记金额，使错账得以更正。

【例6-3】承【例6-1】例，假设在编制记账凭证时应借、应贷账户没有错误，只是金额由2 000元写成了200元，并且已登记入账。

该笔业务只需用补充登记法编制一张记账凭证将少记的金额1 800元补足便可。其记账凭证为：

借：制造费用　　　1 800
　　贷：原材料　　　　1 800

错账更正的三种方法中红字更正法和补充登记法都是用来更正因记账凭证错误而产生的记账错误，如果非因记账凭证的差错而产生的记账错误，只能用划线更正法更正。

以上三种方法是对当年内发现的记账凭证或者登记账簿错误采用的更正方法，如果发现以前年度记账凭证中有错误(指会计科目和金额)并导致账簿登记出现差错，应当用蓝字或黑字填制一张更正的记账凭证。因错误的账簿记录已经在以前会计年度终了进行结账或决算，不可能将已经决算的数字进行红字冲销，只能用蓝字或黑字凭证对除文字外的一切错误进行更正，并在更正凭证上特别注明"更正××年度错账"的字样。

6.4　对账和结账

登记账簿作为会计核算的方法之一，它除了包括记账外，还包括对账和结账两项工作。

6.4.1　对账

对账，就是核对账目，是保证会计账簿记录质量的重要程序。在会计工作中，由于种种原因，难免会发生记账、计算等差错，也难免会出现账实不符的现象。为了保证各账簿记录和会计报表的真实、完整和正确，如实地反映和监督经济活动，各单位必须做好对账工作。

账簿记录的准确与真实可靠，不仅取决于账簿的本身，还涉及账簿与凭证的关系，账簿记录与实际情况是否相符等。所以，对账应包括账簿与凭证的核对、账簿与账簿的核对、账簿与实物的核对。把账簿记录的数字核对清楚，做到账证相符、账账相符和账实相符。对账工作至少每年进行一次。对账的主要内容有：

1. 账证核对

账证核对是指将会计账簿记录与会计凭证(包括记账凭证和原始凭证)有关内容进行核对。由于会计账簿是根据会计凭证登记的，两者之间存在勾稽关系，因此，通过账证核对，可以检查、验证会计账簿记录与会计凭证的内容是否正确无误，以保证账证相符。各单位应当定期将会计账簿记录与其相应的会计凭证记录(包括时间、编号、内容、金额、记录方向等)逐项核对，检查是否一致。如有不符之处，应当及时查明原因，予以更正。保证账证相符，是会计核算的基本要求之一，也是账账相符、账实相符和账表相符的基础。

2. 账账核对

账账核对是指将各种会计账簿之间相对应的记录进行核对。由于会计账簿之间相对应的记录存在着内在联系，因此，通过账账相对，可以检查、验证会计账簿记录的正确性，以便及时发现错账，予以更正，保证账账相符。账账核对的内容主要包括：

(1) 总分类账各账户借方余额合计数与贷方余额合计数核对相符。

(2) 总分类账各账户余额与其所属明细分类账各账户余额之和核对相符。

(3) 现金日记账和银行存款日记账的余额与总分类账中"现金"和"银行存款"账户余额核对相符。

(4) 会计部门有关财产物资的明细分类账余额与财产物资保管或使用部门登记的明细账核对相符。

3. 账实核对

账实核对是在账账核对的基础上，将各种财产物资的账面余额与实存数额进行核对。由于实物的增减变化、款项的收付都要在有关账簿中如实反映，因此，通过会计账簿记录与实物、款项的实有数进行核对，可以检查、验证款项、实物会计账簿记录的正确性，以便于及时发现财产物资和货币资金管理中存在的问题，查明原因，分清责任，改善管理，保证账实相符。账实核对的主要内容包括：

(1) 现金日记账账面余额与现金实际库存数核对相符。

(2) 银行存款日记账账面余额与开户银行对账单核对相符。

(3) 各种材料、物资明细分类账账面余额与实存数核对相符。

(4) 各种债权债务明细账账面余额与有关债权、债务单位或个人的账面记录核对相符。

实际工作中，账实核对一般要结合财产清查进行。有关财产清查的内容和方法将在以后的章节介绍。

6.4.2 结账

结账，是在把一定时期内发生的全部经济业务登记入账的基础上，按规定的方法对各种账簿的记录进行小结，计算并记录本期发生额和期末余额。

为了正确反映一定时期内在账簿中已经记录的经济业务，总结有关经济活动和财务状况，为编制会计报表提供资料，各单位应在会计期末进行结账。会计期间一般按日历时间划分为年、季、月，结账于各会计期末进行，所以分为月结、季结、年结。

1. 结账的基本程序

结账前，必须将属于本期内发生的各项经济业务和应由本期受益的收入、负担的费用全部登记入账。在此基础上，才能确保会计报表的正确性。不得把将要发生的经济业务提前入账，也不得把已经在本期发生的经济业务延至下期(甚至以后期)入账。结账的基本程序具体表现为以下几点。

1) 将本期发生的经济业务事项全部登记入账，并保证其正确性

2) 根据权责发生制的要求，调整有关账项，合理确定本期应计的收入和应计的费用

(1) 应计收入和应计费用的调整。应计收入是指那些已在本期实现、因款项未收而未登记入账的收入。企业发生的应计收入，主要是本期已经发生且符合收入确认标准，但尚未收到相应款项的商品或劳务。对于这类调整事项，应确认为本期收入，借记"应收账款"等科目，贷记"主营业务收入"等科目；待以后收妥款项时，再借记"现金"或"银行存款"等科目，贷记"应收账款"等科目。

(2) 收入分摊和成本分摊的调整。收入分摊是指企业已经收取有关款项，但未完成或未全部完成销售商品或提供劳务，需在期末按本期已完成的比例，分摊确认本期已实现收入的金额，并调整以前预收款项时形成的负债，如企业销售商品预收订金、提供劳务预收佣金。在收到预收款项时，应借记"银行存款"等科目，贷记"预收账款"等科目；在以后提供商品或劳务、确认本期收入时，借记"预收账款"等科目，贷记"主营业务收入"等科目。

成本分摊是指企业的支出已经发生、能使若干个会计期间受益，为正确计算各个会计期间的盈亏，将这些支出在其受益期间进行分配。如企业已经支出，但应由本期或以后各期负担的待摊费用、购建固定资产和无形资产的支出等。企业在发生这类支出时，应借记"固定资产""无形资产"等科目，贷记"银行存款"等科目。在会计期末进行摊销时，应借记"制造费用""管理费用""销售费用"等科目，贷记"累计折旧""累计摊销"等科目。

3) 将损益类账户转入"本年利润"账户，结平所有损益类账户

4) 结算出资产、负债和所有者权益账户的本期发生额和余额，并结转下期

2. 结账的基本方法

结账时，应当结出每个账户的期末余额。需要结出当月(季、年)发生额的账户，如各项收入、费用账户等，应单列一行登记发生额，在摘要栏内注明"本月(季)合计"或"本年累计"。结出余额后，应在余额前的"借或贷"栏内写"借"或"贷"字样，没有余额的账户，应在余额栏前的"借或贷"栏内写"平"字，并在余额栏内用"0"表示。为了突出本期发生额及期末余额，表示本会计期间的会计记录已经截止或者结束，应将本期与下期的会计记录明显分开，结账一般都划"结账线"。划线时，月结、季结用单线，年结划双线。划线应划红线并应划通栏线，不能只在账页中的金额部分划线。

结账时应根据不同的账户记录，分别采用不同的结账方法：

(1) 总账账户的结账方法。总账账户平时只需结计月末余额，不需要结计本月发生

额。每月结账时,应将月末余额计算出来并写在本月最后一笔经济业务记录的同一行内,再在下面通栏划单红线。年终结账时,为了反映全年各会计要素增减变动的全貌,便于核对账目,所有总账账户要结计全年发生额和年末余额,在摘要栏内注明"本年累计"字样,并在"本年累计"行下划双红线。

(2) 现金日记账、银行存款日记账和需要按月结计发生额的收入、费用等明细账的结账方法。现金日记账、银行存款日记账和需要按月结计发生额的各种明细账,每月结账时,要在每月的最后一笔经济业务下面通栏划单红线,结出本月发生额和月末余额写在红线下面,并在摘要栏内注明"本月合计"字样,再在下面通栏划单红线。

(3) 不需要按月结计发生额的债权、债务和财产物资等明细分类账的结账方法。对这类明细账,每次记账后,都要在该行余额栏内随时结出余额,每月最后一笔余额即为月末余额。也就是说月末余额就是本月最后一笔经济业务记录的同一行内的余额。月末结账时只需在最后一笔经济业务记录之下通用栏划单红线即可,无须再结计一次余额。

(4) 需要结计本年累计发生额的收入、成本等明细账的结账方法。对这类明细账,先按照需按月结计发生额的明细账的月结方法进行月结,再在"本月合计"行下的摘要栏内注明"本年累计"字样,并结出自年初起至本月末止的累计发生额,再在下面通栏划单红线。12月末的"本年累计"就是全年累计发生额,全年累计发生额下面通栏划双红线。

(5) 年度终了结账时,有余额的账户,要将其余额结转到下一会计年度,并在摘要栏内注明"结转下年"字样;在下一会计年度新建有关会计账簿的第一行余额栏内填写上年结转的余额,并在摘要栏内注明"上年结转"字样。结转下年时,既不需要编制记账凭证,也不必将余额再记入本年账户的借方或贷方,使本年有余额的账户的余额变为零,而是使有余额的账户的余额如实反映在账户中,以免混淆有余额的账户和无余额的账户。

若由于会计准则或会计制度改变而需要在新账中改变原有账户名称及其核算内容的,可将年末余额按新会计准则或会计制度的要求编制余额调整分录,或编制余额调整工作底稿,将调整后的账户余额抄入新账的有关账户余额栏内。

6.5 会计账簿的更换和保管

6.5.1 会计账簿的更换

会计账簿是记录和反映经济业务的重要历史资料和证据。为了使每个会计年度的账簿资料明晰和便于保管,一般来说,总账、日记账和多数明细账要每年更换一次,这些账簿在每年年终按规定办理完毕结账手续后,就应更换、启用新的账簿,并将余额结转记入新账簿中。但有些财产物资明细账和债权、债务明细账,由于材料等财产物资的品种、规格繁多,债权、债务单位也较多,如果更换新账,重抄一遍的工作量相当大,应此,可以跨年度使用,不必每年更换一次。卡片式账簿,如固定资产卡片,以及各种备查账簿,也可以连续使用。

6.5.2 会计账簿的保管

会计账簿同会计凭证和会计报表一样，都属于会计档案，是重要的经济档案，各单位必须按规定妥善保管，确保其安全与完整，并充分加以利用。

1. 会计账簿的装订整理

在年度终了更换新账簿后，应将使用过的各种账簿(跨年度使用的账簿除外)按时装订整理立卷。

(1) 装订前，首先要按账簿启用和经管人员一览表的使用页数核对各个账户是否相符，账页数是否齐全，序号排列是否连续；然后按会计账簿封面、账簿启用表、账户目录、该账簿按页数顺序排列的账页、封底的顺序装订。

(2) 对活页账簿，要保留已使用过的账页，将账页数填写齐全，除去空白页并撤掉账夹，用质地好的牛皮纸做封面和封底，装订成册。多栏式、三栏式、数量金额式等活页账不得混装，应将同类业务、同类账页装订在一起。装订好后，应在封面上填明账目的种类、编号、卷号，并由会计主管人员和装订人员签章。

(3) 装订后会计账簿的封口要严密，封口处要加盖有关印章。封面要齐全、平整，并注明所属年度和账簿名称和编号。不得有折角、缺角、错页、掉页、加空白纸的现象。会计账簿要按保管期限分别编制卷号。

2. 按期移交档案部门进行保管

年度结账后，更换下来的账簿，可暂由本单位财务会计部门保管一年，期满后原则上应由财务会计部门移交本单位档案部门保管。移交时需要编制移交清册，填写交接清单，交接人员按移交清册和交接清单项目核查无误后签章，并在账簿使用日期栏内填写移交日期。

已归档的会计账簿作为会计档案留存本单位使用，原件不得借出，如有特殊需要，必须经上级主管单位或本单位领导、会计主管人员批准，在不拆散原卷册的前提下，可以进行查阅或者复制，并要办理登记手续。

会计账簿是重要的会计档案之一，必须严格按《会计档案管理办法》规定的保管年限妥善保管，不得丢失和任意销毁。通常总账(包括日记总账)和明细账保管期限为30年；日记账保管期限为30年；固定资产卡片账在固定资产报废清理后保管5年；辅助账簿保管期限为30年。实际工作中，各单位可以根据实际使用的经验、规律和特点，适当延长有关会计档案的保管期限，但必须有较为充分的理由。

[要点总结]

1. 账簿是以会计凭证为依据，序时地、分类地记录和反映各项经济业务的簿籍，它是由具有一定格式又互相联系的账页所组成。其具有如下作用：

设置账簿，通过账簿记录，既能对经济业务活动进行序时、分类的核算，又能提供各项总括和明细的核算资料。

通过设置和登记账簿，可以为计算财务成果、编制会计报表提供依据。

通过设置账簿，利用账簿的核算资料，为开展财务分析和会计检查提供依据。

2. 账簿按其用途的不同，可分为序时账簿、分类账簿和备查账簿。按外表形式分类，可分为订本式账簿、活页式账簿和卡片式账簿。

3. 账簿组织既要便于记账、算账，能够及时正确地从账簿中取得经营管理和编制会计报表的资料，又要严密精简，避免重叠、烦琐和遗漏，有利于节约人力物力，提高会计工作效率。

4. 核对账目是保证账簿记录正确性的一项重要工作，对账的内容包括账证核对、账账核对和账实核对。

5. 所谓结账，就是在一定时期内发生的经济业务已全部登记入账的基础上，将各种账簿的记录结算清楚，以便于根据账簿记录编制会计报表。

6. 如果记账过程中发生错误，则应根据错误性质和发现时间，采用不同的方法更正。常用的错账更正方法有：划线更正法、红字更正法、补充登记法。

分层次练习

A. 基础练习

一、名词解释题

1. 序时账簿　　　　　　　　　2. 分类账簿

3. 总分类账　　　　　　　　　4. 备查账簿

5. 对账　　　　　　　　　　　6. 结账

二、简答题

1. 账簿按用途可分为哪几类？

2. 如何更正错账？

3. 对账的内容有哪些？

B. 从业资格考试习题

一、单选题

1. 固定资产明细账采用(　　)。

A. 订本式　　　　　B. 活页式　　　　　C. 卡片式　　　　　D. 辅助式

2. 发现记账凭证应记科目正确，但所记金额大于应记金额，已登记入账，更正时一般采用(　　)。

A. 划线更正法　　　B. 红字更正法　　　C. 补充登记法　　　D. 平行登记法

3. 出纳所登的现金账属(　　)。

A. 序时账簿　　　　B. 分类账簿　　　　C. 备查账簿　　　　D. 卡片式账簿

4. 某会计人员根据记账凭证登记明细账时，误将600元填写为6 000元，而记账凭证无误，应用(　　)予以更正。

A. 红字更正法　　　B. 补充登记法　　　C. 划线更正法　　　D. 平行登记法

5. "制造费用"明细账宜采用(　　)结构。

A. 三栏式　　　　　B. 多栏式　　　　　C. 数量金额式　　　D. 都可以

6. 采用补充登记法更正错账时，应编制(　　)记账凭证。

A. 红字 B. 蓝字 C. 红字和蓝字 D. 红字或蓝字

7. 银行存款日记账与开户银行账目的核对是(　　)。

A. 账证核对 B. 账账核对 C. 账实核对 D. 账表核对

8. "应付账款"账户期初贷方余额为78 000元，本期借方发生额为23万元，贷方发生额为20万元，则期末余额为贷方(　　)元。

A. 88 000 B. 48 000 C. 30 000 D. 278 000

9. (　　)账户期末一般无余额。

A. 制造费用 B. 银行存款 C. 应交税费 D. 主营业务收入

10. 序时账簿和总分类账簿采用(　　)。

A. 订本式 B. 活页式 C. 卡片式 D. 辅助式

11. 对于需结出本年累计的账户，月末结账需划(　　)条单横线。

A. 1 B. 2 C. 3 D. 4

12. (　　)也称辅助账簿，是对主要账簿未能记载和记载不全的事项，进行补充登记的账簿。

A. 序时账簿 B. 分类账簿 C. 卡片式账簿 D. 备查账簿

13. 卡片式账簿一般适用于下列哪类明细分类账(　　)。

A. 现金 B. 银行存款 C. 固定资产 D. 应付账款

14. 以下哪项不符合账簿平时管理的具体要求(　　)。

A. 应分工明确，指定专人管理各种账簿

B. 会计账簿只允许在财务室随意翻阅查看

C. 会计账簿除需要与外单位核对外，一般不能携带外出

D. 会计账簿不能随意交与其他人员管理

15. 关于登记账簿的表述中，正确的是(　　)。

A. 文字或数字的书写必须占满格 B. 书写可以使用蓝黑墨水，圆珠笔

C. 用红笔冲销错误记录 D. 发生的空行要补充书写

16. 下列选项中，关于总分类账登记的依据和方法的表述，正确的是(　　)。

A. 应根据记账凭证逐笔登记 B. 须依据汇总记账定期登记

C. 取决于采用的会计核算组织形式 D. 须依据科目汇总表定期登记

17. 记账人员记账后发现某笔金额多记了27，他用除9法查出是将相邻数记录颠倒了，下列数字中，记错的数字可能是(　　)。

A. 27 B. 13 C. 41 D. 39

18. 下列选项中，关于账簿更换时间的表述，正确的是(　　)。

A. 债权债务账簿与对方单位账簿记录核对不符时

B. 所有账簿，每年年末必须更换新账

C. 账簿记录出现差错时

D. 一般在新会计年度建账时

19. 记账人员根据记账凭证登记完账簿后，要在记账凭证上注明已记账的符号的主要

目的是( )。

  A. 便于明确记账责任   B. 避免错行或跳页

  C. 避免重记或漏记   D. 防止凭证丢失

20. 下列划线更正法更正账簿中错误的数字时，正确的是( )。

  A. 用一条蓝线将整个数字全部划掉   B. 用多条蓝线将整个数字全部划掉

  C. 用一条红线将整个数字全部划掉   D. 用一条红线将整个数字划掉

二、多选题

1. 登记明细账的依据有( )。

  A. 收款凭证   B. 转账凭证   C. 付款凭证   D. 原始凭证

2. 会计账簿按用途可分为( )。

  A. 序时账   B. 订本账   C. 分类账   D. 备查账

3. 适用数量金额式明细账的账户有( )。

  A. 生产成本   B. 库存商品   C. 原材料   D. 固定资产

4. 适用多栏式明细账的账户有( )。

  A. 管理费用   B. 销售费用   C. 银行存款   D. 生产成本

5. ( )一般采用订本式账簿。

  A. 现金日记账   B. 银行存款日记账   C. 原材料明细账   D. 总分类账

6. 对账的主要内容包括( )。

  A. 账证核对   B. 账账核对   C. 账实核对   D. 账表核对

7. 错账更正方法有( )。

  A. 划线更正法   B. 红字更正法   C. 补充登记法   D. 蓝字更正法

8. 明细账的格式通常有以下哪几种( )。

  A. 三栏式   B. 多栏式   C. 数量金额式   D. 其他

9. 会计账簿登记规则包括( )。

  A. 记账必须有依据   B. 按页次顺序连续记账

  C. 账簿记载的内容应与记账凭证一致，不得随便增减

  D. 结清余额

10. 下列对账工作，属于账账核对的是( )。

  A. 总分类账与序时账核对   B. 总分类账与所属明细分类账核对

  C. 会计部门存货明细账与存货保管部门明细账核对

  D. 财产物资明细账账面余额与财产物资实有数额核对

11. 会计账簿的记账规则，正确的有( )。

  A. 会计账簿登记内容包括日期、编号、业务内容摘要、金额等

  B. 登记完毕，要在记账凭证上签名或盖章

  C. 有些情况下，需要用红字进行登记   D. 不得涂改、刮擦、挖补

12. 下列各项中，会计账簿的账页包括的内容有( )。

  A. 账户名称   B. 记账凭证的种类和号数

  C. 摘要栏   D. 总页次和分户页次

13. 常用的错账查找方法有( )。

A. 除二法   B. 除九法   C. 差数法   D. 尾数法

14. 下列不应该使用多栏式明细账簿的有( )。

A. 短期借款明细账   B. 销售费用明细账   C. 库存商品明细账   D. 原材料明细账

15. 下列账簿中，可以跨年度连续使用的有( )。

A. 银行存款日记账   B. 应付账款总账   C. 代销商品登记簿   D. 租入固定资产登记簿

三、判断题

1. 备查账也是编制企业会计报表的直接依据。( )

2. 红色墨水仅限于结账、划线更正时使用。( )

3. 期末账户结余额时，对有余额的账户应在借或贷栏内注明借或贷字样，表示借贷余额方向。如余额为零，则不需作任何注明。( )

4. 会计账簿是编制会计报表的主要根据。( )

5. 卡片账簿，一般适用于固定资产、低值易耗品等资产的明细分类账。( )

6. 为了保证账簿记录的合法性和完整性，明确责任，在账簿启用时，应填写"账簿启用和经管人一览表"。( )

7. 记账必须使用蓝黑墨水钢笔书写，不得使用圆珠笔和铅笔。( )

8. 更换新账时，应在新账中注明结转字样，并将上年余额计入"余额"栏内。此外，新旧账有关账户之间转记余额，要编制记账凭证。( )

9. 各种账簿必须按照国家统一规定的保存年限妥善保管。保管期满后可以销毁。( )

10. 每一账页记满须继续登记时，应在该页最后一行的摘要栏内注明"承前页"，将当月初到本页最后一行前的借贷方发生额加计总数，记入借贷方金额栏内，余额记入余额栏内。同时，将借、贷方发生额总数和余额转抄至后一页第一行和金额栏内，并在摘要栏注明"过次页"字样。( )

11. 年末结账需要在本年合计栏下划双红线。( )

12. 划线更正法是在错误的文字或数字上划一红线注销，然后在其上端用红字填写正确的文字或数字，并由记账人员加盖图章，以明确责任。( )

13. 每月将银行存款日记账的账面余额与银行对账单进行核对，是账实核对的主要内容之一。( )

14. 办理月结，应在各账户最后一笔记录下面划一条通栏红线，在红线下计算出本月发生额及月末余额，并在摘要栏内注明"本月合计"或"本月发生额及余额"字样，然后在下面再划上一条蓝线。( )

15. 会计账簿应由会计部门保管半年后移交会计档案管理部门保管。( )

第7章
账务处理程序

本章在研究会计凭证和账簿的基础上，介绍各种凭证和各种账簿结合使用的方式，即账务处理程序问题。

账务处理程序是会计工作中组织会计凭证、会计账簿的基本程序与方法。不同的账务处理程序中总分类账簿的登记方法与依据不同。

由于记账凭证账务处理程序是各种不同的账务处理程序的基础，本讲在简要介绍几种账务处理程序的基础上，重点介绍了记账凭证账务处理程序，并给出了一个详细的实例，通过对本实例的学习与研究，对账务处理程序及会计基础工作的掌握将会很有帮助。

通过本章的学习，要求掌握：

1. 账务处理程序的意义；

2. 记账凭证账务处理程序的特点及其优缺点与适用范围，并通过实例掌握基本处理过程与方法；

3. 科目汇总表账务处理程序的特点及其优缺点与适用范围；

4. 汇总记账凭证处理程序的特点及其优缺点与适用范围；

5. 多栏式日记账账务处理程序的特点及其优缺点与适用范围。

7.1　账务处理程序概述

7.1.1　账务处理程序的意义

账务处理程序，也称会计核算形式，是指从取得原始凭证到产生会计信息的步骤和方法。其主要内容包括整理、汇总原始凭证，填制记账凭证，登记各种账簿，编制会计报表这一整个过程的步骤和方法。

在会计工作中，不仅要了解会计凭证的填制、账簿的设置和登记，以及会计报表的编制，还必须明确规定各会计凭证、会计账簿和会计报表之间的关系，使之构成一个有机整体。而不同的账簿组织、记账程序和记账方法的有机结合，就构成了不同的账务处理程序。

由于不同单位的业务性质、规模大小和经济业务的繁简程度各异，所以账务处理程序也不同。为此，科学地组织账务处理程序，对提高会计核算质量和会计工作效率，充分发挥会计的核算和监督职能，具有重要意义。

7.1.2 账务处理程序的种类

目前，我国企业、事业、机关等单位会计核算一般采用的主要账务处理程序有以下三种：

(1) 记账凭证账务处理程序；

(2) 汇总记账凭证账务处理程序；

(3) 科目汇总表账务处理程序。

以上三种账务处理程序既有共同点，又有各自的特点。其中，记账凭证账务处理程序是最基本的一种，其他账务处理程序都是由此发展、演变而来的。在实际工作中，各经济单位可根据实际需要选择其中一种账务处理程序，也可将多种账务处理程序的优点结合起来使用，以满足本单位经营管理的需要。

7.1.3 账务处理程序的要求

科学、合理地组织账务处理程序是做好会计工作的重要前提之一。确定账务处理程序一般应符合以下几点要求：

(1) 要与本单位的经济性质、经营特点、规模大小及业务的繁简程度相适应，有利于岗位责任制的建立和分工协作。

(2) 要能够及时、准确、全面、系统地提供会计信息，满足各会计信息使用者对会计信息的需要。

(3) 要在保证核算资料及时、准确、完整的前提下，尽可能地提高会计工作效率，节约核算费用。

7.2 记账凭证账务处理程序

7.2.1 记账凭证账务处理程序的设计要求

记账凭证账务处理程序是最基本的一种账务处理程序，在这种账务处理程序下，要求直接根据记账凭证逐笔登记总分类账。

在记账凭证账务处理程序下，应当设置现金日记账、银行存款日记账、明细分类账和总分类账。日记账和总账可采用三栏式；明细分类账可根据需要采用三栏式、数量金额式或多栏式；记账凭证一般使用收款凭证、付款凭证和转账凭证三种格式，也可采用通用记账凭证。

7.2.2 记账凭证账务处理程序的基本内容

记账凭证账务处理程序的基本内容如图7-1所示。

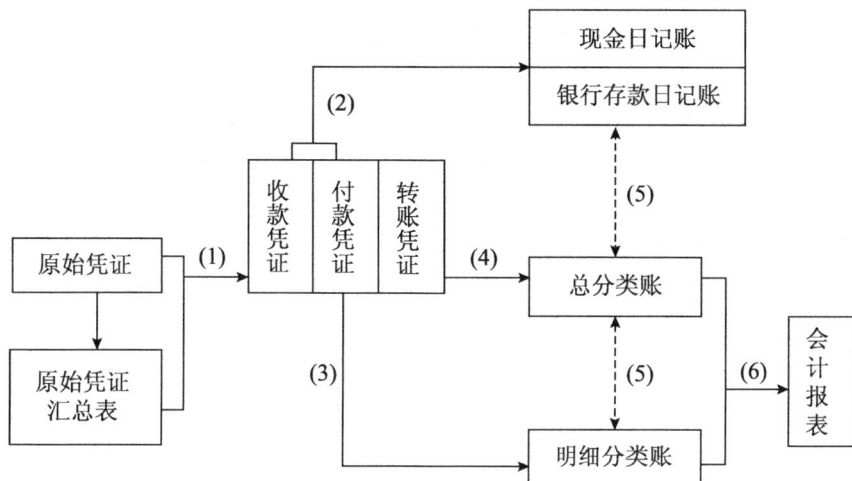

图7-1 记账凭证账务处理程序

(1) 根据原始凭证或原始凭证汇总表填制记账凭证；

(2) 根据收款凭证和付款凭证逐笔登记现金日记账和银行存款日记账；

(3) 根据原始凭证、原始凭证汇总表或记账凭证登记各种明细分类账；

(4) 根据记账凭证逐笔登记总分类账；

(5) 月末，将现金日记账、银行存款日记账的余额，以及各种明细分类账的余额合计数，分别与总分类账中相关账户的余额核对相符；

(6) 月末，根据核对无误的总分类账和明细分类账的相关资料，编制会计报表。

7.2.3 记账凭证账务处理程序的优缺点及适用范围

这种账务处理程序的主要优点是简单明了，方法易学，总分类账能详细反映经济业务状况，方便会计核对与查账。但登记总分类账的工作量较大，也不利于分工。因此，一般适用于规模较小、经济业务较简单的企业。

7.3 汇总记账凭证账务处理程序

7.3.1 汇总记账凭证账务处理程序的设计要求

汇总记账凭证账务处理程序区别于其他账务处理程序的主要特点是：定期将记账凭证分类编制汇总记账凭证，然后根据汇总记账凭证登记总分类账。

采用汇总记账凭证账务处理程序时，其账簿设置、各种账簿的格式以及记账凭证的种类和格式基本上与记账凭证账务处理程序相同。但应增设汇总记账凭证、汇总收款凭证和汇总转账凭证，以作为登记总分类账的依据。另外，总分类账的账页格式必须增设"对应账户"栏。

7.3.2 汇总记账凭证及其编制方法

汇总记账凭证分为汇总收款凭证、汇总付款凭证和汇总转账凭证三种，其格式分别如图7-2、图7-3、图7-4所示。它们是根据收款凭证、付款凭证和转账凭证定期汇总编制而成的，间隔天数视业务量多少而定，一般5天或10天汇总填制一次，每月编制一张。

汇总收款凭证应根据现金和银行存款收款凭证，分别按"现金""银行存款"的借方设置，按对应贷方科目进行归类汇总。月末，结算出汇总收款凭证的合计数，分别记入现金、银行存款总分类账的借方以及其各对应账户总分类账的贷方。

汇总收款凭证

借方科目：　　　　　　　　　　　×年×月　　　　　　　　　　汇收×号

贷方科目	金　额				总账　页数	
	(1)	(2)	(3)	合　计	借方	贷方
合　计						
附件	(1) 自___日至___日___凭证　　共___张 (2) 自___日至___日___凭证　　共___张 (3) 自___日至___日___凭证　　共___张					

图7-2　汇总收款凭证

汇总付款凭证应根据现金和银行存款付款凭证，分别按"现金""银行存款"的贷方设置，按对应借方科目进行归类汇总。月末，结算出汇总付款凭证的合计数，分别记入现金、银行存款总分类账的贷方及其各对应账户总分类账的借方。

汇总付款凭证

贷方科目：　　　　　　　　　　　×年×月　　　　　　　　　　汇付×号

借方科目	金　额				总账　页数	
	(1)	(2)	(3)	合　计	借方	贷方
合　计						
附件	(1) 自___日至___日___凭证　　共___张 (2) 自___日至___日___凭证　　共___张 (3) 自___日至___日___凭证　　共___张					

图7-3　汇总付款凭证

在填制时，现金和银行存款之间的相互划转业务应按付款凭证进行汇总，以免重复。如将现金存入银行的业务，只需根据现金付款凭证汇总，而不用根据银行存款收款凭证进行汇总。

汇总转账凭证应根据转账凭证中有关账户的贷方设置，按对应借方科目进行归类汇总。月末，结算出汇总转账凭证的合计数，分别记入该汇总转账凭证所开设的应贷账户总分类账的贷方，以及其各对应账户总分类账的借方。

为便于汇总转账凭证的编制，所有转账凭证应是一贷一借或一贷多借，否则，会给汇总凭证的编制带来不便。

汇总转账凭证

贷方科目：　　　　　　　　　　×年×月　　　　　　　　汇转×号

借方科目	金　额				总账 页数	
	(1)	(2)	(3)	合　计	借方	贷方
合　计						

附件
(1) 自___日至___日___凭证　共___张
(2) 自___日至___日___凭证　共___张
(3) 自___日至___日___凭证　共___张

图7-4　汇总转账凭证

7.3.3　汇总记账凭证账务处理程序的基本内容

汇总记账凭证账务处理程序的基本内容如见图7-5所示。

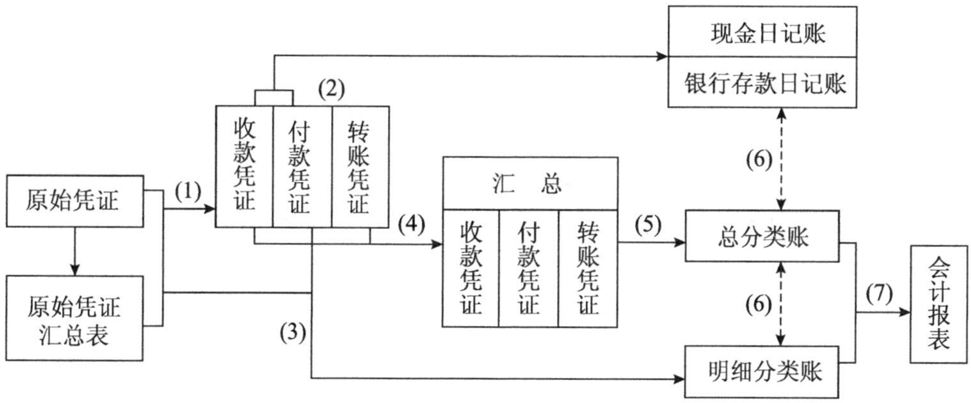

图7-5　汇总记账凭证账务处理程序

(1) 根据原始凭证或原始凭证汇总表填制记账凭证；
(2) 根据收款凭证和付款凭证逐笔登记现金日记账和银行存款日记账；

(3) 根据原始凭证、原始凭证汇总表或记账凭证登记各种明细分类账;

(4) 根据记账凭证定期编制各种汇总记账凭证;

(5) 月末,根据编制的汇总记账凭证登记总分类账;

(6) 月末,将现金日记账、银行存款日记账的余额,以及各种明细分类账的余额合计数,分别与总分类账中相关账户的余额核对相符;

(7) 月末,根据核对无误的总分类账和明细分类账的相关资料,编制会计报表。

7.3.4　汇总记账凭证账务处理程序的优缺点及适用范围

这种账务处理程序的主要优点是:能通过汇总记账凭证中有关科目的对应关系,了解经济业务的来龙去脉,而且可大大简化总分类账的登记工作。但由于汇总转账凭证是根据每一账户的贷方而不是按经济业务类型归类汇总的,故不利于会计分工。因此,一般适用于规模较大、经济业务较多的企业。

7.4　科目汇总表账务处理程序

7.4.1　科目汇总表账务处理程序的设计要求

科目汇总表账务处理程序也叫记账凭证汇总表账务处理程序,在科目汇总表账务处理程序下,要求定期将记账凭证编制成科目汇总表,然后根据科目汇总表登记总分类账。

采用科目汇总表账务处理程序时,其账簿设置、各种账簿的格式以及记账凭证的种类和格式基本上与记账凭证账务处理程序相同。但应增设科目汇总表,以作为登记总分类账的依据。

7.4.2　科目汇总表的填制方法

科目汇总表(其格式见图7-6)的填制方法是:先将汇总期内各项经济业务所涉及的会计科目填列在科目汇总表的“会计科目”栏内,填列的顺序最好与总分类账上会计科目的顺序相同,以便于登记总分类账;然后,依据汇总期内所有的记账凭证,按照相同的会计科目归类,分别计算各会计科目的借方发生额和贷方发生额,并将其填入科目汇总表的相应栏内;最后,进行本期发生额试算平衡。试算无误后,据以登记总分类账。

科目汇总表可以每月汇总一次编制一张,也可视业务量大小每5天或10天汇总一次,每月编制一张。为便于编制科目汇总表,所有的记账凭证可采用单式记账凭证来填制,这样便于汇总计算其借贷方发生额,不易出错。

科目汇总表
年　月

总账账户	1—10日发生额		11—20日发生额		21—30日发生额		合　计	
	借方	贷方	借方	贷方	借方	贷方	借方	贷方
合　计								

图7-6　科目汇总表

7.4.3 科目汇总表账务处理程序的基本内容

科目汇总表账务处理程序的基本内容如图7-7所示。

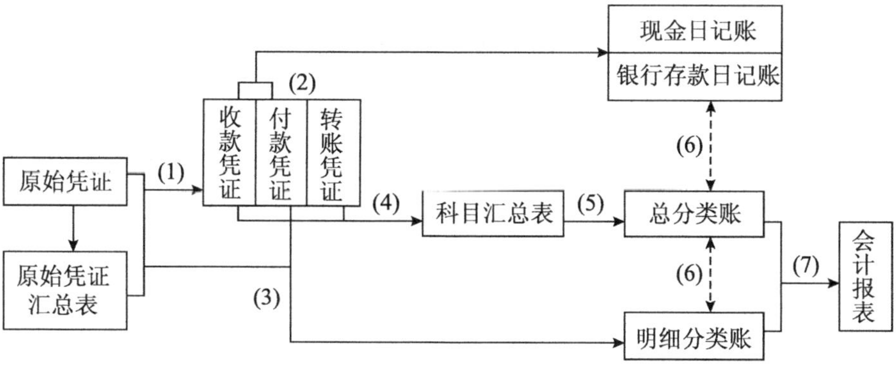

图7-7　科目汇总表账务处理程序

(1) 根据原始凭证或原始凭证汇总表填制记账凭证；

(2) 根据收款凭证和付款凭证逐笔登记现金日记账和银行存款日记账；

(3) 根据原始凭证、原始凭证汇总表或记账凭证登记各种明细分类账；

(4) 根据记账凭证定期编制科目汇总表；

(5) 月末，根据编制的科目汇总表登记总分类账；

(6) 月末，将现金日记账、银行存款日记账的余额，以及各种明细分类账的余额合计数，分别与总分类账中相关账户的余额核对相符；

(7) 月末，根据核对无误的总分类账和明细分类账的相关资料，编制会计报表。

7.4.4 科目汇总表账务处理程序的优缺点及适用范围

这种账务处理程序的主要优点是：根据定期编制的科目汇总表登记总分类账，可大大地简化总分类账的登记工作；其次，通过科目汇总表的编制，可进行发生额试算平衡，及时发现差错。但由于科目汇总表定期汇总计算每一账户的借方、贷方发生额，并不考虑账户间的对应关系，因而在科目汇总表和总分类账中，不能明确反映账户的对应关系，不便于了解经济业务的具体内容。其主要适用于经济业务量较大的企业。

[要点总结]

1. 任何企业、单位都必须从各自的实际情况出发，科学地组织本单位的账务处理程序。这对于提高会计核算工作的效率和质量，简化核算手续，节省核算费用等，具有重要的意义。

2. 根据我国会计核算工作的长期实践经验，目前一般采用的账务处理程序有以下三种：

记账凭证账务处理程序；

汇总记账凭证账务处理程序；

科目汇总表账务处理程序。

3. 记账凭证账务处理程序是会计核算中最基本的一种账务处理程序，它包括了账务处理程序的一般内容，其他各种账务处理程序基本上是在这种账务处理程序的基础上发展而形成的。记账凭证账务处理程序的主要特点是直接根据各种记账凭证逐笔登记总分类账。

4. 汇总记账凭证账务处理程序，是从记账凭证账务处理程序发展演变而来的。这种账务处理程序的主要特点是，先根据记账凭证填制汇总记账凭证，再根据汇总记账凭证登记总分类账。

5. 科目汇总表账务处理程序，又称记账凭证汇总表账务处理程序。它是在记账凭证账务处理程序的基础上形成的。这种账务处理程序的主要特点是，先根据记账凭证定期编制科目汇总表(记账凭证汇总表)，然后再根据科目汇总表登记总分类账。

分层次练习

A. 基础练习

一、单项选择

1. ( )的主要特点是直接根据记账凭证逐笔登记总分类账。

A. 记账凭证账务处理程序　　　　　　　B. 科目汇总表账务处理程序

C. 汇总记账凭证账务处理程序　　　　　D. 原始凭证账务处理程序

2. 各种账务处理程序之间的主要区别在于( )。

A. 总账的格式不同　　　　　　　　　　B. 登记总账的程序和方法不同

C. 会计凭证的种类不同　　　　　　　　D. 编制会计报表的依据不同

3. 在科目汇总表账务处理程序下，一般应采用( )记账凭证。

A. 一借多贷　　　　B. 多借多贷　　　　C. 一借一贷　　　　D. 一贷多借

4. 汇总记账凭证账务处理程序适用于( )的企业。

A. 规模较大、经济业务较多　　　　　　B. 规模较小，经济业务不多

C. 规模较大、经济业务不多　　　　　　D. 规模较小、经济业务较多

5. 汇总记账凭证账务处理程序(　　)。

A. 能够清楚地反映各个科目之间的对应关系

B. 不能清楚地反映各个科目之间的对应关系

C. 能够综合反映企业所有的经济业务

D. 能够序时反映企业所有的经济业务

二、多项选择

1. 各种账务处理程序的相同之处是(　　)。

A. 根据原始凭证编制汇总原始凭证

B. 根据原始凭证及记账凭证登记明细分类账

C. 根据收、付款凭证登记现金日记账

D. 根据总账和明细账编制会计报表

2. 以记账凭证为依据，按有关账户的贷方设置，按借方账户归类的有(　　)。

A. 汇总收款凭证　　　B. 汇总转账凭证　　　C. 汇总付款凭证　　　D. 科目汇总表

3. 汇总记账账务处理程序下，记账凭证一般应采用(　　)形式。

A. 一借一贷　　　　　B. 一借多贷　　　　　C. 一贷多借　　　　　D. 多借多贷

三、判断

1. 任何会计账务处理程序的第一步必须将所有的原始凭证都汇总编制为汇总原始凭证。(　　)

2. 科目汇总表不仅可以起到试算平衡的作用，而且可以反映账户之间的对应关系。(　　)

3. 汇总收款凭证是按贷方科目设置，按借方科目归类，定期汇总，按月编制的。(　　)

4. 在汇总记账凭证账务处理程序下，若某一贷方科目的转账凭证数量不多，可以根据转账凭证登记总分类账。(　　)

B. 从业资格考试习题

一、单选题

1. 在记账凭证账务处理程序下，登记总账的依据是(　　)。

A. 原始凭证　　　　B. 记账凭证　　　　C. 科目汇总表　　　　D. 明细账

2. 在科目汇总表账务处理程序下，登记总账的依据是(　　)。

A. 原始凭证　　　　B. 记账凭证　　　　C. 科目汇总表　　　　D. 明细账

3. 汇总记账凭证账务处理程序下，汇总转账凭证按科目(　　)方进行汇总。

A. 借　　　　　　　B. 贷　　　　　　　C. 增加　　　　　　D. 减少

4. 以下哪项不是常见的账务处理程序？(　　)

A. 原始凭证账务处理程序　　　　　　　B. 汇总记账凭证账务处理程序

C. 科目汇总表账务处理程序　　　　　　D. 记账凭证账务处理程序

5. 记账凭证账务处理程序不适用于以下哪类单位？(　　)

A. 小型企业　　　　　　　　　　　　　B. 大型批发零售企业

C. 机关　　　　　　　　　　　　　　　D. 事业单位

6. ( )适用于规模较大，收付款业务多，转账业务少的单位。

A. 记账凭证账务处理程序   B. 科目汇总表账务处理程序

C. 汇总记账凭证账务处理程序   D. 通用记账凭证账务处理程序

7. 下列各项中，根据原始凭证或汇总原始凭证填制记账凭证，定期根据记账凭证编制成汇总记账凭证，再根据汇总记账凭证登记总账的是( )。

A. 记账凭证账务处理程序   B. 汇总记账凭证账务处理程序

C. 科目汇总表账务处理程序   D. 三栏式日记账账务处理程序

8. 在科目汇总表账务处理程序下，总账的登记依据是( )。

A. 科目汇总表   B. 记账凭证   C. 汇总记账凭证   D. 原始凭证

9. 下列选项中，关于总分类账登记的依据和方法的表述，正确的是( )。

A. 应根据记账凭证逐笔登记   B. 须依据汇总记账凭证定期登记

C. 取决于采用的会计核算组织形式   D. 须依据科目汇总表定期登记

10. 下列各项中，不属于汇总记账凭证的是( )。

A. 汇总收款凭证   B. 汇总付款凭证   C. 汇总转账凭证   D. 三栏式凭证

二、多选题

1. 关于科目汇总表账务处理程序，下列说法正确的有( )。

A. 根据原始凭证记账或原始凭证汇总表编制记账凭证

B. 根据记账凭证及原始凭证登记明细分类账

C. 根据明细分类账登记总分类账

D. 根据记账凭证编制科目汇总表

2. 根据总账的登记依据不同账务处理程序可分为( )。

A. 记账凭证账务处理程序   B. 汇总记账凭证账务处理程序

C. 科目汇总表账务处理程序   D. 日记总账账务处理程序

3. 一个好的账务处理程序，应该具备以下哪些特征？( )

A. 与单位的经营特点和形式等情况相适应

B. 要能够及时、正确和完整地提供会计信息

C. 可以简化核算程序，提高工作效率，节约人力和物力

D. 有利于会计人员以及单位内部各部门之间的协作

4. 汇总收款凭证的编制方法是( )。

A. 按照库存现金、银行存款的借方设置

B. 按照库存现金、银行存款的贷方设置

C. 按照与设置科目相对应的贷方科目加以归类、汇总

D. 按照与设置科目相对应的借方科目加以归类、汇总

5. 下列项目中，属于科学、合理地选择适用于本单位账务处理程序的意义有( )。

A. 有利于会计工作程序的规范化   B. 有利于增强会计信息可靠性

C. 有利于提高会计信息质量   D. 有利于保证会计信息的及时性

6. 下列关于账务处理程序的表述，正确的有( )。

A. 汇总记账凭证账务处理程序便于核对账目，利于会计工作的分工

B. 记账凭证账务处理程序一般适用于经济业务较多的单位

C. 汇总记账凭证账务处理程序反映了有关科目之间的对应关系，便于核对账目

D. 科目汇总表账务处理程序一般适用于经营规模较大，经济业务量较多的单位

7. 下列各项中，不能作为科目汇总表编制依据的有(　　)。

A. 原始凭证　　　　B. 明细分类账　　　　C. 各种总账　　　　D. 记账凭证

8. 汇总记账凭证账务处理程序，一般不适用于的单位有(　　)。

A. 经济业务简单的单位　　　　　　　　B. 转账业务较多的单位

C. 经营规模较大的单位　　　　　　　　D. 经济业务较少的单位

9. 在各种账务处理程序下，不属于银行存款日记账登账依据的有(　　)。

A. 原始凭证　　　　B. 收款凭证　　　　C. 付款凭证　　　　D. 科目汇总表

10. 下列各项中，关于汇总记账凭证账务处理程序的表述中，错误的有(　　)。

A. 登记总账的工作量大

B. 不能体现账户之间的对应关系

C. 明细账与总账无法核对

D. 当转账凭证较多时，汇总转账凭证的编制工作量加大

三、判断题

1. 不同的账务处理程序的主要区别是登记总账的依据不同。(　　)

2. 根据总账的登记依据不同，账务处理程序可分为记账凭证账务处理程序、汇总记账凭证账务处理程序、科目汇总表账务处理程序。(　　)

3. 不论采用哪种账务处理程序，会计报表都是根据账簿记录填制的。(　　)

4. 记账凭证账务处理程序的优点是总账能够反映账户的对应关系，便于查账，缺点是登记总账的工作量大。(　　)

5. 科目汇总表账务处理程序的优点是可以减轻登记总账的工作量，适用于规模较大、业务量多，记账凭证较多的单位。(　　)

6. 账务处理程序，是会计凭证、会计账簿、会计报表、财产清查相结合的方式。(　　)

7. 不论采用哪种账务处理程序，都要设置和登记总账和明细账。(　　)

8. 账务处理程序是指记账程序与会计凭证有机结合的方法和步骤，它贯穿到会计核算的全过程，从原始凭证的取得和审核、记账凭证的填制、明细分类账和总分类账的登记，最后到会计报表的编制。(　　)

9. 记账凭证账务处理程序最后一个步骤是，根据已结账的总账和明细账的记录编制会计报表。(　　)

10. 在记账凭证账务处理程序下，记账凭证可使用专用记账凭证也可使用通用记账凭证。(　　)

第8章
财产清查

财产清查是会计核算的一个重要方法，也是关系到会计核算账实是否相符的重要环节。本章主要介绍财产清查的基本方法与原理。

通过学习本章，要求：

1. 了解财产清查的意义、种类和盘存制度；
2. 财产清查的各种方法及组织程序；
3. 财产清查结果的账务处理。

8.1 财产清查的意义和种类

8.1.1 财产清查的意义

财产清查也叫财产检查，是指通过对实物、现金的实地盘点和对银行存款、往来款项的核对，查明各项财产物资、货币资金、往来款项的实有数和账面数是否相符的一种会计核算的专门方法。

1. 账实不符的原因

企业的会计工作，都要通过会计凭证的填制和审核，然后及时地在账簿中进行连续登记。应该说，这一过程能保证账簿记录的正确性，也能真实反映企业各项财产的实有数，各项财产的账实应该是一致的。但是，在实际工作中，由于种种原因，账簿记录会发生差错，各项财产的实际结存数也会发生差错，造成账存数与实存数发生差异，相关原因是多方面的，一般有几种情况：

(1) 在收发物资中，由于计量、检验不准确而造成品种、数量或质量上的差错；

(2) 财产物资在运输、保管、收发过程中，在数量上发生自然增减变化；

(3) 在财产增减变动中，由于手续不齐或计算、登记上发生错误。

(4) 由于管理不善或工作人员失职，造成财产损失、变质或短缺等。

(5) 贪污盗窃、营私舞弊造成的损失。

(6) 自然灾害造成的非常损失。

(7) 未达账项引起的账账、账实不符等。

上述种种原因都会影响账实的一致性。因此，运用财产清查的手段，对各种财产物资进行定期或不定期的核对和盘点，具有十分重要的意义。

2. 财产清查的作用

通过财产清查可以确定各项财产物资的实际结存数，将账面结存数和实际结存数进行核对，可以揭示各项财产物资的溢缺情况，从而及时地调整账面结存数，保证账簿记录真实、可靠。

(1) 保证账实相符，提高会计资料的准确性。通过财产清查，可以确定各项财产物资的实用数，将实存数与账存数进行对比，确定各项财产的盘盈、盘亏，并及时调整账簿记录，做到账实相符，以保证账簿记录的真实、可靠，提高会计信息的质量。

(2) 切实保障各项财产物资的安全完整。通过财产清查，可以查明企业单位财产、商品、物资是否完整，有无缺损、霉变现象；可以查明有关业务人员是否遵守财经纪律和结算纪律，有无贪污盗窃、挪用公款的情况以便采取有效措施改善管理，切实保证财产的安全。

(3) 加速资金周转，提高资金使用效率。通过财产清查可以及时查明各种财产物资的结存和利用情况。如发现企业有闲置不用的财产物资应及时加以处理，以充分发挥他们的效能；如发现企业有呆滞积压的财产物资，也应及时加以处理，并分析原因，采取措施，改善经营管理。这样，可以使财产物资得到允分合理的利用，加速资金周转，提高企业的经济效益。

8.1.2 财产清查的种类

财产清查，按照清查的对象和范围，可以分为全面清查和局部清查；按照清查的时间，可以分为定期清查和不定期清查。下面分别加以说明。

1. 全面清查与局部清查

全面清查是指对所有的财产和资金进行全面盘点与核对。其清查对象主要包括：原材料、在产品、自制半成品、库存商品、现金、短期存(借)款、有价证券及外币、在途物资、委托加工物资、往来款项、固定资产等。全面清查范围广，工作量大，一般在年终决算或企业撤销、合并或改变隶属关系时进行。

局部清查也称重点清查，是指根据需要只对财产中某些重点部分进行的清查。如流动资金中变化较频繁的原材料、库存商品等，除年度全面清查外，还应根据需要随时轮流盘点或重点抽查。各种贵重物资每月至少要清查一次，库存现金要天天核对，银行存(借)款要按银行对账单逐笔核对。

2. 定期清查和不定期清查

定期清查是指在规定的时间内所进行的财产清查。一般在年、季、月终了后进行。

不定期清查也称临时清查，是指根据实际需要临时进行的财产清查。一般是在更换财产物资保管人员、企业撤销、合并或发生财产损失等情况时所进行的清查。

定期清查和不定期清查的范围应视具体情况而定，可全面清查也可局部清查。

8.2 财产清查的方法

8.2.1 财产清查的准备工作

财产清查是一项复杂细致的工作，它涉及面广、政策性强、工作量大。为了加强领导，保质保量完成此项工作，一般应在企业单位负责人(如厂长、经理等)的领导下，由会计、业务、仓库等有关部门的人员组成财产清查的专门班子，具体负责财产清查的领导工作。在清查前，必须首先做好以下几项准备工作。

(1) 清查小组制订财产清查计划，确定清查对象、范围，配备清查人员，明确清查任务。

(2) 财务部门要将总账、明细账等有关资料登记齐全，核对正确，结出余额。保管部门为所保管的各种财产物资以及账簿、账卡挂上标签，标明品种、规格、数量，以备查对。

(3) 对于银行存款和银行借款应从银行取得对账单，以便查对。

(4) 对需要使用的度量衡器，要提前校验正确，保证计量准确。对应用的所有表册，都要准备妥当。

8.2.2 财产清查的具体方法

1. 实物资产的清查

对于各种实物如材料、半成品、在产品、产成品、低值易耗品、包装物、固定资产等，都要从数量和质量上进行清查。由于实物的形态、体积、重量、堆放方式等不尽相同，因而所采用的清查方法也不尽相同。实物数量的清查方法，比较常用的有以下几种。

(1) 实际盘点法。实际盘点法即通过逐一清点或用计量器具来确定实物的实存数量。其适用的范围较广，在多数财产物资清查中都可以采用这种方法。

(2) 技术推算。采用这种方法，对于财产物资不是逐一清点计数，而是通过量方、计尺等技术推算财产物资的结存数量。这种方法只适用于成堆量大而价值又不高难以逐一清点的财产物资的清查。例如，露天堆放的煤炭等。

对于实物的质量，应根据不同的实物采用不同的检查方法，例如有的采用物理方法，有的采用化学方法来检查实物的质量。

实物清查过程中，实物保管人员和盘点人员必须同时在场。对于盘点结果，应如实登记盘存单，并由盘点人和实物保管人签字或盖章，以明确经济责任。盘存单既是记录盘点结果的书面证明，也是反映财产物资实存数的原始凭证。其一般格式如图8-1所示。

盘存单

单位名称：　　　　　　　　盘点时间：　　　　　　　　编号：
财产类别：　　　　　　　　存放地点：　　　　　　　　金额单位：

编号	名称	计量单位	数量	单价	金额	备注

盘点人签章：　　　　　　　　　　　　　　　　　　保管人：

图8-1　盘存单

为了查明实存数与账存数是否一致，确定盘盈或盘亏情况，应根据盘存单和有关账簿的记录，编制实存账存对比表。实存账存对比表是用以调整账簿记录的重要原始凭证，也是分析产生差异的原因、明确经济责任的依据。实存账存对比表的一般格式如图8-2所示。

实存账存对比表

编号	类别及名称	计量单位	单价	实存		账存		对比结果				备注
								盘盈		盘亏		
				数量	金额	数量	金额	数量	金额	数量	金额	

主管人员：　　　　　　　　　　会计：　　　　　　　　　制表：

图8-2　实存账存对比表

对于委托外单位加工、保管的材料、商品、物资以及在途的材料、商品、物资等，可以用询证的方法与有关单位进行核对，以查明账实是否相符。

2. 库存现金的清查

库存现金的清查，包括人民币和各种外币的清查，都是采用实地盘点即通过点钞数来确定现金的实存数，然后以实存数与现金日记账的账面余额进行核对，以查明账实是否相符及盈亏情况。

由于现金的收支业务十分频繁，容易出现差错，需要出纳人员每日进行清查和定期及不定期的专门清查。每日业务终了，出纳人员都应将现金日记账的账面余额与现金的实存数进行核对，做到账款相符。专门班子清查盘点时，出纳人员必须在场，对现钞应逐张查点，还应注意有无违反现金管理制度的现象，编制现金盘点报告表，并由盘点人员和出纳人员签章。现金盘点报告表兼有盘存单和实存账存对比表的作用，是反映现金实有数和调整账簿记录的重要原始凭证。其一般格式如图8-3所示。

现金盘点报告表

单位名称：　　　　　　　　　　年　月　日

实存金额	账存金额	对比结果		备注
		盘盈	盘亏	

盘点人：　　　　　　　　　　　　　　　　出纳员：

图8-3　现金盘点报告表

国库券、其他金融债券、公司债券、股票等有价证券的清查方法和现金相同。

3. 银行存款的清查

银行存款的清查，与实物和现金的清查方法不同，是采用与银行核对账目的方法来进行的。即将企业单位的银行存款日记账与从银行取得的对账单逐笔核对，以查明银行存款的收入、支出和结余的记录是否正确。

开户银行送来的银行对账单是银行在收付企业单位存款时复写的账页，它完整地记录了企业单位存放在银行的款项的增减变动情况及结存余额，是进行银行存款清查的重要依据。

在实际工作中，企业银行存款日记账余额与银行对账单余额往往不一致，其主要原因有：一是双方账目存在错账、漏账。所以在与银行核对账目之前，应先仔细检查企业单位银行存款日记账的正确性和完整性，然后再将其与银行送来的对账单逐笔进行核对。二是正常的"未达账项"。所谓"未达账项"，是指由于双方记账时间不一致而发生的一方已经入账，而另一方尚未入账的款项。企业与银行之间的未达账项，有以下4种情况。

1) 企业已入账，但银行尚未入账

(1) 企业送存银行的款项，企业已做存款增加入账，但银行尚未入账；

(2) 企业开出支票或其他付款凭证，企业已作为存款减少入账，但银行尚未付款、未记账。

2) 银行已入账，但企业尚未入账

(1) 银行代企业收进的款项，银行已作为企业存款的增加入账，但企业尚未收到通知，因而未入账；

(2) 银行代企业支付的款项，银行已作为企业存款的减少入账，但企业尚未收到通知，因而未入账。

上述任何一种情况的发生，都会使双方的账面存款余额不一致。因此，为了查明企业和银行双方账目的记录有无差错，同时也是为了发现未达账项，在进行银行存款清查时，必须将企业的银行存款日记账与银行对账单逐笔核对。核对的内容包括收付金额、结算凭证的种类和号数、收入来源、支出的用途、发生的时间、某日止的金额等。通过核对，如果发现企业有错账或漏账，应立即更正；如果发现银行有错账或漏账，应及时通知银行查明更正；如果发现有未达账项，则应据以编制银行存款余额调节表进行调节，并验证调节后余额是否相等。

【例8-1】2016年6月30日某企业银行存款日记账的账面余额为31 000元，银行对账单的余额为36 000元，经逐笔核对，发现有下列未达账项：

(1) 25日，企业销售产品收到转账支票一张计2 000元，将支票存入银行，银行尚未办理入账手续。

(2) 29日，企业采购原材料开出转账支票一张计1 000元，企业已作银行存款付出，银行尚未收到支票而未入账。

(3) 30日，企业开出现金支票一张计250元，银行尚未入账。

(4) 30日，银行代企业收回货款8 000元，收款通知尚未到达企业，企业尚未入账。

(5) 30日，银行代付电费1 750元，付款通知尚未到达企业，企业尚未入账。

(6) 30日，银行代付水费500元，付款通知尚未到达企业，企业尚未入账。

银行存款日记账与银行对账单如表8-1所示。

表8-1 企业银行存款日记账及银行对账单

银行存款日记账

2016年		凭证	摘要	借方	贷方	余额
月	日					
6	1	略	略			58 250
	5			5 000		
	23				30 000	
	25			2 000		
	27			3 000		
	29				6 000	
	29				1 000	
	30				250	
	30					31 000

银行对账单

2016年		凭证	摘要	借方	贷方	余额
月	日					
6	1	略	略			58 250
	5				5 000	
	23			30 000		
	27				3 000	
	29			6 000		
	29				8 000	
	29			1 750		
	30			500		
	30					36 000

根据以上资料编制银行存款余额调节表，如表8-2所示。

表8-2 银行存款余额调节表

2016年6月30日   元

项目	金额	项目	金额
企业银行存款账面余额	31 000	银行对账单账面余额	36 000
加：银行已记增加，企业未记增加的账项		加：企业已记增加，银行未记增加的账项	
银行代收货款	8 000	存入的转账支票	2 000
减：银行已记减少，企业未记减少的账项		减：企业已记减少，银行未记减少的账项	
银行代付电费	1 750	开出转账支票	1 000
银行代付水费	500	开出现金支票	250
调节后存款余额	36 750	调节后存款余额	36 750

如果调节后双方余额相等，则一般说明双方记账没有差错；若不相等，则表明企业方或银行方或双方记账有差错，应进一步核对，查明原因予以更正。

需要注意的是，对于银行已经入账而企业尚未入账的未达账项，不能根据银行存款余额调节表来编制会计分录，作为记账依据，必须在收到银行的有关凭证后方可入账。另外，对于长期悬置的未达账项，应及时查明原因，予以解决。

上述银行存款的清查方法，也适用于各种银行借款的清查。但在清查银行借款时，还应检查借款是否按规定的用途使用，是否按期归还。

4. 往来款项的清查

往来款项的清查，采用发函询证的方法进行核对。在检查各单位结算往来款项账目正确性和完整性的基础上，根据有关明细分类账的记录，按用户编制"往来款项对账单"，送交对方单位进行核对。对账单一般一式两联，其中一联作为回单。如果对方单位核对相符，应在回单上盖章后退回；如果数字不符，则应将不符的情况在回单上注明，或另抄对账单退回。往来款项清查以后,将清查结果编制"往来款项清查报告单",填列各项债权、债务的余额。对于有争执的款项以及无法收回的款项,应在报告单上详细列明情况,以便及时采取措施进行处理,避免或减少坏账损失。

8.3 财产清查结果的处理

8.3.1 财产清查结果的处理方法

通过财产清查所发现的财产管理和核算方面存在的问题,应当认真分析研究,以有关的法律、制度为依据进行严肃处理。为此,应切实做好以下几个方面的工作。

1. 查明差异,分析原因

通过财产清查所确定的清查资料和账簿记录之间的差异,不论财产的盘盈、盘亏或多余积压,以及逾期债权、债务等,都要认真查明其性质和原因,明确经济责任,提出处理意见,按照规定程序经有关部门批准后,予以认真严肃地处理。财产清查人员应以高度的责任心,深入调查研究,实事求是,问题定性要准确,处理方法要得当。

2. 认真总结,加强管理

财产清查以后,针对所发现的问题和缺点,应当认真总结经验教训,表彰先进,巩固成绩,发扬优点,克服缺点,做好工作。同时,要建立和健全以岗位责任制为中心的财产管理制度,切实提出改进工作的措施,进一步加强财产管理,保护财产的安全和完整。

3. 调整账目,账实相符

财产清查的重要任务之一就是为了保证账实相符,财会部门对于财产清查中所发现的差异必须及时进行账簿记录的调整。由于财产清查结果的处理要报请审批,所以,在账务处理上通常分两步进行。第一步,将财产清查中发现的盘盈、盘亏或毁损数,通过"待处理财产损溢"账户,登记有关账簿,以调整有关账面记录,使账存数和实存数相一致。第二步,在审批后,应根据批准的处理意见,再从"待处理财产损溢"账户转入有关账户。

"待处理财产损溢"账户是一个暂记账户,它是专门用来核算企业在财产清查过程中查明的各种财产物资的盘盈、盘亏和毁损的账户。该账户的借方登记各种财产物资的盘亏、毁损数及按照规定程序批准的盘盈转销数,贷方登记各种财产物资的盘盈数及按照规定程序批准的盘亏、毁损转销数。借方余额表示尚未处理的各种物资的净损失数,贷方余额表示尚未处理的各种财产物资的净溢余数。

对于财产清查中各种材料、在产品和产成品的盘盈和盘亏,属于以下正常原因的,一般增加或冲减费用:在收发物资中,由于计量、检验不准确;财产物资在运输、保管、收发过程中,在数量上发生自然增减变化;由于手续不齐或计算、登记上发生错误。属于管理不善或工作人员失职,造成财产损失、变质或短缺的,应由过失人负责赔偿的,应增加其他应收款。属于贪污盗窃、营私舞弊造成的损失或自然灾害造成的非常损失，应增加营业外支出。另外，对于财产清查中固定资产盘盈盘亏，在按规定报请审批后，其盘盈净值增加营业外收入，盘亏净值增加营业外支出。

8.3.2 财产清查结果的处理举例

【例8-2】某企业在财产清查中，盘盈原材料6吨，价值20 000元。

报经批准前，根据实存账存对比表的记录，编制会计记录：

借：原材料　　　　　　　　　　　　　　　20 000
　　贷：待处理财产损溢　　　　　　　　　　　　　20 000

经查明，这项盘盈材料因计量仪器不准造成生产领用少付多算，所以，经批准冲减本月管理费用，编制会计分录如下：

借：待处理财产损溢　　　　　　　　　　　20 000
　　贷：管理费用　　　　　　　　　　　　　　　20 000

【例8-3】在财产清查中，发现购进的甲材料实际库存较账面库存短缺1 200元。

报经批准前，先调整账面余额，编制会计分录如下：

借：待处理财产损溢　　　　　　　　　　　　　　　1 404
　　贷：原材料——甲材料　　　　　　　　　　　　　　1 200
　　　　应交税费——应交增值税(进项税额转出)　　　　204

报经批准，如属于定额内的自然损耗，则应作为管理费用，计入本期损益，编制会计分录如下：

借：管理费用　　　　　　　　　　　　　　1 404
　　贷：待处理财产损溢　　　　　　　　　　　　1 404

如果属于管理人员过失造成则应由过失人赔偿，编制会计分录如下：

借：其他应收款——李茜　　　　　　　　　1 404
　　贷：待处理财产损溢　　　　　　　　　　　　1 404

如果属于非常灾害造成的损失应经批准列作营业外支出，编制会计分录如下：

借：营业外支出　　　　　　　　　　　　　1 404
　　贷：待处理财产损溢　　　　　　　　　　　　1 404

【例8-4】某企业在财产清查中，盘盈一台八成新的设备，该设备同类产品市场价格为300 000元。

企业应缴企业所得税=300 000×80%×25%=60 000(元)。

借：固定资产　　　　　　　　　　　　　　30 000
　　贷：累计折旧　　　　　　　　　　　　　　　60 000
　　　　以前年度损益调整　　　　　　　　　　240 000
借：以前年度损益调整　　　　　　　　　　60 000

贷：应交税费——应交所得税	60 000	
借：以前年度损益调整	180 000	
贷：利润分配——未分配利润	180 000	

对于无法收回的应收款项则作为坏账损失冲减坏账准备。坏账是指企业无法收回或收回的可能性极小的应收款项。由于发生坏账而产生的损失，称为坏账损失。

企业通常应将符合下列条件之一的应收款项确认为坏账：

(1) 债务人死亡，以其遗产清偿后仍然无法收回；

(2) 债务人破产，以其破产财产清偿后仍然无法收回；

(3) 债务人较长时间内未履行其偿债义务，并有足够的证据表明无法收回或者收回的可能性极小。

企业对有确凿证据表明确实无法收回的应收款项，经批准后作为坏账损失。

对于已确认为坏账的应收款项，并不意味着企业放弃了追索权，一旦重新收回，应及时入账。

【例8-5】在财产清查中，查明确实无法收回的账款10 000元，经批准作为坏账损失。

坏账损失是指无法收回的应收账款而使企业遭受的损失。按制度规定，在会计核算中对坏账损失的处理采用备抵法，即按一定比例提取"坏账准备"计入当期管理费用。因此，对于这笔确属无法收回的应收账款，应按照规定的手续审批后，以批准的文件为原始凭证，作坏账损失处理，冲减"坏账准备"账户。"坏账准备"是资产类的账户，是"应收账款"的抵减账户，用来核算坏账准备的提取和转销情况，贷方登记提取数，借方登记冲销数，余额在贷方表示已经提取尚未冲销的坏账，编制会计分录如下：

借：坏账准备	10 000
贷：应收账款(或其他应收款)	10 000

【例8-6】在财产清查中，查明应付某公司的款项10 000元，应对方企业注销而无法支付，经批准作为营业外收入。

借：应付账款(或其他应付款)	10 000
贷：营业外收入	10 000

[要点总结]

1. 所谓财产清查，就是通过对各项财产的实地盘点，以及对各种债权、债务的核查，将一定时点的实存数与账面结存数核对，借以查明账实是否相符的一种专门方法。

2. 在会计工作中，财产清查有着重要的作用，主要表现在以下几个方面：

保证会计核算资料真实可靠；

保护各项财产物资的安全完整；

挖掘财产物资的潜力，加速资金周转；

监督财经法规和财经纪律的执行。

3. 按照财产清查所包括的范围，可分为全面清查和局部清查；按清查时间不同可划分为定期清查和不定期清查。

4. 财产物资的盘存制度，有永续盘存制和实地盘存制两种，在不同的财产物资盘存制度下，财产物资账簿的记录方法和清查盘点的目的是不同的。

5. 财产清查结果的处理工作，主要有以下方面：查明财产物资盘盈、盘亏的原因并按规定进行处理；总结经验教训，建立和健全财产管理制度；及时处理积压物资；进行财产物资盘盈、盘亏的账务处理。

财产清查财务处理总结如表8-3所示。

表8-3　财产清查财务处理总结

序号	事项			分录
1	库存现金	盘盈	审批前	借：库存现金 　贷：待处理财产损溢
			审批后	借：待处理财产损溢 　贷：其他应付款——应支付 　　营业外收入——无法查明原因
		盘亏	审批前	借：待处理财产损溢 　贷：库存现金
			审批后	借：其他应收款——责任人赔偿 　　管理费用——无法查明原因 　贷：待处理财产损溢
2	存货	盘盈	审批前	借：原材料 　贷：待处理财产损溢
			审批后	借：待处理财产损溢 　贷：管理费用
		盘亏	审批前	借：待处理财产损溢 　贷：原材料 　　应交税费——应交增值税(进项税额转出)
			审批后	借：原材料(残料) 　　其他应收款 　　管理费用 　　营业外支出 　贷：待处理财产损溢
3	固定资产	盘亏	批准前	借：待处理财产损溢(账面价值) 　　累计折旧 　　固定资产减值准备 　贷：固定资产
			批准后	借：其他应收款(保险赔款或过失人赔偿) 　　营业外支出(不影响营业利润) 　贷：待处理财产损溢
		盘盈		借：固定资产 　贷：以前年度损溢调整 借：以前年度损溢调整 　贷：盈余公积 　　利润分配——未分配利润

分层次练习

A. 基础练习

一、复习思考题

1. 什么是财产清查？为什么要进行财产清查？财产清查有什么作用？

2. 哪些因素会造成各项财产账面数与实际数不一致？

3. 如何对现金、银行存款进行清查？可能会出现什么问题？如何解决？

4. 什么是"未达账项"？企业单位能否根据银行存款余额调节表将未达账项登记入账？为什么？

5. 说明"待处理财产损溢"账户的用途和结构。

6. 财产清查结果如有差异，在账务上应如何处理？

二、业务题

习题一

[目的]练习编制银行存款余额调节表，进行银行存款清查。

[资料]雷光公司2015年8月31日银行存款日记账余额37 685元，银行送来的对账单余额为47 570。经逐笔核对，发现两者有下列不符之处：

(1) 8月30日，本公司开出转账支票一张向方圆公司购买文具用品，价值1 045元，方圆公司尚未到银行办理转账手续。

(2) 8月30日，本公司委托银行代收一笔货款7 800元，款项银行已收妥入账，公司尚未收到通知入账。

(3) 8月30日，受到申花公司交来的转账支票4 700元，本公司已送交银行办理，并已入账，但银行尚未入账。

(4) 8月31日，银行扣收手续费12元，公司尚未入账。

(5) 8月31日，银行代付公用事业费3 456元，公司尚未收到通知入账。

(6) 8月31日，本月银行存款利息208元，公司尚未收到通知入账。

[要求]根据以上资料，编制银行存款余额调节表，并确定企业2015年8月31日银行存款的实际结存额。

习题二

[目的]练习存货、固定资产清查结果的账务处理。

[资料]某企业6月30日对存货和固定资产清查发现有关情况如下：

1. 库存A产品账面结存数量2 000件，单位成本35元，金额70 000元。实存1 985件，盘亏15件，价值525元。经查明系保管人员过失所致，经批准责令赔偿。

2. 甲材料账面结存数量250千克，每千克20元，金额5 000元，全部毁损，作为废料处理，计价100元。经查明由于自然灾害所致，其损失经批准作为非常损失处理。

3. 发现账外机器一台，估计原价8 000元，七成新，原因待查，经批准同意转销处理。

4. 乙材料账面结存数量120吨，每吨成本100元，价值12 000元，实存118吨，盘亏2吨，价值200元。经查明属于定额内损耗，经批准作转销处理。

5. 丙材料账面结存数量300千克，每千克10元，价值3 000元；实存310千克，盘盈10千克，价值100元。经查明为收发计量差错原因造成，经批准作转销处理。

[要求]根据以上资料，编制存货和固定资产清查结果审批前后的会计分录。

B. 从业资格考试习题

一、单选题

1. 库存现金清查中对无法查明原因的长款，经批准应记入(   )。

A. 其他应收款　　　B. 其他应付款　　　C. 营业外收入　　　D. 管理费用

2. 财产清查是通过实地盘点和核对账目来查明(   )是否相符的一种方法。

A. 账证　　　　　　B. 账账　　　　　　C. 账实　　　　　　D. 账表

3. 财产清查的对象一般不包括(   )。

A. 货币资金　　　　B. 实物资产　　　　C. 无形资产　　　　D. 债权债务

4. 期末企业银行存款的记账余额为26万元，银行对账单29万元，经对末达账项调节后余额为28万元，则企业在银行的实际可以动用的银行存款数额是(   )。

A. 26万元　　　　　B. 29万元　　　　　C. 28万元　　　　　D. 27万元

5. "应付账款"明细账的账面余额定期与有关债权单位或个人的账面数额进行的核对，属于(   )。

A. 账证核对　　　　B. 账表核对　　　　C. 账实核对　　　　D. 账账核对

6. 某月份公司原材料期初库存20T，单价4万元。本期购进：①15T，单价6万元；②65T，单价2万元。本期发出材料85T，若公司采用先进先出法，则本月生产领用成本为(   )。

A. 270万元　　　　B. 240万元　　　　C. 255万元　　　　D. 210万元

7. 原材料盘盈最终应计入(   )会计科目。

A. 销售费用　　　　B. 管理费用　　　　C. 营业外收入　　　　D. 其他业务收入

8. 原材料盘亏，经分析是由于正常原因造成的，则处理结果最终应计入(   )会计科目。

A. 销售费用　　　　B. 管理费用　　　　C. 营业外收入　　　　D. 其他业务收入

9. 原材料盘亏，经分析是由于非正常原因造成的，则处理结果最终应计入(   )会计科目。

A. 销售费用　　　　B. 管理费用　　　　C. 其他业务成本　　　　D. 营业外支出

10. 固定资产盘亏，经分析是由于正常原因造成的，则处理结果最终应计入(   )会计科目。

A. 销售费用　　　　B. 管理费用　　　　C. 营业外支出　　　　D. 主营业务成本

11. 固定资产盘亏，经分析是由于非正常原因造成的，则处理结果最终应计入(   )会计科目。

A. 销售费用　　　　B. 管理费用　　　　C. 营业外支出　　　　D. 主营业务成本

12. 对于盘亏、毁损的存货，经批准后进行账务处理，不涉及的账户是(   )。

A. 其他应收款　　　B. 营业外支出　　　C. 营业外收入　　　D. 原材料

13. 企业在进行现金清查时，查出现金溢余，并将溢余数记入"待处理财产损溢"科目。后经进一步核查，无法查明原因，经批准后，对该现金溢余正确的会计处理方法是（　　）。

A. 将其从"待处理财产损溢"科目转入"管理费用"科目

B. 将其从"待处理财产损溢"科目转入"营业外收入"科目

C. 将其从"待处理财产损溢"科目转入"其他应付款"科目

D. 将其从"待处理财产损溢"科目转入"其他应收款"科目

14. 银行存款清查方法是（　　）。

A. 定期盘存法　　　　　　　　B. 和往来单位核对账目的方法

C. 实地盘存法　　　　　　　　D. 银行核对账目的方法

二、多选题

1. 按清查的对象范围，财产清查分为（　　）。

A. 定期清查　　　B. 不定期清查　　　C. 全面清查　　　D. 局部清查

2. 对银行存款的清查，是通过核对账目进行的。编制"银行存款余额调节表"时，对企业银行存款日记账余额进行调节，应（　　）。

A. 加企业已收，银行未收的款项　　　B. 加银行已收，企业未收的款项

C. 减企业已付，银行未付的款项　　　D. 减银行已付，企业未付的款项

3. 全面清查一般在（　　）情况下进行。

A. 年度终了　　　B. 单位合并　　　C. 出纳离职　　　D. 清算

4. 未达账项有（　　）情况。

A. 银行已收款入账而企业未入账　　　B. 银行已付款入账而企业未入账

C. 企业已收款入账而银行未入账　　　D. 企业已付款入账而银行未入账

5. 当财产物资发生的盘亏和损失在报经批准后，应转入的账户有（　　）。

A. 管理费用　　　B. 实地盘存制　　　C. 权责发生制　　　D. 待处理财产损溢

6. 存货盘存制度一般有（　　）。

A. 永续盘存制　　　B. 实地盘存制　　　C. 权责发生制　　　D. 收付实现制

7. 确定期末存货成本及生产领用成本的方法有（　　）。

A. 先进先出　　　B. 后进先出　　　C. 后进后出　　　D. 加权平均

8. 下列项目中，属于不定期并且全面清查的有（　　）。

A. 单位合并、撤销以及改变隶属关系　　　B. 年终决算之前

C. 企业股份制改造之前　　　D. 单位主要领导调离工作前

9. 下列各项中，在"待处理财产损溢"账户借方登记的有（　　）。

A. 财产物资的盘亏数　　　　　　B. 财产物资的损毁数

C. 批准转销的财产物资的盘盈数　　　D. 批准转销的财产物资的盘亏数

10. 编制"银行存款余额调节表"时，计算调节后的余额应以企业银行存款日记账余额（　　）。

A. 加企业未入账的收入款项　　　　　B. 加银行未入账的收入款项

C. 减企业未入账的支出款项　　　　　D. 加企业未入账的支出款项

三、判断题

1. 盘存类账户的财产清查均采用实地盘点的方法。（　　）

2. 全面清查既可以是定期清查，也可以是不定期清查。（　　）

3. 银行存款日记账与银行对账单余额不一致的原因主要是由记账错误和未达账项所造成的。（　　）

4. 企业在银行的实有存款应是银行对账单上列明的余额。（　　）

5. 对于无法收回的应收款，应先记入"待处理财产损溢"账户，批准后再转入有关账户。（　　）

6. 对于财产物资的盘盈，无法查明原因的，一般记入"营业外收入"账户。（　　）

7. 在银行的实有存款应是银行存款日记账上列明的金额。（　　）

8. 更换财产物资保管员时，应进行不定期的全面清查。（　　）

9. 技术推算法是指利用技术方法推算财产物资账存数的方法。（　　）

10. 不管是盘盈还是盘亏，均应首先调整相关资产项目，同时对方科目确认为"待处理财产损溢"。（　　）

11. 为保证全面清查的准确性和工作效率，公司可以选择在公司业务量较少的月份进行全面清查。（　　）

12. 财产清查是会计核算的一种专门方法，又是财产物资管理的一项重要制度。（　　）

13. 固定资产盘盈应作为前期差错处理。（　　）

第9章
财务会计报表

编制会计报表是一定期间内会计核算的终结。

学习本章后，要求：

1. 明确会计报表的作用、种类和编制要求；
2. 掌握资产负债表和利润表的结构原理和基本的编制方法，并会进行简单的报表分析。

9.1 会计报表的作用、种类和编制要求

9.1.1 会计报表的作用

企业、行政、事业等单位的经济活动和财务收支，经过日常的会计核算，已在账簿中序时、连续、系统地做了归集和记录。但这些核算资料是分散地反映在各个账户之中，不能集中地、总括地、一目了然地反映企业、行政、事业等单位的经济活动和财务收支全貌，为了满足经营管理的需要，必须将日常核算资料按照科学的方法和一定的指标定期进行系统的整理，以特定的方式全面综合地反映企业整个经济活动和财务收支状况。

会计报表是通过整理、汇总日常会计核算资料而定期编制的，用来集中、总括地反映企业单位在某一特定日期的财务状况以及某一特定时期的经营成果和现金流量的书面报告。编制会计报表是会计核算的又一种专门方法，也是会计工作的一项重要内容。会计报表所提供的指标，比其他会计资料提供的信息更能综合、系统和全面地反映企业和行政、事业等单位的经济活动的情况和结果。因此会计报表对企业和行政、事业单位本身及其主管部门，对企业的债权人和投资者，以及财税、银行、审计等部门来说，都是一种十分重要的经济资料。会计报表的作用，具体体现在以下几个方面。

(1) 会计报表所提供的资料，可以帮助企业领导和管理人员分析检查企业的经济活动是否符合制度规定；考核企业资金、成本、利润等计划指标的完成程度；分析评价经营管理中的成绩和缺点，采取措施，改善经营管理，提高经济效益；运用会计报表的资料和其他资料进行分析，为编制下期计划提供依据。同时，通过会计报表，把会计经营情况和结果向职工公布，以便职工进行监督，进一步发挥职工群众主人翁作用，从各方面提出改进建议，促进企业增产节约措施的落实。

(2) 单位主管部门，利用会计报表，考核所属单位的业绩以及各项经济政策贯彻执行情况，并通过各单位同类指标的对比分析，可及时总结成绩，推广先进经验；对所发现的

问题进行分析，采取措施，克服薄弱环节；同时，通过报表逐级汇总所提供的资料，可以在一定范围内反映国民经济计划的执行情况，为国家宏观管理提供依据。

(3) 财政、税务、银行和审计部门利用会计报表所提供的资料，可以了解企业资金的筹集运用是否合理、检查企业税收、利润计划的完成与解缴情况以及有无违反税法和财经纪律的现象，更好地发挥财政、税收的监督职能；银行部门可以考查企业流动资金的利用情况，分析企业银行借款的物资保证程度，研究企业流动资金的正常需要量，了解银行借款的归还以及信贷纪律的执行情况，充分发挥银行经济监督和经济杠杆作用；审计部门可以利用会计报表了解企业财务状况和经营情况及财经政策、法令和纪律执行情况，从而为进行财务审计和经济效益审计提供必要的资料。

(4) 企业的投资者、债权人和其他利益群体需利用会计报表所提供的企业财务状况和偿债能力等信息，作为投资、贷款和交易的决策依据。行政、事业等单位的会计报表，可以总括反映预算资金收支情况和预算执行的结果，以便总结经验教训，改进工作，提高单位的管理水平，并为编制下期预算提供必要的资料。

9.1.2　会计报表的构成和分类

1. 会计报表的构成

财务报表至少应当包括下列组成部分：资产负债表、利润表、现金流量表、所有者权益变动表、会计报表附注。

财务报表上述组成部分具有同等的重要程度。

2. 会计报表的分类

1) 按照会计报表所反映的经济内容分类

按会计报表反映的经济内容分为4种类型：

(1) 反映一定日期企业财务状况的报表，如资产负债表。

(2) 反映一定时期企业经营成果的会计报表，如利润表。

(3) 反映一定时期企业构成所有者权益的各组成部分的增减变动情况的报表，如所有者权益变动表(或股东权益变动表)。

(4) 反映一定时期内企业财务状况变动情况的会计报表，如现金流量表。

以上4类报表可以划分为静态报表和动态报表，前者为资产负债表，后者为利润表、所有者权益变动表和现金流量表。

2) 按照会计报表报送对象分类

财务报表按其服务的对象可分为两大类。一类是对外报送的会计报表，包括资产负债表、利润表、所有者权益变动表和现金流量表等。这些报表可用于企业内部管理，但更偏向于现在和潜在投资者、贷款人、供应商和其他债权人、顾客、政府机构、社会公众等外部使用者的信息要求。这类报表一般有统一格式和编制要求。另一类是对内报送的财务报表，这类报表是根据企业内部管理需要编制的，主要用于企业内部成本控制、定价决策、投资或筹资方案的选择等，这类报表无规定的格式、种类。

3) 按照会计报表编报的编制分类

按会计报表编报的编制不同，可将其分为个别会计报表和合并会计报表两类。这种划分是在企业对外单位进行投资的情况下，由于特殊的财务关系所形成的。

个别会计报表是指只反映对外投资企业本身的财务状况和经营情况的会计报表，包括对外和对内会计报表。合并会计报表是指一个企业在能够控制另一个企业的情况下，将被控制企业与本企业视为一个整体，将其有关经济指标与本企业的数字合并而编制的会计报表。合并会计报表所反映的是企业与被控制企业共同的财务状况与经营成果，合并会计报表一般只编制对外会计报表。

4) 按照会计报表编制的时间分类

按照会计报表编制的时间不同，可将其分为定期会计报表和不定期会计报表，其中定期会计报表又可分为中期会计报表和年度会计报表，中期会计报表包括：半年度会计报表、季度会计报表和月份会计报表三类。年报是年终编制的报表，它是全面反映企业财务状况、经营成果及其分配、现金流量等方面的报表。季报是每一季度末编制的报表，种类比年报少一些。月报是月终编制的会计报表，只包括一些主要的报表，如资产负债表、利润表等。

各期间财务会计报告编制的时间要求和基本内容是：

(1) 月度财务会计报告。在每月终了后6日内报出，至少应当包括资产负债表和利润表。

(2) 季度财务会计报告。在每季度终了后的15日内报出，包括的内容与月度财务会计报告基本相同。

(3) 半年度财务会计报告。在每半年度终了后60天内报出，包括资产负债表、利润表、现金流量表和会计报表附注。

(4) 年度财务会计报告。在每年度终了后4个月内对外提供，包括财务会计报告的全部内容。

在编制会计报表时，哪些报表为年度会计报表，哪些报表为季度会计报表，哪些报表为月份会计报表，都应根据《企业会计准则》的规定办理。月度会计报表和季度会计报表都属于中期报告。企业在持续经营的条件下，一般按年、季、月编制会计报表，但在某种特殊情况下则需编制不定期会计报表，例如在企业宣布破产时应编制和报送破产清算会计报表。

5) 按照会计报表编制单位分类

按照会计报表编制单位不同，可将其分为单位会计报表和汇总会计报表两类。

单位会计报表是指由独立核算的会计主体编制的，用以反映某一会计主体的财务状况、经营活动成果和费用支出及成本完成情况的报表。汇总会计报表是指由上级主管部门将其所属各基层经济单位的会计报表，与其本身的会计报表汇总编制的，用以反映一个部门或一个地区经济情况的会计报表。

9.1.3 会计报表的编制要求

为了充分发挥会计报表的作用，会计报表的种类、格式、内容和编制方法，都由财政部统一制定，企业应严格地按照统一规定填制和上报，才能保证会计报表口径一致，便于各有关部门利用会计报表了解、考核和管理企业的经济活动。

为确保会计报表质量，编制会计报表必须符合以下要求。

1. 以持续经营为基础编制

企业应当以持续经营为基础，根据实际发生的交易和事项，按照《企业会计准则——基本准则》和其他各项会计准则的规定进行确认和计量，在此基础上编制财务报表。以持续经营为基础编制的财务报表不再合理时，企业应当采用其他基础编制财务报表，并在附注中声明财务报表未以持续经营为基础编制的事实、披露未以持续经营为基础编制的原因和财务报表的编制基础。

2. 按正确的会计基础编制

除现金流量表按照收付实现制原则编制外，企业应当按照权责发生制原则编制财务报表。

3. 至少按年编制财务报表

企业至少应当按年编制财务报表。年度财务报表涵盖的期间短于一年的，应当披露年度财务报表的涵盖期间、短于一年的原因以及报表数据不具可比性的事实。

4. 项目列报遵守重要性原则

重要性，是指在合理预期下，财务报表某项目的省略或错报会影响使用者据此作出经济决策的，该项目具有重要性。

重要性应当根据企业所处的具体环境，从项目的性质和金额两方面予以判断，且对各项目重要性的判断标准一经确定，不得随意变更。判断项目性质的重要性，应当考虑该项目在性质上是否属于企业日常活动、是否显著影响企业的财务状况、经营成果和现金流量等因素；判断项目金额大小的重要性，应当考虑该项目金额占资产总额、负债总额、所有者权益总额、营业收入总额、营业成本总额、净利润、综合收益总额等直接相关项目金额的比重或所属报表单列项目金额的比重。性质或功能不同的项目，应当在财务报表中单独列报，但不具有重要性的项目除外。性质或功能类似的项目，其所属类别具有重要性的，应当按其类别在财务报表中单独列报。

某些项目的重要性程度不足以在资产负债表、利润表、现金流量表或所有者权益变动表中单独列示，但对附注却具有重要性，则应当在附注中单独披露。

《企业会计准则第30号——财务报表列报》规定在财务报表中单独列报的项目，应当单独列报。其他会计准则规定单独列报的项目，应当增加单独列报项目。

5. 保持各个会计期间财务报表项目列报的一致性

财务报表项目的列报应当在各个会计期间保持一致，除会计准则要求改变财务报表项目的列报或企业经营业务的性质发生重大变化后，变更财务报表项目的列报能够提供更可靠、更具关联性的会计信息外，不得随意变更。

6. 各项目之间的金额不得相互抵销

财务报表中的资产项目和负债项目的金额、收入项目和费用项目的金额、直接计入当期利润的利得项目和损失项目的金额不得相互抵销，但其他会计准则另有规定的除外。一组类似交易形成的利得和损失应当以净额列示，但具有重要性的除外。资产或负债项目按扣除备抵项目后的净额列示，不属于抵销。非日常活动产生的利得和损失，以同一交易形成的收益扣减相关费用后的净额列示更能反映交易实质的，不属于抵销。

7. 至少应当提供所有列报项目上一个可比会计期间的比较数据

当期财务报表的列报，至少应当提供所有列报项目上一个可比会计期间的比较数据，以及与理解当期财务报表相关的说明，但其他会计准则另有规定的除外。财务报表的列报项目发生变更的，应当至少对可比期间的数据按照当期的列报要求进行调整，并在附注中披露调整的原因和性质，以及调整的各项目金额。对可比数据进行调整不可行的，应当在附注中披露不能调整的原因。

8. 应当在财务报表的显著位置披露编报企业的名称等重要信息

企业应当在财务报表的显著位置(如表首)至少披露下列各项：编报企业的名称；资产负债表日或财务报表涵盖的会计期间；人民币金额单位；财务报表是合并财务报表的，应当予以标明。

9.1.4 财务报表编制前的准备工作

在编制财务报表前，需要完成下列工作。
(1) 严格审核会计账簿的记录和有关资料；
(2) 进行全面财产清查、核实债务，并按规定程序报批，进行相应的会计处理；
(3) 按规定的结账日进行结账，结出有关会计账簿的余额和发生额，并核对各会计账簿之间的余额；
(4) 检查相关的会计核算是否按照国家统一的会计制度的规定进行；
(5) 检查是否存在因会计差错、会计政策变更等原因需要调整前期或本期相关项目的情况等。

9.2 资产负债表

资产负债表是总括反映企业在某一特定日期(月末、季末或年末)全部资产、负债和所有者权益情况的会计报表。

9.2.1 资产负债表的作用

1. 资产负债表可提供的信息

(1) 流动资产实有情况的信息，包括货币资金、应收及预付款项、交易性金融资产和存货等流动资产实有情况的信息。
(2) 非流动资产实有情况的信息，包括债权投资、其他债权投资、长期股权投资、固定资产、无形资产等非流动资产实有情况的信息。

(3) 流动负债的信息,包括短期借款、交易性金融负债、应付及预收款项等流动负债的信息。

(4) 非流动负债的信息,包括长期借款、应付债券、长期应付款等信息。

(5) 所有者权益的信息,包括实收资本、盈余公积和未分配利润的信息。

2. 资产负债表的作用

(1) 可以提供某一日期资产的总额及其结构,表明企业拥有或控制的资源及其分布情况。

(2) 可以提供某一日期的负债总额及其结构,表明企业未来需要用多少资产或劳务清偿债务以及清偿时间。

(3) 可以反映所有者所拥有的权益,据以判断资本保值、增值的情况以及对负债的保障程度。

9.2.2 资产负债表的格式和结构

资产负债表主要有账户式和报告式两种。我国资产负债表采用账户式,即左侧列资产,右侧列负债和所有者权益。资产负债表的依据是"资产=负债+所有者权益"的平衡原理,左、右两方各项目前后顺序按其流动性排列,一般企业的资产负债表基本格式如表9-1所示。

表9-1 资产负债表
(适用于已执行新金融准则、新收入准则和新租赁准则的企业)

会企01表
编制单位: 年 月 日 单位:元

资产	期末余额	上年年末余额	负债和所有者权益(或股东权益)	期末余额	上年年末余额
流动资产:			流动负债:		
货币资金			短期借款		
交易性金融资产			交易性金融负债		
衍生金融资产			衍生金融负债		
应收票据			应付票据		
应收账款			应付账款		
应收款项融资			预收款项		
预付款项			合同负债		
其他应收款			应付职工薪酬		
存货			应交税费		
合同资产			其他应付款		
持有待售资产			持有待售负债		
一年内到期的非流动资产			一年内到期的非流动负债		
其他流动资产			其他流动负债		
流动资产合计			流动负债合计		
非流动资产:			非流动负债:		
债权投资			长期借款		

(续表)

资产	期末余额	上年年末余额	负债和所有者权益(或股东权益)	期末余额	上年年末余额
其他债权投资			应付债券		
长期应收款			其中：优先股		
长期股权投资			永续债		
其他权益工具投资			租赁负债		
其他非流动金融资产			长期应付款		
投资性房地产			预计负债		
固定资产			递延收益		
在建工程			递延所得税负债		
生产性生物资产			其他非流动负债		
油气资产			非流动负债合计		
使用权资产			负债合计		
无形资产			所有者权益(或股东权益)：		
开发支出			实收资本(或股本)		
商誉			其他权益工具		
长期待摊费用			其中：优先股		
递延所得税资产			永续债		
其他非流动资产			资本公积		
非流动资产合计			减：库存股		
			其他综合收益		
			专项储备		
			盈余公积		
			未分配利润		
			所有者权益(或股东权益)合计		
资产总计			负债和所有者权益(或股东权益)总计		

注：该表出自《关于修订印发2019年度一般企业财务报表格式的通知》(财会〔2019〕6号)

1. 资产的排列顺序

(1) 流动资产。流动资产包括在一年或超过一年的一个经营周期以内可以变现或耗用、售出的全部资产。在资产负债表上排列为：货币资金、交易性金融资产、应收票据、应收账款、预付款项、应收利息、其他应收款、存货、一年内到期的非流动资产等。

(2) 非流动资产。非流动资产包括变现能力在一年或超过一年的一个经营周期以上的资产。在资产负债表上排列为：债权投资、其他债权投资、长期应收款、长期股权投资、长期应收款、投资性房地产、固定资产、在建工程、工程物资、固定资产清理、生产性生物资产、油气资产、无形资产、开发支出、商誉、长期待摊费用、递延所得税资产等。

2. 负债的排列顺序

(1) 流动负债。流动负债包括偿还期在一年以内的全部负债。在资产负债表上排列顺序为：短期借款、交易性金融负债、应付票据、应付账款、预收款项、应付职工薪酬、应交税费、应付利息、应付股利、其他应付款、一年内到期的非流动负债等。

(2) 非流动负债。非流动负债包括偿还期在一年或超过一年的一个经营周期以上的债务。在资产负债表上排列顺序为：长期借款、应付债券、长期应付款、专项应付款、预计负债、递延所得税负债等。

3. 所有者权益的排列顺序

所有者权益包括所有者投资、企业在生产经营过程中形成的盈余公积和未分配利润。在资产负债表上的排列顺序为：实收资本、资本公积、盈余公积和未分配利润等。

9.2.3　资产负债表的编制方法

资产负债表中"年初余额"栏各项的数字，应按上年年末资产负债表中"期末余额"栏中的数字填列。"期末余额"栏内各项数字根据会计期末各总账账户及所属明细账户余额填列。若本年度资产负债表中规定的各项目的名称和内容与上年度不一致，应对上年年末资产负债表各项的名称和数字按照本年度的规定进行调整后，填入表中的"年初余额"栏。资产负债表的"期末数"栏内各项数字，应根据会计账簿填列。

1. 资产负债表的填列方法

1) 根据总账科目余额填列

(1) 直接根据总账科目期末余额填列。如"应收票据""短期借款"等项目。

(2) 根据几个总账科目期末余额计算填列。如"货币资金"项目，需根据"库存现金""银行存款""其他货币资金"三个总账科目的期末余额的合计数填列。

2) 根据明细账科目余额计算填列

如"应收账款"项目，需要根据"应收账款"和"预收账款"两个科目分别所属的明细科目期末借方余额计算填列(原因：均为销售环节产生);

"预收款项"项目应根据"预收账款"和"应收账款"科目所属各明细科目的期末贷方余额合计数填列。

如"应付账款"项目，需要根据"应付账款"和"预付账款"两个科目分别所属的明细科目期末贷方余额计算填列(原因：均为采购环节产生)。

"预付款项"项目应根据"预付账款"和"应付账款"科目所属各明细科目的期末借方余额合计数填列。

【例9-1】根据表9-2账户余额填列应收账款、预收账款、应付账款及预付账款的报表项目。

表9-2　例9-1表 元

账户	借方余额	贷方余额
应收账款-A公司	20 000	
应收账款-B公司	3 000	
应收账款-C公司		10 000
预收账款-D公司		50 000

(续表)

账户	借方余额	贷方余额
预收账款-E公司		20 000
预收账款-F公司	40 000	
应付账款-G公司		60 000
应付账款-H公司		80 000
应付账款-I公司	3 000	
预付账款–J公司	40 000	
预付账款–K公司		20 000

应收账款=20 000+3 000+40 000=63 000

预收账款=10 000+50 000+20 000=80 000

应付账款=60 000+80 000+20 000=160 000

预付账款=3 000+40 000=43 000

3) 根据总账科目和明细账科目余额分析计算填列

如"长期借款"项目，需要根据"长期借款"总账科目余额扣除其所属明细科目中将在一年内到期的长期借款部分(一年内到期的非流动负债)分析计算填列。

"长期待摊费用"项目，根据"长期待摊费用"的期末余额减去将于一年内(含一年)摊销的数额(一年内到期的非流动资产)后的余额填列。

4) 根据科目余额减去其备抵项目后的净额填列

如"应收账款""长期股权投资"项目，应根据"应收账款""长期股权投资"等科目的期末余额，减去"坏账准备""长期股权投资减值准备"等科目的期末余额后以净额填列。"固定资产"项目，应根据"固定资产"科目的期末余额减去"累计折旧""固定资产减值准备"科目期末余额后的净额填列；又如，"无形资产"项目，根据"无形资产"科目的期末余额，减去"累计摊销""无形资产减值准备"科目余额后的净额填列。

5) 综合运用上述方法分析填列

如"存货"项目，需要根据"在途物资""物资采购""材料成本差异""原材料""生产成本""库存商品""商品进销差价"等总账科目期末余额的分析汇总数，再减去"存货跌价准备"科目余额后的净额填列。

6) 资产负债表附注的内容，根据实际需要和有关备查账簿等的记录分析填列

2. 资产负债表各项目填列方法的说明

(1) "货币资金"项目，反映企业库存现金、银行结算户存款、外埠存款、银行汇票存款、银行本票存款、信用卡存款、信用证保证金存款等的合计数。本项目应根据"库存现金""银行存款""其他货币资金"科目的期末余额合计数填列。

(2) "交易性金融资产"项目反映企业持有的以公允价值计量且其变动计入当期损益的，以交易为目的所持有的债券投资、股票投资、基金投资、权证投资等金融资产。本项目根据"交易性金融资产"科目和在初始确认时指定为以公允价值计量且其变动计入当期损益的金融资产科目的期末余额填列。

(3)"应收票据"项目，反映企业收到的未到期收款也未向银行贴现的应收票据，包括商业承兑汇票和银行承兑汇票。本项目应根据"应收票据"科目的期末余额填列。已向银行贴现和已背书转让的应收票据不包括在本项目内，其中已贴现的商业承兑汇票应在会计报表附注中单独披露。

(4)"应收账款"项目，反映企业因销售商品、产品和提供劳务等而应向购买单位收取的各种款项，减去已计提的坏账准备后的净额。本项目应根据"应收账款"科目所属各明细科目的期末借方余额合计数，减去"坏账准备"科目中有关应收账款计提的坏账准备期末余额后的金额填列。如"应收账款"科目所属明细科目期末有贷方余额，应在本表"预收账款"项目内填列。

(5)"应收股利"项目，反映企业因股权投资而应收取的现金股利，企业应收其他单位的利润，也包括在本项目内。本项目应根据"应收股利"科目的期末余额填列。

(6)"应收利息"项目，反映企业因债权投资而应收取的利息。企业购入到期还本付息债券应收的利息，不包括在本项目内。本项目应根据"应收利息"科目的期末余额填列。

(7)"其他应收款"项目，反映企业对其他单位和个人的应收和暂付的款项，减去已计提的坏账准备后的净额。本项目应根据"其他应收款"科目的期末余额，减去"坏账准备"科目中有关其他应收款计提的坏账准备期末余额后的金额填列。

(8)"预付账款"项目，反映企业预付给供应单位的款项。本项目应根据"预付账款"科目所属各明细科目的期末借方余额合计填列。如"预付账款"科目所属有关明细科目期末有贷方余额的，应在本表"应付账款"项目内填列。如"应付账款"科目所属明细科目有借方余额的，也应包括在本项目内。

(9)"存货"项目，反映企业期末在库、在途和在加工中的各项存货的可变现净值，包括各种材料、商品、在产品、半成品、包装物、低值易耗品、分期收款发出商品、委托代销商品、受托代销商品等。本项目应根据"物资采购""原材料""低值易耗品""自制半成品""库存商品""包装物""分期收款发出商品""委托加工物资""委托代销商品""受托代销商品""生产成本"等科目的期末余额合计减去"代销商品款""存货跌价准备"科目期末余额后的金额填列。材料采用计划成本核算，以及库存商品采用计划成本或售价核算的企业，还应按加或减材料成本差异、商品进销差价后的金额填列。

(10)"一年内到期的非流动资产"项目，反映企业将于一年内到期的非流动资产。本项目应根据有关科目的期末余额分析计算填列。

(11)"其他流动资产"项目，反映企业除以上流动资产项目外的其他流动资产，本项目应根据有关科目的期末余额填列。如其他流动资产价值较大的，应在会计报表附注中披露其内容和金额。

(12)"债权投资"项目，反映资产负债表日企业以摊余成本计量的长期债权投资的期末账面价值。该项目应根据"债权投资"科目的相关明细科目期末余额，减去"债权投资减值准备"科目中相关减值准备的期末余额后的金额分析填列。自资产负债表日起一年内到期的长期债权投资的期末账面价值，在"一年内到期的非流动资产"项目反映。企业购入的以摊余成本计量的一年内到期的债权投资的期末账面价值，在"其他流动资产"项目反映。

(13)"其他债权投资"项目，反映资产负债表日企业分类为以公允价值计量且其变动计入其他综合收益的长期债权投资的期末账面价值。该项目应根据"其他债权投资"科目的相关明细科目的期末余额分析填列。自资产负债表日起一年内到期的长期债权投资的期末账面价值，在"一年内到期的非流动资产"项目反映。企业购入的以公允价值计量且其变动计入其他综合收益的一年内到期的债权投资的期末账面价值，在"其他流动资产"项目反映。

(14) "投资性房地产"项目，反映企业持有的投资性房地产。本项目应根据"投资性房地产"科目的期末余额，减去"投资性房地产累计折旧""投资性房地产减值准备"所属有关明细科目期末余额后的金额分析计算填列。

(15) "长期股权投资"项目，反映企业不准备在1年内(含1年)变现的各种股权性质投资的可收回金额。本项目应根据"长期股权投资"科目的期末余额，减去"长期投资减值准备"科目中有关股权投资减值准备期末余额后的金额填列。

(16) "长期应收款"项目，反映企业持有的长期应收款的可收回金额。本项目应根据"长期应收款"科目的期末余额，减去"坏账准备"科目所属相关明细科目期末余额，再减去"未确认融资收益"科目期末余额后的金额分析计算填列。

(17) "固定资产"项目，反映企业的固定资产可收回金额。本项目应根据"固定资产"科目的期末余额，减去"累计折旧"和"固定资产减值准备"科目期末余额后的金额填列。

(18) "工程物资"项目，反映企业各项工程尚未使用的工程物资的实际成本。本项目应根据"工程物资"科目的期末余额填列。

(19) "在建工程"项目，反映企业期末各项未完工程的实际支出，包括交付安装的设备价值、未完建筑安装工程已经耗用的材料、工资和费用支出、预付出包工程的价款、已经建筑安装完毕但尚未交付使用的工程等的可收回金额。本项目应根据"在建工程"科目的期末余额，减去"在建工程减值准备"科目期末余额后的金额填列。

(20) "固定资产清理"项目，反映企业因出售、毁损、报废等原因转入清理但尚未清理完毕的固定资产的账面价值，以及固定资产清理过程中所发生的清理费用和变价收入等各项金额的差额。本项目应根据"固定资产清理"科目的期末借方余额填列，如"固定资产清理"科目期末为贷方余额，以"-"号填列。

(21) "无形资产"项目，反映企业各项无形资产的期末可收回金额。本项目应根据"无形资产"科目的期末余额，减去"累计摊销"和"无形资产减值准备"科目期末余额后的金额填列。

(22) "递延所得税资产"项目，反映企业确认的递延所得税资产。本项目应根据"递延所得税资产"科目期末余额分析填列。

(23) "其他非流动资产"项目，反映企业除以上资产以外的其他长期资产。本项目应根据有关科目的期末余额填列。如其他长期资产价值较大的，应在会计报表附注中披露其内容和金额。

(24) "短期借款"项目，反映企业借入尚未归还的1年期以下(含1年)的借款。本项目应根据"短期借款"科目的期末余额填列。

(25) "交易性金融负债"项目反映企业发行短期债券等所形成的交易性金融负债的公允价值，根据"交易性金融负债"账户和在初始确认时指定为以公允价值计量且其变动计入当期损益的金融负债账户的期末余额填列。

(26)"应付票据"项目，反映企业为了抵付货款等而开出、承兑的尚未到期付款的应付票据，包括银行承兑汇票和商业承兑汇票。本项目应根据"应付票据"科目的期末余额填列。

(27)"应付账款"项目，反映企业购买原材料、商品和接受劳务供应等而应付给供应单位的款项。本项目应根据"应付账款"科目所属各有关明细科目的期末贷方余额合计填列；如"应付账款"科目所属各明细科目期末有借方余额，应在本表"预付账款"项目内填列。

(28)"预收账款"项目，反映企业预收购买单位的账款。本项目应根据"预收账款"科目所属各有关明细科目的期末贷方余额合计填列。如"预收账款"科目所属有关明细科目有借方余额的，应在本表"应收账款"项目内填列；如"应收账款"科目所属明细科目有贷方余额的，也应包括在本项目内。

(29)"应付职工薪酬"项目，反映企业应付未付的职工薪酬。本项目应根据"应付职工薪酬"科目期末贷方余额填列。如"应付职工薪酬"科目期末为借方余额，以"–"号填列。

(30)"应交税费"项目，反映企业期末未交、多交或未抵扣的各种税费。本项目应根据"应交税费"科目的期末贷方余额填列；如"应交税费"科目期末为借方余额，以"–"号填列。

(31)"应付利息"项目，反映企业应付未付的利息。本项目应根据"应付利息"科目的期末贷方余额填列。

(32)"应付股利"项目，反映企业尚未支付的现金股利。本项目应根据"应付股利"科目的期末余额填列。

(33)"其他应付款"项目，反映企业所有应付和暂收其他单位和个人的款项。本项目应根据"其他应付款"科目的期末余额填列。

(34)"预计负债"项目，反映企业预计负债的期末余额。本项目应根据"预计负债"科目的期末余额填列。

(35)"一年内到期的非流动负债"项目，反映企业承担的将于一年内到期的非流动负债。本项目应根据有关非流动负债科目的期末余额分析计算填列。

(36)"其他流动负债"项目，反映企业除以上流动负债以外的其他流动负债。本项目应根据有关科目的期末余额填列，如"待转资产价值"科目的期末余额可在本项目内反映。如其他流动负债价值较大的，应在会计报表附注中披露其内容及金额。

(37)"长期借款"项目，反映企业借入尚未归还的1年期以上(不含1年)的借款本息。本项目应根据"长期借款"科目的期末余额填列。

(38)"应付债券"项目，反映企业发行的尚未偿还的各种长期债券的本息。本项目应根据"应付债券"科目的期末余额填列。

(39)"长期应付款"项目，反映企业除长期借款和应付债券以外的其他各种长期应付款。本项目应根据"长期应付款"科目的期末余额，减去"未确认融资费用"科目期末余额后的金额填列。

(40)"递延所得税负债"项目，反映企业确认的递延所得税负债。本项目应根据"递延所得税负债"科目期末余额分析填列。

(41) "其他流动负债"项目，反映企业除以上非流动负债项目以外的其他非流动负债。本项目应根据有关科目的期末余额填列。如其他非流动负债价值较大的，应在会计报表附注中披露其内容和金额。

(42) "实收资本(或股本)"项目，反映企业各投资者实际投入的资本(或股本)总额。本项目应根据"实收资本"(或"股本")科目的期末余额填列。

(43) "资本公积"项目，反映企业资本公积的期末余额。本项目应根据"资本公积"科目的期末余额填列。

(44) "盈余公积"项目，反映企业盈余公积的期末余额。本项目应根据"盈余公积"科目的期末余额填列。

(45) "未分配利润"项目，反映企业尚未分配的利润。本项目应根据"本年利润"科目和"利润分配"科目的余额计算填列。未弥补的亏损，在本项目内以"-"号填列。

下面举例说明一般企业资产负债表某些项目的编制方法。

【例9-2】甲公司年末有关科目资料，如表9-3所示。

表9-3　甲公司2019年12月31日有关账户余额表　　　　　　　　元

账户名称	借方余额	贷方余额	账户名称	借方余额	贷方余额
库存现金	70 000		短期借款		235 000
银行存款	250 000		应付票据		220 000
其他货币资金	205 000		应付账款		500 000
交易性金融资产	25 000		预收账款		20 000
应收票据	35 000		应付职工薪酬		135 000
应收股利	35 000		应付股利		120 000
应收利息	10 000		应交税费		45 000
应收账款	356 000		其他应付款		35 000
坏账准备		6 000	长期借款		500 000
预付账款	60 000		实收资本		1 500 000
其他应收款	10 000		资本公积		89 000
原材料	350 000		盈余公积		256 000
库存商品	165 000		利润分配		125 000
生产成本	185 000				
债权投资	350 000				
长期股权投资	140 000				
长期股权投资减值准备		20 000			
固定资产	2 000 000				
累计折旧		650 000			
在建工程	120 000				
无形资产	90 000				
	4 456 000	676 000			3 780 000

说明：以上资料中有三个账户，经查明应在列表时按规定予以调整：在"应收账款"账户中有明细账贷方余额10 000元；在"应付账款"账户中有明细账借方余额20 000元；在"预付账款"账户中有明细账贷方余额5 000元。

现将表9-3资料经归纳分析后填入资产负债表，如下所示。

(1) 将"库存现金""银行存款""其他货币资金"科目余额合并列入货币资金项目

(70 000+250 000+205 000=525 000)，共计525 000元；

(2) 将坏账准备项目6 000元从应收账款项目中减去；将应收账款明细账中的贷方余额10 000元列入预收账款项目。计算结果，应收账款项目的账面价值为360 000元(356 000-6 000+10 000=360 000)；预收账款项目为30 000元(20 000+10 000=30 000)。

(3) 将应付账款明细账中的借方余额20 000元列入预付账款项目；将"预付账款"账户明细账中的贷方余额5 000元列入应付账款项目。计算结果，预付账款项目的余额为85 000元(60 000+20 000+5 000=85 000)，应付账款项目的余额为525 000元(500 000+20 000+5 000=525 000)。

(4) 将"原材料""库存商品""生产成本"及其他存货账户余额合并为存货项目(350 000+165 000+185 000=700 000)，共计700 000元。

(5) 从"长期股权投资"账户中减去"长期股权投资减值准备"20 000元，长期股权投资项目的余额为120 000元(140 000-20 000=120 000)。

(6) 其余各项目按账户余额表数字直接填入报表。

现试编该企业资产负债表，如表9-4所示。

表9-4　资产负债表

编制单位：　　　　　　　　　　　　2019年12月31日　　　　　　　　　　　　元

资产	期末余额	年初余额	负债和所有者权益	期末余额	年初余额
流动资产：	(略)		流动负债：	(略)	
货币资金	525 000		短期借款	235 000	
交易性金融资产	25 000		交易性金融负债	0	
应收票据	35 000		应付票据	220 000	
应收账款	360 000		应付账款	525 000	
预付款项	85 000		预收款项	30 000	
应收利息	10 000		应付职工薪酬	135 000	
应收股利	35 000		应交税费	45 000	
其他应收款	10 000		应付利息	0	
存货	700 000		应付股利	120 000	
一年内到期的非流动资产	0		其他应付款	35 000	
其他流动资产	0		一年内到期的非流动负债	0	
流动资产合计	1 785 000		其他流动负债	0	
非流动资产：			流动负债合计	1 345 000	
债权投资	350 000		非流动负债：		
其他债权投资	0		长期借款	500 000	
长期应收款	0		应付债券		
长期股权投资	120 000		长期应付款		
投资性房地产	0		专项应付款		
固定资产	1 350 000		预计负债		
在建工程	120 000		递延所得税负债		
工程物资	0		其他非流动负债		
固定资产清理	0		非流动负债合计	500 000	
无形资产	90 000		负债合计	1 845 000	
商誉	0		所有者权益：		
长期待摊费用	0		实收资本	1 500 000	
递延所得税资产	0		资本公积	89 000	
其他非流动资产	0		盈余公积	256 000	
非流动资产合计	2 030 000		未分配利润	125 000	
			所有者权益合计	1 970 000	
资产总计	3 815 000		负债及所有者权益总计	3 815 000	

9.3　利润表

利润表，是总括反映企业在一定时期(年度、季度或月份)内经营成果的会计报表，用以反映企业一定时期内利润(或亏损)的实际情况。

9.3.1　利润表的作用

1. 利润表可以提供的信息

(1) 企业在一定时期内取得的全部收入，包括主营业务收入、投资收益和营业外收入。

(2) 企业在一定时期内发生的全部费用和支出，包括营业成本、销售费用、管理费用、财务费用和营业外支出。

(3) 全部收入与支出相抵后，计算出企业一定时期内实现的利润(或亏损)总额。

2. 利润表的作用

(1) 反映一定会计期间收入的实现情况。

(2) 反映一定会计期间的费用耗费情况。

(3) 反映企业经济活动成果的实现情况，据以判断资本保值增值等情况。

9.3.2　利润表的格式和结构

利润表的格式主要有多步式和单步式两种。我国企业的利润表采用多步式，将不同性质的收入和费用分别进行对比，以便得出一些中间性质的数据，帮助使用者理解企业经营成果的不同来源。

利润表一般包括表首、正表两部分。其中，表首概括说明报表名称、编制单位、编制日期、报表编号、货币名称、计量单位；正表是利润表的主体，反映形成经营成果的各个项目和计算过程。正表的格式一般有两种：单步式利润表和多步式利润表。单步式利润表将当期所有的收入列在一起，然后将所有的费用列在一起，两者相减得出当期净损益。多步式利润表通过对当期的收入、费用、支出项目按性质加以归类，按利润形成的主要环节列示一些中间性的利润指标，如营业利润、利润总额、净利润，分步计算当期净损益。利润表的格式如表9-5所示。

表9-5　利润表

编报单位：　　　　　　　　　　　年　月　　　　　　　　　会企02表
单位：元

项目	本期金额	上期金额
一、营业收入		
减：营业成本		
税金及附加		

(续表)

项目	本期金额	上期金额
销售费用		
管理费用		
研发费用		
财务费用		
其中：利息费用		
利息收入		
加：其他收益		
投资收益(损失以"-"号填列)		
其中：对联营企业和合营企业的投资收益		
以摊余成本计量的金融资产终止确认收益(损失以"-"号填列)		
净敞口套期收益(损失以"-"号填列)		
公允价值变动收益(损失以"-"号填列)		
信用减值损失(损失以"-"号填列)		
资产减值损失(损失以"-"号填列)		
资产处置收益(损失以"-"号填列)		
二、营业利润(亏损以"-"号填列)		
加：营业外收入		
减：营业外支出		
三、利润总额(亏损总额以"-"号填列)		
减：所得税费用		
四、净利润(净亏损以"-"号填列)		
(一)持续经营净利润(净亏损以"-"号填列)		
(二)终止经营净利润(净亏损以"-"号填列)		
五、其他综合收益的税后净额		
(一)不能重分类进损益的其他综合收益		
1. 重新计量设定受益计划变动额		
2. 权益法下不能转损益的其他综合收益		
3. 其他权益工具投资公允价值变动		
4. 企业自身信用风险公允价值变动		
……		
(二)将重分类进损益的其他综合收益		
1. 权益法下可转损益的其他综合收益		
2. 其他债权投资公允价值变动		
3. 金融资产重分类计入其他综合收益的金额		
4. 其他债权投资信用减值准备		
5. 现金流量套期储备		
6. 外币财务报表折算差额		
……		

(续表)

项目	本期 金额	上期 金额
六、综合收益总额		
七、每股收益：		
(一)基本每股收益		
(二)稀释每股收益		

注：该表出自《关于修订印发2019年度一般企业财务报表格式的通知》（财会〔2019〕6号）

9.3.3 利润表的编制方法

1. 利润表各项目的填列

利润表中的各个项目，都是根据有关会计科目记录的本期实际发生数和累计发生数分别填列的。

(1) "营业收入"项目，反映企业经营活动所取得的收入总额。本项目应根据"主营业务收入""其他业务收入"等科目的发生额分析填列。

(2) "营业成本"项目，反映企业经营活动发生的实际成本。本项目应根据"主营业务成本""其他业务成本"等科目的发生额分析填列。

(3) "税金及附加"项目，反映企业经营活动应负担的消费税、城市维护建设税、资源税、土地增值税和教育费附加等。本项目应根据"税金及附加"科目的发生额分析填列。

(4) "销售费用"项目，反映企业在销售商品和商品流通企业在购入商品等过程中发生的费用。本项目应根据"销售费用"科目的发生额分析填列。

(5) "管理费用"项目，反映企业发生的管理费用。本项目应根据"管理费用"科目的发生额分析填列。

(6) "财务费用"项目，反映企业发生的财务费用。本项目应根据"财务费用"科目的发生额分析填列。

(7) "资产减值损失"项目，反映企业确认的资产减值损失。本项目应根据"资产减值损失"科目的发生额分析填列。

(8) "公允价值变动损益"项目，反映企业确认的交易性金融资产或交易性金融负债的公允价值变动额。本项目应根据"公允价值变动损益"科目的发生额分析填列。

(9) "投资收益"项目，反映企业以各种方式对外投资所取得的收益。本项目应根据"投资收益"科目的发生额分析填列；如为投资损失，以"－"号填列。

(10) "营业外收入"项目和"营业外支出"项目，反映企业发生的与其生产经营无直接关系的各项收入和支出。这两个项目应分别根据"营业外收入"科目和"营业外支出"科目的发生额分析填列。

(11) "利润总额"项目，反映企业实现的利润总额。如总额为亏损，以"－"号填列。

(12) "所得税费用"项目，反映企业按规定从本期损益中减去的所得税。本项目应根据"所得税费用"科目的发生额分析填列。

(13) "净利润"项目，反映企业实现的净利润。如为净亏损，以"－"号填列。

报表中的"本月数"应根据各有关会计科目的本期发生额直接填列；"本年累计数"栏反映各项目自年初起到本报告期止的累计发生额，应根据上月"利润表"的累计数加上本月"利润表"的本月数之和填列。年度"利润表"的"本月数"栏改为"上年数"栏时，应根据上年"利润表"的数字填列。如果上年"利润表"和本年"利润表"的项目名称和内容不一致，应将上年的报表项目名称和数字按本年度的规定进行调整，然后填入"上年数"栏。

2. 每股收益

企业应当在利润表中单独列示基本每股收益和稀释每股收益。

1) 基本每股收益

企业应当按照属于普通股东的当期净利润，除以发行在外普通股的加权平均数计算基本每股收益。

发行在外普通股加权平均数=期初发行在外普通股股数+当期新发行普通股股数×已发行时间÷报告期时间-当期回购普通股股数×已回购时间÷报告期时间

已发行时间、报告期时间和已回购时间一般按照天数计算；在不影响计算结果合理性的前提下，也可以采用简化的计算方法。

2) 稀释每股收益

企业存在稀释性潜在普通股的，应当分别调整归属于普通股股东的当期净利润和发行在外普通股的加权平均数，并据以计算稀释每股收益。

稀释性潜在普通股，是指假设当期转换为普通股会减少每股收益的潜在普通股。潜在普通股，是指赋予其持有者在报告期或以后期间享有取得普通股权利的一种金融工具或其他合同，包括可转换公司债券、认股权证、股份期权等。

(1) 计算稀释每股收益，应当根据下列事项对归属于普通股股东的当期净利润进行调整(应考虑相关的所得税影响)：①当期已确认为费用的稀释性潜在普通股的利息；②稀释性潜在普通股转换时将产生的收益或费用。

(2) 计算稀释每股收益时，当期发行在外普通股的加权平均数应当为计算基本每股收益时普通股的加权平均数与假定稀释性潜在普通股转换为已发行普通股而增加的普通股股数的加权平均数之和。

(3) 计算稀释性潜在普通股转换为已发行普通股而增加的普通股股数的加权平均数时，以前期间发行的稀释性潜在普通股，应当假设在当期期初转换；当期发行的稀释性潜在普通股，应当假设在发行日转换。

(4) 认股权证和股份期权等的行权价格低于当期普通股平均市场价格时，应当考虑其稀释性。计算稀释每股收益时，增加的普通股股数按下列公式计算：

增加的普通股股数=拟行权时转换的普通股股数-行权价格×拟行权时转换的普通股股数÷当期普通股平均市场价格

(5) 稀释性潜在普通股应当按照其稀释程度从大到小的顺序计入稀释每股收益，直至稀释每股收益达到最小值。

3) 每股收益列报

发行在外普通股或潜在普通股的数量因派发股票股利、公积金转赠资本、拆股而增加或因并股而减少，但不影响所有者权益金额的，应当按调整后的股数重新计算各列报期间的每股收益。上述变化发生于资产负债表日至财务报告批准报出日之间的，应当以调整后的股数重新计算各列报期间的每股收益。

按照企业会计准则的规定对以前年度损益进行追溯调整或追溯重述的，应当重新计算各列报期间的每股收益。

9.3.4 利润表编制方法举例

从上述具体项目的填列方法分析，利润表的填列方法可归纳为以下两种。

1. 根据账户的发生额分析填列

利润表中的大部分项目都可以根据账户的发生额分析填列，如销售费用、税金及附加、管理费用、财务费用、营业外收入、营业外支出、所得税等。

2. 根据报表项目之间的关系计算填列

利润表中的某些项目需要根据项目之间的关系计算填列，如营业利润、利润总额、净利润等。

下面举例说明一般企业利润表的编制方法。

【例9-3】甲公司2019年度利润表有关科目的累计发生额，如表9-6所示。

表9-6 利润表有关科目累计发生额   元

科目名称	借方发生额	贷方发生额
主营业务收入		12 500 000
其他业务收入		230 000
投资收益		3 200 000
营业外收入		2 850 000
主营业务成本	8 500 000	
税金及附加	550 000	
其他业务成本	0	
销售费用	200 000	
管理费用	1 050 000	
财务费用	1 000 000	
资产减值损失	20 000	
营业外支出	2 000 000	
所得税费用	1 800 000	

根据以上账户记录，编制甲公司2016年度利润表，如表9-7所示。

表9-7　利润表

会企02表

编报单位：甲公司　　　　　　　　2019年度　　　　　　　　　　　　　　元

项目	本年累计数	上年数
一、营业收入	12 730 000	（略）
减：营业成本	8 500 000	
税金及附加	550 000	
销售费用	200 000	
管理费用	1 050 000	
财务费用	1 000 000	
资产减值损失	20 000	
加：公允价值变动收益(损失以"-"号填列)	0	
投资收益(损失以"-"号填列)	3 200 000	
其中：对联营企业和合并企业的投资收益	0	
二、营业利润(亏损以"-"号填列)	4 610 000	
加：营业外收入	2 850 000	
减：营业外支出	2 000 000	
其中：非流动资产处置损失	0	
三、利润总额(净亏损以"-"号填列)	5 460 000	
减：所得税费用	1 800 000	
四、净利润	3 660 000	
五、每股收益：	（略）	
(一)基本每股收益	（略）	
(二)稀释每股收益	（略）	

9.4　现金流量表

9.4.1　现金及现金流量表的定义

现金流量表是指反映企业在一定会计期间经营活动、投资活动和筹资活动对现金及现金等价物产生影响的会计报表。编制现金流量表的主要目的是为报表使用者提供企业一定会计期间内现金流入和流出的有关信息，揭示企业的偿债能力和变现能力。为更好地理解和运用现金流量表，必须正确界定如下概念。

1. 现金

现金是指企业库存现金及可随时用于支付的存款。应注意的是，银行存款和其他货币资金中有些是不能随时用于支付的存款。如不能随时支取的定期存款等，不应作为现金，而应列作投资；提前通知金融企业便可支取的定期存款，则应包括在现金范围内。

2. 现金等价物

现金等价物指企业持有的期限短、流动性强、易于转化为已知金额现金、价值变动风险很小的投资。一项投资被确认为现金等价物必须同时具备4个条件：期限短、流动性强、易于转化为已知金额现金、价值变动风险很小。其中，期限短一般是指从购买日起三个月内到期，例如可在证券市场上流通的三个月到期的短期债券投资等。

3. 现金流量

现金流量指企业现金和现金等价物的流入和流出。应该注意的是，企业现金形式的转换不会产生现金的流入和流出，如企业从银行提取现金，是企业现金存放形式的转换，并未流出企业，不构成现金流量。同样，现金和现金等价物之间的转换也不属于现金流量，比如，企业用现金购买将于三个月到期的国库券。

9.4.2 现金流量表的结构

设置现金流量表的公式为：现金净流量=现金收入-现金支出。分为三部分：第一部分为经营活动中的现金流量；第二部分为投资活动中的现金流量；第三部分为筹资活动中的现金流量。各部分又分别按收入项目和支出项目列示，以反映各类活动所产生的现金流入量和现金流出量。一般企业现金流量表的基本格式如表9-8所示。

表9-8 现金流量表

编制单位：　　　　　　　　　　　　　年度　　　　　　　　　　　　　　　　元

项目	本期金额	上期金额
一、经营活动产生的现金流量：		
销售商品、提供劳务收到的现金		
收到的税费返还		
收到的其他与经营活动有关的现金		
现金流入小计		
购买商品、接受劳务支付的现金		
支付给职工以及为职工支付的现金		
支付的各项税费		
支付的其他与经营活动有关的现金		
现金流出小计		
经营活动产生的现金流量净额		
二、投资活动产生的现金流量：		
收回投资所收到的现金		
取得投资收益所收到的现金		
处置固定资产、无形资产和其他长期资产所收回的现金净额		
处置子公司及其他营业单位收到的现金净额		
收到的其他与投资活动有关的现金		
现金流入小计		
购建固定资产、无形资产和其他长期资产所支付的现金		
投资所支付的现金		
取得子公司及其他营业单位支付的现金净额		
支付的其他与投资活动有关的现金		
现金流出小计		
投资活动产生的现金流量净额		
三、筹资活动产生的现金流量：		
吸收投资所收到的现金		

(续表)

项目	本期金额	上期金额
借款所收到的现金		
收到的其他与筹资活动有关的现金		
现金流入小计		
偿还债务所支付的现金		
分配股利、利润或偿付利息所支付的现金		
支付的其他与筹资活动有关的现金		
现金流出小计		
筹资活动产生的现金流量净额		
四、汇率变动对现金及现金等价物的影响		
五、现金及现金等价物净增加额		
加：期初现金及现金等价物余额		
六、期末现金及现金等价物余额		

补充资料	本期金额	上期金额
1. 将净利润调节为经营活动现金流量:		
净利润		
加：资产减值准备、油气资产折旧、生产性生物资产折旧		
无形资产摊销		
长期待摊费用摊销		
处置固定资产、无形资产和其他长期资产的损失(减：收益)		
固定资产报废损失(减：收益)		
公允价值变动损失(减：收益)		
财务费用(减：收益)		
投资损失(减：收益)		
递延所得税资产减少(减：增加)		
递延所得税负债增加(减：减少)		
存货的减少(减：增加)		
经营性应收项目的减少(减：增加)		
经营性应付项目的增加(减：减少)		
其他		
经营活动产生的现金流量净额		
2. 不涉及现金收支的重大投资和筹资活动:		
债务转为资本		
一年内到期的可转换公司债券		
融资租入固定资产		
3. 现金及现金等价物净增加情况:		
现金的期末余额		
减：现金的期初余额		
加：现金等价物的期末余额		
减：现金等价物的期初余额		
现金及现金等价物净增加额		

1. 经营活动的现金流量

经营活动的现金流量是指企业投资活动和筹资活动以外的所有交易和事项所导致的现金收入和支出。

(1) 经营活动所产生的现金收入，包括出售产品、商品、提供劳务等取得的现金收入。

(2) 经营活动所产生的现金支出，包括购买材料、商品及支付职工劳动报酬发生的现金支出、各项制造费用、期间费用支出、税款等支出。

2. 投资活动的现金流量

投资活动的现金流量是指企业在投资活动中所导致的现金收入和支出。

(1) 投资活动所产生的现金收入，包括收回投资、出售固定资产净收入等。

(2) 投资活动所产生的现金支出，包括对外投资、购买固定资产等。

3. 筹资活动的现金流量

筹资活动的现金流量是指企业在筹资活动中所导致的现金收入和支出。

(1) 筹资活动所产生的现金收入，包括发行债券、取得借款、增加股本(增发股票)等。

(2) 筹资活动中所产生的现金支出，包括偿还借款、清偿债务、支付现金股利等。

9.4.3 现金流量表的编制

编制现金流量表的时候，经营活动现金流量有两种列示方法：一为直接法，二为间接法。这两种方法通常也称为现金流量表的编制方法。直接法是通过现金收入和支出的主要类别反映来自企业经营活动的现金流量。一般以利润表中的营业收入为起点，调整与经营活动有关项目的增减活动，然后计算出经营活动的现金流量。间接法是以本期净利润为起点，调整不涉及现金的收入、费用、营业外收支以及有关项目的增减变动，据此计算出经营活动的现金流量。

《企业会计准则——现金流量表》要求企业采用直接法报告经营活动的现金流量，同时要求在补充资料中用间接法来计算现金流量。有关经营活动现金流量的信息，可通过以下途径之一取得：

(1) 直接根据企业有关账户的会计记录分析填列。

(2) 对当期业务进行分析并对有关项目进行调整：①将权责发生制下的收入、成本和费用转换为现金基础。②将资产负债表和现金流量表中的投资、筹资项目，反映为投资和筹资活动的现金流量。③将利润中有关投资和筹资方面的收入和费用列入现金流量表的投资、筹资的现金流量中去。

现将其主要项目填表方法简述如下。

1. 经营活动产生的现金流量

(1) "销售商品、提供劳务收到的现金"。一般包括当期销售商品或提供劳务所收到的现金收入(包括增值税销项税额)；当期收到前期销售商品、提供劳务的应收账款或应收票据；当期的预收账款；当期因销货退回而支付的现金或收回前期核销的坏账损失；当前收到的货款和应收、应付账款，原规定不包括应收增值税销项税款，现为简化手续，将收到的增值税销项税款并入"销售商品、提供劳务收到的现金"及"应收""应付"项目中，并对报表有关项目作相应修改。

(2) "收到的税费返回"。包括收到的增值税、消费税、所得税、关税和教育费附加的返还等。

(3) "收到的其他与经营活动有关的现金"。反映企业除了上述各项以外收到的其他与经营活动有关的现金流入。

(4)"购买商品、接受劳务支付的现金"。一般包括当期购买商品、接受劳务支付的现金；当期支付前期的购货应付账款或应付票据(均包括增值税进项税额)；当期预付的账款，以及购货退回所收到的现金。

(5)"支付给职工以及为职工支付的现金"。包括本期实际支付给职工的工资、奖金、各种津贴和补贴等，以及经营人员的养老金、保险金和其他各项支出。

(6)"支付的各种税费"。反映企业按规定支付的各项税费，包括本期发生并支付的税费，以及本期支付以前各期发生的税费和预交的税金。

(7)"支付的其他与经营活动有关的现金"。反映企业除了上述各项以外的其他与经营活动有关的现金流出。

2. 投资活动产生的现金流量

(1)"收回投资所收到的现金"。反映企业出售转让或到期收回除现金等价物以外的短期投资、长期股权投资而收到的现金，以及收回长期债权投资本金而收到的现金，按实际收回的投资额填列。

(2)"取得投资收益所收到的现金"。反映企业因股权性投资和债权性投资而取得的现金股利、利息，以及从子公司、直营企业或合营企业分利润而收到的现金。到期收回的本金应在"收回投资所收到的现金"项目中反映。

(3)"处置固定资产、无形资产和其他长期资产而收到的现金净额"。反映企业处置这些资产所得的现金，扣除为处置这些资产而支付的有关费用后的净额。

(4)"处置子公司及其他营业单位收到的现金净额"。反映企业处置子公司及其他营业单位所得的现金，扣除为处置子公司及其他营业单位而支付的有关费用后的净额。

(5)"收到的其他与投资活动有关的现金"。反映企业除了上各项以外收到的其他与投资活动有关的现金流入。

(6)"购建固定资产、无形资产和其他长期资产所支付的现金"。包括企业购买、建造固定资产，取得无形资产和其他长期资产所支付的现金，不包括为购建固定资产而发生的借款资本化的部分以及融资租赁租入固定资产所支付的租金和利息。

(7)"投资所支付的现金"。反映企业进行权益性投资和债权性投资支付的现金。包括短期股票、短期债券投资、长期股权投资、长期债权投资所支付的现金及佣金、手续费等附加费用。

(8)"取得子公司及其他营业单位支付的现金净额"。反映企业为取得子公司及其他营业单位而支付的现金净额。

(9)"支付的其他与投资活动有关的现金"。反映企业除上述各项以外，支付的其他与投资活动有关的现金流出。

3. 筹资活动产生的现金流量

(1)"吸收投资所收到的现金"。反映企业收到的投资者投入的资金。包括发行股票、债券所实际收到的款项净额(发行收入减去支付的佣金等发行费用后的净额)。

(2)"借款收到的现金"。反映企业举借各种短期、长期借款所收到的现金，根据收入时的实际借款金额计算。企业因借款而发生的利息列入"分配股利、利润或偿付利息所支付的现金"。

(3) "收到的其他与筹资活动有关的现金"。反映企业除上述各项目以外，其他的与筹资活动有关的现金流入，如接受现金捐赠。

(4) "偿还债务所支付的现金"。包括归还金融企业借款，偿付企业到期的债券等，按当期实际支付的偿债金额填列。

(5) "分配股利、利润或偿付利息所支付的现金"。反映企业实际支付的现金股利和付给其他投资单位的利润以及支付的债券利息、借款利息等。

(6) "支付其他与筹资活动有关的现金"。反映企业除上述各项外，支付的其他与筹资活动有关的现金流出。

4. 汇率变动对现金的影响

反映企业的外币现金流量以及境外子公司的现金流量折算为人民币时，所采用的现金流量发生日的汇率或平均汇率折算人民币金额与"现金及现金等价物净增加额"中外币现金净增加额按期末汇率折算的人民币金额之间的差额。

5. 现金及现金等价物净增加额

反映经营活动产生的现金流量净额、投资活动产生的现金流量净额、筹资活动产生的现金流量净额三项之和。

关于现金流量表的补充资料填制方法从略。

[要点总结]

会计报表是企业会计核算重要组成部分，编制会计报表是会计核算专门方法之一。本章主要介绍了资产负债表、利润表及利润分配表、现金流量表。通过本章学习，使读者掌握有关的重要概念，各种会计报表的结构和编制的方法，特别是资产负债表和利润表的编制。

会计报表是通过整理、汇总日常会计核算资料而定期编制的，用来集中、总括地反映企业单位在某一特定日期的财务状况以及某一特定时期的经营成果和现金流量的书面报告。会计报表主要包括资产负债表、利润表和现金流量表。

资产负债表是反映企业某一特定日期的全部资产、负债和所有者权益及其构成情况的报表，它是一种静态的报表。资产负债表的格式，使用较多的是账户式。其基本结构是左方反映资产情况，右方反映负债及所有者权益情况。它的编制有的根据总分类账户的期末余额填列，有的可以直接填列，有的需要整理、汇总、计算后填列。

利润表是反映企业在某一时期内经营活动成果的报表，它是一种动态的报表。利润表的格式一般采用多步式，其基本结构分为4段。根据收入、费用类账户的净发生额和其他有关资料编制利润表。

所有者权益变动表是反映构成所有者权益的各组成部分当期的增减变动情况的报表。当期损益、直接计入所有者权益的利得和损失以及与所有者的资本交易导致的所有者权益的变动，应当分别列示。

现金流量表是反映企业在某一会计年度内，现金流入与流出情况的报表，它也是一种动态报表。现金流量表的基本内容分为三部分：经营活动的现金流量、投资活动的现金流量和筹资活动的现金流量。根据资产负债表、利润表及其他有关账簿资料分析、汇总后填列现金流量表。

分层次练习

A. 基础练习

一、名词解释

1. 财务报表　　　 2. 资产负债表　　　 3. 利润表

二、问答题

1. 什么是财务报表？财务报表的作用是什么？

2. 编制财务报表的要求有哪些？

3. 什么是资产负债表？资产负债表的作用是什么？

4. 资产负债表的项目有哪几种填列方法？

5. 什么是利润表？利润表的作用有哪些？

6. 利润表各项目应根据哪些会计科目的记录分析填列？

三、业务计算题

(一) 资料：

大连语桐有限公司2016年12月31日的有关资料如下。

1. 科目余额表(见表9-9)：

表9-9　科目余额表　　　　　　　　　　　　　　　　元

科目名称	借方余额	贷方余额
库存现金	10 000	
银行存款	57 000	
应收票据	60 000	
应收账款	80 000	
预付账款		29 000
坏账准备		5 000
原材料	170 000	
材料成本差异		55 000
库存商品	100 000	
固定资产	800 000	
累计折旧		300 000
在建工程	40 000	
无形资产	150 000	
短期借款		10 000
应付账款		70 000
预收账款		10 000
应付职工薪酬	4 000	
应交税费		13 000
应付利息	1 000	

(续表)

科目名称	借方余额	贷方余额
长期借款		80 000
实收资本		500 000
盈余公积		200 000
未分配利润		200 000

2. 债权债务明细科目余额：

应收账款明细资料如下：

应收账款——A公司借方余额100 000元

应收账款——B公司贷方余额20 000元

预付账款明细资料如下：

预付账款——C公司借方余额20 000元

预付账款——D公司贷方余额50 000元

应付账款明细资料如下：

应付账款——E公司贷方余额100 000元

应付账款——F公司借方余额30 000元

预收账款明细资料如下：

预收账款——G公司贷方余额40 000元

预收账款——H公司借方余额30 000元

3. 长期借款共2笔，均为到期一次性还本付息。金额及期限如下：

(1) 从工商银行借入30 000元(本利和)，期限从2008年6月1日至2017年6月1日。

(2) 从建设银行借入50 000元(本利和)，期限从2009年8月1日至2018年8月1日。

(二) 要求：编制大连语桐有限公司2016年12月31日的资产负债表。

B. 从业资格考试习题

一、单选题

1. ( )是指反映企业在一定期间经营成果的报表。

A. 资产负债表　　　　B. 利润表　　　　　　C. 现金流量表　　　　D. 现金盘点表

2. 资产负债表"货币资金"项目不包括( )账户的余额。

A. 库存现金　　　　B. 银行存款　　　　C. 其他货币资金　　　D. 短期投资

3. 按编报用途不同，现金流量表属于( )。

A. 年报　　　　　B. 静态报表　　　　C. 对内报表　　　　D. 对外报表

4. 购买机器设备的现金支出，属于现金流量表( )现金流量。

A. 经营活动　　　　B. 筹资活动　　　　C. 投资活动　　　　D. 其他活动

5. 某项长期借款若在资产负债表日还款期短于1年，编制资产负债表时，应在( )项目填制。

A. 短期借款　　　　　　　　　　　　B. 长期借款

C. 一年内到期的长期负债　　　　　　D. 流动负债

6. 我国的资产负债表依据(　　)格式编制。

A. 账户式　　　　　B. 报告式　　　　　C. 多步式　　　　　D. 单步式

7. 我国的利润表依据(　　)格式编制。

A. 账户式　　　　　B. 报告式　　　　　C. 多步式　　　　　D. 单步式

8. 以母公司及其控制的子公司组成的企业集团为一个会计主体编制的会计报表为(　　)。

A. 个别报表　　　　B. 单位报表　　　　C. 合并报表　　　　D. 汇总报表

9. 以下哪项不是财务会计报告的组成内容?(　　)

A. 资产负债表　　　B. 利润表　　　　　C. 会计报表附注　　D. 财务计划说明书

10. 以下哪项不是《企业会计制度》要求对外报送的申请(会计)报表?(　　)

A. 资产负债表　　　　　　　　　　　B. 利润表

C. 应交增值税明细表　　　　　　　　D. 利润分配表

11. 以下哪项不是利润表项目?(　　)

A. 主营业务成本　　B. 其他业务收入　　C. 补贴收入　　　　D. 所得税

12. 以下哪项不是现金流量表中补充资料项目?(　　)

A. 将净利润调节为经营活动产生的现金流量

B. 不涉及现金收支的投资和筹资活动

C. 现金及现金等价物净增加情况

D. 汇率变动对现金的影响

13. 直接法是现金流量表列报方法之一，其以(　　)为起点。

A. 净利润　　　　　B. 主营业务收入　　C. 主营业务成本　　D. 货币资金

14. 下列各项中，"将净利润调节为经营活动现金流量"调减的是(　　)。

A. 计提的坏账准备　　　　　　　　　B. 计提的折旧

C. 固定资产报废损失　　　　　　　　D. 银行存款增加

15. 下列各项中，"将净利润调节为经营活动现金流量"调增的是(　　)

A. 投资收益　　　　　　　　　　　　B. 存货增加

C. 经营性应收项目增加　　　　　　　D. 经营性应付项目减少

16. "应付账款"科目所属明细科目有期末贷方余额，应在(　　)项目内填列。

A. 预付账款　　　　B. 预收账款　　　　C. 应付账款　　　　D. 其他应收款

17. 下列项目不需在现金流量表的"支付的其他与经营活动有关的现金"项目中反映的是(　　)。

A. 支付的在建工程人员工资　　　　　B. 支付的统筹退休金

C. 罚款　　　　　　　　　　　　　　D. 业务招待费

18. 一年内到期的委托贷款，其净额应在资产负债表中的哪个项目反映?(　　)

A. 短期投资　　　　　　　　　　　　B. 一年内到期的长期投资

C. 委托贷款　　　　　　　　　　　　D. 长期债权投资

19. 某企业本期上交教育费附加8 000元，印花税3 000元，土地增值税3 000元，支付增值税进项税额50 000元，预交城建税5 000元，耕地占用税(用于固定资产投资)10 000元，则在现金流量表中"支付的各项税费"项目应为(　　)元。

A. 66 000   B. 79 000   C. 69 000   D. 19 000

20. 下列哪项是涉及现金收支的投资和筹资的活动? (　　)

A. 债务转为资本   B. 一年内到期的可转换公司债券

C. 融资租入固定资产   D. 接受现金捐赠

二、多选题

1. 关于资产负债表的说法,正确的有(　　)。

A. 资产负债表是静态报表

B. 资产负债表是反映企业财产状况的报表

C. 资产负债表的编制原理是会计第一恒等式

D. 我国企业资产负债表采用报告式

2. 财务会计报告包括(　　)。

A. 会计报表   B. 会计报表附注   C. 会计报表附表   D. 财务情况说明书

3. 我国利润表采用多步式,按利润的形成分别有(　　)。

A. 主营业务利润   B. 营业利润   C. 利润总额   D. 净利润

4. 资产负债表金额栏分为(　　)。

A. 年初数   B. 期末数   C. 本月数   D. 本年累计数

5. 资产负债表中"存货"项目包括(　　)账户。

A. 物资采购   B. 生产成本   C. 存货跌价准备   D. 低值易耗品

6. 资产负债表"应付账款"项目应根据(　　)填制。

A. "应付账款"总分类账户期末余额

B. "应付账款"明细分类账户期末贷方余额

C. "预付账款"明细分类账户期末贷方余额

D. "应收账款"明细分类账户期末贷方余额

7. 下列属于经营活动现金的有(　　)。

A. 销售商品、提供劳务收到的现金

B. 购买商品、接受劳务支付的现金

C. 支付的各项税费

D. 购买固定资产、无形资产及其他长期资产的支出

8. 在编制现金流量表时,符合(　　)特点的投资被认为是现金等价物。

A. 期限短   B. 流动性强

C. 易于转换为已知金额现金   D. 价值变动风险小

9. 动态报表包括(　　)。

A. 资产负债表   B. 利润表

C. 现金流量表   D. 应交税费明细表

10. 编制现金流量表时,现金包括(　　)。

A. 库存现金   B. 银行存款   C. 现金等价物   D. 国债

11. 反映费用成本的报表主要有(　　)。

A. 管理费用明细表   B. 制造费用明细表

C. 商品成本明细表　　　　　　　　　D. 主要产品存货明细表

12. 以下哪些是现金流量表中筹资活动产生的现金流量项目？（　　）

A. 收回投资所收到的现金　　　　　　B. 吸收投资所收到的现金

C. 偿还债务所支付的现金　　　　　　D. 分配股利、利润或偿付利息支付的现金

13. 会计报表的编制要求主要包括（　　）。

A. 真实可靠　　　B. 计算准确　　　C. 全面完整　　　D. 编报及时

14. 资产负债表中"期末数"栏的填列方法是（　　）。

A. 直接填列　　　B. 计算填列　　　C. 分析填列　　　D. 金额抵销计算填列

15. "货币资金"项目，根据（　　）科目的期末余额合计填列（　　）。

A. 现金　　　　　B. 银行存款　　　C. 其他货币资金　　　D. 银行借款

16. 下列各项中，并入资产负债表的"存货"项目的有（　　）。

A. 委托加工物资　B. 受托代销商品　C. 生产成本　　　D. 分期收款发出商品

17. "预付账款"项目，根据（　　）填列。

A. "预付账款"期末余额　　　　　　　B. "应付账款"借方余额

C. 一年内到期的长期待摊费用　　　　D. "其他资产"期末余额

18. 现金流量表的编制方法有（　　）。

A. 分析填列法　　B. 直接法　　　　C. 工作底稿法　　　D. T行账户法

19. 下列各项中，属于"经营性应付项目"的是（　　）。

A. 应付工资　　　B. 应付福利费　　C. 应付账款　　　D. 应交税费

20. 会计报表中重要项目主要包括（　　）等方面。

A. 存货核算方法　　　　　　　　　　B. 投资核算方法

C. 收入的分类及金额　　　　　　　　D. 所得税的会计处理方法

21. 下列哪些项目属于经营活动产生的现金流量？（　　）

A. 支付给职工的工资　　　　　　　　B. 还债所支付的现金

C. 购买无形资产支付的现金　　　　　D. 提供劳务收到的现金

22. 下列应包括在利润表中"税金及附加"项目的有（　　）。

A. 消费税　　　　B. 土地使用税　　C. 增值税　　　　D. 资源税

23. 下列各项中，属于"经营性应收项目"的是（　　）。

A. 应收账款　　　B. 应收票据　　　C. 其他应收款　　　D. 预收账款

三、判断题

1. 资产负债表是反映企业在某一时期财务状况的报表。（　　）

2. 资产负债表数据来源是总分类账账户余额。（　　）

3. 资产负债表的资产项目是根据资产的流动性由强到弱自上而下排列的。（　　）

4. 现金流量表的"现金"不单指现金，还包括能随时用于支付的银行存款。（　　）

5. 若企业营运资金大于零，说明企业有一定的偿债能力。（　　）

6. 在我国的现金流量表中，经营活动产生的现金流量分别以直接法和间接法同时列示。（　　）

7. 购买管理用小汽车的现金支出，在现金流量表中应列示为经营活动产生的现金流

出。（　　）

8. 企业交纳的所得税将会影响企业的利润总额。（　　）

9. 资产负债表左侧各项目是按照各自的流动性大小，变现能力的强弱来排列的，反映企业资产可变现的数额和变现的速度(流动性)，提供企业支付能力的信息。（　　）

10. 编制会计报表的目的是为了满足会计信息使用者(包括本企业内部管理者和员工、投资者、债权人、潜在的投资者和债权人、上级主管部门、政府部门等)对会计信息的需求。（　　）

11. 我国会计制度规定采用报告式资产负债表。（　　）

12. 要预测一个企业未来的盈利趋势，应该分析该企业利润表上主营业务利润占全部利润总额比重，因为只有企业的主营业务利润具有较强的再生性。（　　）

13. "应收账款"科目所属明细科目期末有贷方余额，应在"预付账款"项目内填列。（　　）

14. "固定资产清理"科目期末为贷方余额，以"-"号填列。（　　）

15. "应付利息"科目期末为借方余额，应合并在"预付账款"项目内反映。（　　）

16. 长期负债各项目将于一年内到期的长期负债，应在"一年内到期的长期负债"项目单独反映。（　　）

17. 利润表"本月数"栏各项目按本月余额填列。（　　）

18. 在大多数情况下，利润表每月编制一次，利润分配表一般一年编制一次。（　　）

19. 利润分配表中的"上年实际"栏，根据上年利润表填列。（　　）

20. 现金流量以"营运资金"作为编制基础。（　　）

21. 间接法用于编制现金流量表正表。（　　）

22. 企业销售材料和代购代销业务收到的现金，在"销售商品、提供劳务收到的现金"项目中反映。（　　）

23. 支付的离退休人员各项费用在"支付给职工以及为职工支付的现金"中反映。（　　）

24. 以发行股票、债券等方式筹集资金由企业直接支付的审计、咨询等费用，在"支付的其他与筹资活动有关的现金"项目反映。（　　）

25. 直接法是现金流量表列报方法之一，其以净利润为起点。（　　）

26. 现金流量表的编制方法有直接法、工作底稿法和T行账户法。（　　）

27. 应收账款、其他应收款和预收账款都属于现金流量表中的"经营性应收项目"。（　　）

28. 企业购入到期还本付息债券应收的利息，不包括在资产负债表中的"应收利息"项目内。（　　）

29. 企业购买股票实际支付的价款中包含的已宣告但尚未领取的现金股利，应在现金流量表的"投资所支付的现金"项目中反映。（　　）

四、计算题

甲公司适用所得税税率为25%，该公司2015年1月至11月损益类账户累计发生额和12月损益类有关账户发生额如表9-10所示。

表9-10　计算题资料   元

账户名称	12月发生额		1—11月累计发生额	
	借方	贷方	借方	贷方
主营业务收入		318 000		5 000 000
主营业务成本	252 000		2 800 000	
销售费用	2 600		10 000	
税金及附加	1 000		29 000	
其他业务成本	7 500		32 500	
营业外支出	2 000		11 000	
财务费用	3 000		30 000	
管理费用	4 400		50 000	
其他业务收入		9 500		45 000
营业外收入		3 000		
投资收益		20 000		

要求：计算甲公司2012年度利润表下列报表项目金额。

(1) 营业收入(　　　)元；

(2) 营业成本(　　　)元；

(3) 营业利润(　　　)元；

(4) 利润总额(　　　)元；

(5) 净利润(　　　)元。

第10章
会计档案

会计档案是指会计凭证、会计账簿和会计报表以及其他会计资料等会计核算的专业材料，它是记录和反映经济业务的重要历史资料和证据。

学习本章后，要求：

1. 掌握会计档案整理立卷、会计档案归档、会计档案保管、会计档案销毁的相关规定及操作；

2. 掌握会计电算化下档案的保管。

10.1　会计档案的概念和内容

10.1.1　会计档案的概念

在机关、团体、企业、事业单位的日常工作中，形成了大量的会计档案，它们作为一个单位档案中的重要组成部分，以其特有的记录方式，准确、形象、生动地反映出该单位经济、管理和某些职能活动的过程和结果，为今后的各项工作提供了不可缺少的依据、凭证和参考。管理好这一部分档案，是档案部门的主要任务之一。

会计档案是指单位在进行会计核算等过程中接收或形成的，记录和反映单位经济业务事项的，具有保存价值的文字、图表等各种形式的会计资料，包括通过计算机等电子设备形成、传输和存储的电子会计档案。

10.1.2　会计档案的内容

由会计档案的定义可以看出，会计档案的内容主要包括三部分：会计凭证、会计账簿、会计报表。另外还有其他一些会计材料。

1. 会计凭证

会计凭证是记录经济业务、明确经济责任的书面证明。它包括自制原始凭证、外来原始凭证、原始凭证汇总表、记账凭证(收款凭证、付款凭证、转账凭证三种)、汇总记账凭证、记账凭证汇总表等。

2. 会计账簿

会计账簿是由一定格式、相互联结的账页组成的，以会计凭证为依据，全面、连续、系统地记录各项经济业务的簿籍。它包括按会计科目设置的总分类账、各类明细分类账、现金日记账、银行存款日记账以及辅助登记备查簿等。

3. 会计报表

会计报表是反映企业会计财务状况和经营成果的总结性书面文件，包括资产负债表、利润表、所有者权益变动、现金流量表及报表附注等。

4. 其他会计核算资料

其他会计核算资料属于经济业务范畴，与会计核算、会计监督紧密相关的，由会计部门负责办理的有关数据资料。如：银行存款对账单、银行存款余额调节表、财务数据统计资料、财务清查汇总资料、核定资金定额的数据资料、会计档案保管清册、会计档案移交清册、会计档案销毁清册、会计档案鉴定意见书等。实行会计电算化单位存贮在磁性介质上的会计数据、程序文件及其他会计核算资料均应视同会计档案一并管理。

> 小提示：各种财务计划、财务预算不是会计档案。

10.1.3 会计档案的立卷与归档

财政部和国家档案局主管全国会计档案工作，共同制定全国统一的会计档案工作制度，对全国会计档案工作实行监督和指导。

县级以上地方人民政府财政部门和档案行政管理部门管理本行政区域内的会计档案工作，并对本行政区域内会计档案工作实行监督和指导。

《会计档案管理办法》规定各单位应当加强会计档案管理工作，建立和完善会计档案的收集、整理、保管、利用和鉴定销毁等管理制度，采取可靠的安全防护技术和措施，保证会计档案的真实、完整、可用、安全。

10.2 会计档案的保管

10.2.1 会计档案的保管要求

《会计档案管理办法》规定："当年形成的会计档案，在会计年度终了后，可由单位会计管理机构临时保管一年，再移交单位档案管理机构保管。因工作需要确需推迟移交的，应当经单位档案管理机构同意。单位会计管理机构临时保管会计档案最长不超过三年。临时保管期间，会计档案的保管应当符合国家档案管理的有关规定，且出纳人员不得兼管会计档案。"

1. 会计档案的移交手续

财务会计部门在将会计档案移交本单位档案部门时，应按下列程序进行：

(1) 开列清册，填写交接清单；

(2) 在账簿使用日期栏填写移交日期；

(3) 交接人员按移交清册和交接清单项目核查无误后签章。

2. 会计档案的保管要求

(1) 会计档案室应选择干燥防水的地方，并远离易燃品堆放地，周围应备有合适的防火器材；

(2) 采用透明塑料膜作防尘罩、防尘布，遮盖所有档案架和堵塞鼠洞；

(3) 会计档案室内应经常用消毒药剂喷洒，经常保持清洁卫生，以防虫蛀；

(4) 会计档案室内应保持通风透光，并有适当的空间和通道，以利查阅，并防止潮湿；

(5) 设置归档登记簿、档案目录登记簿、档案借阅登记簿，严防毁坏损失、散失和泄密；

(6) 会计电算化档案保管要注意防盗、防磁等安全措施。

单位的档案机构或者档案工作人员所属机构(以下统称单位档案管理机构)负责管理本单位的会计档案。单位也可以委托具备档案管理条件的机构代为管理会计档案。

单位的会计机构或会计人员所属机构(以下统称单位会计管理机构)按照归档范围和归档要求，负责定期将应当归档的会计资料整理立卷，编制会计档案保管清册。

单位会计管理机构在办理会计档案移交时，应当编制会计档案移交清册，并按照国家档案管理的有关规定办理移交手续。移交本单位档案机构保管的会计档案，原则上应当保持原卷册的封装。个别需要拆封重新整理的，档案机构应会同会计机构有关人员和经办人员共同拆封整理，以分清责任。

电子会计档案移交时应当将电子会计档案及其元数据一并移交，且文件格式应当符合国家档案管理的有关规定。特殊格式的电子会计档案应当与其读取平台一并移交。单位档案管理机构接收电子会计档案时，应当对电子会计档案的准确性、完整性、可用性、安全性进行检测，符合要求的才能接收。

10.2.2 会计档案的保管期限

会计档案的保管期限分为永久和定期两类。定期保管期限一般分为10年和30年。

会计档案的保管期限，从会计年度终了后的第一天算起。各类会计档案的具体保管期限按照《会计档案管理办法》的规定执行。《会计档案管理办法》，自2016年1月1日起施行。

各类档案具体保管期限如表10-1所示。

表10-1 企业和其他组织会计档案保管期限表

序号	档案名称	保管期限	备注
一	会计凭证		
1	原始凭证	30年	
2	记账凭证	30年	
二	会计账簿		
3	总账	30年	

(续表)

序号	档案名称	保管期限	备注
4	明细账	30年	
5	日记账	30年	
6	固定资产卡片		固定资产报废清理后保管5年
7	其他辅助性账簿	30年	
三	财务会计报告		
8	月度、季度、半年度财务会计报告	10年	
9	年度财务会计报告	永久	
四	其他会计资料		
10	银行存款余额调节表	10年	
11	银行对账单	10年	
12	纳税申报表	10年	
13	会计档案移交清册	30年	
14	会计档案保管清册	永久	
15	会计档案销毁清册	永久	
16	会计档案鉴定意见书	永久	

10.3 会计档案的查阅和销毁

10.3.1 会计档案的查阅

单位应当严格按照相关制度利用会计档案,在进行会计档案查阅、复制、借出时履行登记手续,严禁篡改和损坏。

单位保存的会计档案一般不得对外借出。确因工作需要且根据国家有关规定必须借出的,应当严格按照规定办理相关手续。

会计档案借用单位应当妥善保管和利用借入的会计档案,确保借入会计档案的安全完整,并在规定时间内归还。

10.3.2 会计档案的销毁

单位应当定期对已到保管期限的会计档案进行鉴定,并形成会计档案鉴定意见书。经鉴定,仍需继续保存的会计档案,应当重新划定保管期限;对保管期满,确无保存价值的会计档案,可以销毁。

会计档案鉴定工作应当由单位档案管理机构牵头,组织单位会计、审计、纪检监察等机构或人员共同进行。

对于经鉴定可以销毁的会计档案，《会计档案管理办法》具体要求如下。

(1) 单位档案管理机构编制会计档案销毁清册，列明拟销毁会计档案的名称、卷号、册数、起止年度、档案编号、应保管期限、已保管期限和销毁时间等内容。

(2) 单位负责人、档案管理机构负责人、会计管理机构负责人、档案管理机构经办人、会计管理机构经办人在会计档案销毁清册上签署意见。

(3) 单位档案管理机构负责组织会计档案销毁工作，并与会计管理机构共同派员监销。监销人在会计档案销毁前，应当按照会计档案销毁清册所列内容进行清点核对；在会计档案销毁后，应当在会计档案销毁清册上签名或盖章。

(4) 电子会计档案的销毁还应当符合国家有关电子档案的规定，并由单位档案管理机构、会计管理机构和信息系统管理机构共同派员监销。

(5) 保管期满但未结清的债权债务会计凭证和涉及其他未了事项的会计凭证不得销毁，纸质会计档案应当单独抽出立卷，电子会计档案单独转存，保管到未了事项完结时为止。

(6) 单独抽出立卷或转存的会计档案，应当在会计档案鉴定意见书、会计档案销毁清册和会计档案保管清册中列明。

(7) 单位因撤销、解散、破产或其他原因而终止的，在终止或办理注销登记手续之前形成的会计档案，按照国家档案管理的有关规定处置。

(8) 单位分立后原单位存续的，其会计档案应当由分立后的存续方统一保管，其他方可以查阅、复制与其业务相关的会计档案。单位分立后原单位解散的，其会计档案应当经各方协商后由其中一方代管或按照国家档案管理的有关规定处置，各方可以查阅、复制与其业务相关的会计档案。单位分立中未结清的会计事项所涉及的会计凭证，应当单独抽出由业务相关方保存，并按照规定办理交接手续。

(9) 单位因业务移交其他单位办理所涉及的会计档案，应当由原单位保管，承接业务单位可以查阅、复制与其业务相关的会计档案。对其中未结清的会计事项所涉及的会计凭证，应当单独抽出由承接业务单位保存，并按照规定办理交接手续。单位合并后原各单位解散或者一方存续其他方解散的，原各单位的会计档案应当由合并后的单位统一保管。单位合并后原各单位仍存续的，其会计档案仍应当由原各单位保管。

10.4 会计电算化系统会计档案管理

单位的会计档案包括贮存在磁盘(软盘和硬盘)上的会计文件和以书面形式存放的会计凭证、会计账簿、会计报表等资料。

10.4.1 数据资料管理与保密

机内数据文件及其备份和作为会计档案资料打印输出的各种凭证、账册、报表，应按有关财会制度使用、保管。

1. 现金记账凭证及日记账的输出及保管

现金收付业务要做到当日业务当日清。现金记账凭证一律由专职会计人员手工做记账凭证，审核无误后当日输入计算机并打印出现金日记账页，审核后交现金出纳人员核对现金库存，相符后出纳员及主管负责人在账页上盖章，按月编页码装订成册加盖封印，年终将各月现金日记账顺序装订成册，加盖封印妥为保管。

2. 银行记账凭证、账册的输出与保管

银行记账凭证分机制凭证和手编记账凭证两种。有关财务人员必须及时把经审核无误的原始凭证或手编凭证，当日输入计算机并打印银行日记账，以保证银行出纳当日业务当日清。银行账页经出纳审核无误后，出纳和主管会计签字盖章，按日装订成册，年终将各月银行日记账顺序装订成册，并加盖封印，妥为保管。

现金、银行记账凭证可采取汇总的方式，装订成册，妥为保管。

3. 转账凭证的输入、输出与保管

转账凭证包括手编凭证和机制凭证两种，有关会计人员应及时将审核无误的原始凭证或手工编制的记账凭证，输入计算机。机制凭证在输入计算机后要打印输出，并与手编凭证同样装订成册，妥为保管。

4. 科目汇总表、账簿打印时间

(1) 现金、银行日记账每天打印。

(2) 银行余额调整表每月打印一次。

(3) 总分类账和各种明细分类账每月打印一次。

(4) 现金、银行存款、转账记账凭证的科目汇总表每本打印一次，并同该本记账凭证一起装订。

(5) 会计报表、计算表、分析表，按管理要求和时间打印输出，经有关财会人员审核无误后签字生效。

5. 其他

由机器打印输出的会计档案发生缺损时，必须补充打印，并要求操作人员在打印输出的账页上签字盖章，财务主管签字盖章认可。

10.4.2 数据备份管理

由于会计核算数据的重要性，必须经常进行备份工作。在日常工作中，准备三套软盘循环使用，隔日进行备份，以避免意外和人为错误造成对工作的干扰。需要做备份的包括系统设置文件、科目代码文件、期初余额文件、本月账务文件、报表文件及其他核算子系统的数据文件。机内凭证及总分类账、明细分类账、报表，应视同会计资料按月做两套软盘备份，交会计档案保管员分别放置在不同地方妥为保管。

10.4.3 档案管理

(1) 会计档案存档手续：打印输出的凭证、账册、报表，必须有会计主管的签章才能

存档保管。

(2) 为保证备份数据的安全，备份软盘必须贴上写保护标签，装入盘套，放进硬盒，存放在安全、洁净、防热、防潮、防磁的场所。

(3) 由打印输出的凭证、账册、报表等书面形式的会计档案按《会计档案管理办法》规定的保管期限和管理办法管理。

(4) 随计算机配置而来的操作系统、各类应用程序软件以及购买的商品化会计核算系统软件，和以上软件的备份磁盘，作为会计档案保管。

(5) 各类会计档案的出借，必须经过会计主管审批同意并签章，如果对备份磁盘的操作可能危及该备份磁盘的完整性，应制作该备份磁盘的复制件，使用复制件进行操作。

(6) 必须加强会计档案的保密工作，任何人如有伪造、非法涂改变更、故意毁坏数据文件、账册、备份磁盘等的行为，将受到行政处分，情节严重者，将追究其法律责任。

[要点总结]

会计档案的内容一般包括会计凭证、会计账簿、会计报表以及其他会计核算资料4个部分。

会计年度终了后，对会计资料进行整理立卷。

会计档案的装订主要包括会计凭证、会计账簿、会计报表及其他文字资料的装订。

各种会计账簿年度结账后，除跨年使用的账簿外，其他账簿应按时整理立卷。

年度会计档案，在会计年度终了后，可暂由本单位财务会计部门保管一年，期满之后原则上应由财务会计部门编制清册移交本单位的档案部门保管。

会计档案保管期满，需要销毁时由本单位档案机构会同会计机构共同提出销毁意见，会同财务会计部门共同鉴定、严格审查，编造会计档案销毁清册。

课外阅读

会计档案管理办法

中华人民共和国财政部国家档案局令第79号，新《会计档案管理办法》，自2016年1月1日起施行

第一条 为了加强会计档案管理，有效保护和利用会计档案，根据《中华人民共和国会计法》《中华人民共和国档案法》等有关法律和行政法规，制定本办法。

第二条 国家机关、社会团体、企业、事业单位和其他组织(以下统称单位)管理会计档案适用本办法。

第三条 本办法所称会计档案是指单位在进行会计核算等过程中接收或形成的，记录和反映单位经济业务事项的，具有保存价值的文字、图表等各种形式的会计资料，包括通过计算机等电子设备形成、传输和存储的电子会计档案。

第四条 财政部和国家档案局主管全国会计档案工作，共同制定全国统一的会计档案工作制度，对全国会计档案工作实行监督和指导。

县级以上地方人民政府财政部门和档案行政管理部门管理本行政区域内的会计档案工作，并对本行政区域内会计档案工作实行监督和指导。

第五条 单位应当加强会计档案管理工作，建立和完善会计档案的收集、整理、保管、利用和鉴定销毁等管理制度，采取可靠的安全防护技术和措施，保证会计档案的真实、完整、可用、安全。

单位的档案机构或者档案工作人员所属机构(以下统称单位档案管理机构)负责管理本单位的会计档案。单位也可以委托具备档案管理条件的机构代为管理会计档案。

第六条 下列会计资料应当进行归档：

(一) 会计凭证，包括原始凭证、记账凭证；

(二) 会计账簿，包括总账、明细账、日记账、固定资产卡片及其他辅助性账簿；

(三) 财务会计报告，包括月度、季度、半年度、年度财务会计报告；

(四) 其他会计资料，包括银行存款余额调节表、银行对账单、纳税申报表、会计档案移交清册、会计档案保管清册、会计档案销毁清册、会计档案鉴定意见书及其他具有保存价值的会计资料。

第七条 单位可以利用计算机、网络通信等信息技术手段管理会计档案。

第八条 同时满足下列条件的，单位内部形成的属于归档范围的电子会计资料可仅以电子形式保存，形成电子会计档案：

(一) 形成的电子会计资料来源真实有效，由计算机等电子设备形成和传输；

(二) 使用的会计核算系统能够准确、完整、有效接收和读取电子会计资料，能够输出符合国家标准归档格式的会计凭证、会计账簿、财务会计报表等会计资料，设定了经办、审核、审批等必要的审签程序；

(三) 使用的电子档案管理系统能够有效接收、管理、利用电子会计档案，符合电子档案的长期保管要求，并建立了电子会计档案与相关联的其他纸质会计档案的检索关系；

(四) 采取有效措施，防止电子会计档案被篡改；

(五) 建立电子会计档案备份制度，能够有效防范自然灾害、意外事故和人为破坏的影响；

(六) 形成的电子会计资料不属于具有永久保存价值或者其他重要保存价值的会计档案。

第九条 满足本办法第八条规定条件，单位从外部接收的电子会计资料附有符合《中华人民共和国电子签名法》规定的电子签名的，可仅以电子形式归档保存，形成电子会计档案。

第十条 单位的会计机构或会计人员所属机构(以下统称单位会计管理机构)按照归档范围和归档要求，负责定期将应当归档的会计资料整理立卷，编制会计档案保管清册。

第十一条 当年形成的会计档案，在会计年度终了后，可由单位会计管理机构临时保管一年，再移交单位档案管理机构保管。因工作需要确需推迟移交的，应当经单位档案管理机构同意。

单位会计管理机构临时保管会计档案最长不超过三年。临时保管期间，会计档案的保管应当符合国家档案管理的有关规定，且出纳人员不得兼管会计档案。

第十二条　单位会计管理机构在办理会计档案移交时，应当编制会计档案移交清册，并按照国家档案管理的有关规定办理移交手续。

纸质会计档案移交时应当保持原卷的封装。电子会计档案移交时应当将电子会计档案及其元数据一并移交，且文件格式应当符合国家档案管理的有关规定。特殊格式的电子会计档案应当与其读取平台一并移交。

单位档案管理机构接收电子会计档案时，应当对电子会计档案的准确性、完整性、可用性、安全性进行检测，符合要求的才能接收。

第十三条　单位应当严格按照相关制度利用会计档案，在进行会计档案查阅、复制、借出时履行登记手续，严禁篡改和损坏。

单位保存的会计档案一般不得对外借出。确因工作需要且根据国家有关规定必须借出的，应当严格按照规定办理相关手续。

会计档案借用单位应当妥善保管和利用借入的会计档案，确保借入会计档案的安全完整，并在规定时间内归还。

第十四条　会计档案的保管期限分为永久、定期两类。定期保管期限一般分为10年和30年。

会计档案的保管期限，从会计年度终了后的第一天算起。

第十五条　各类会计档案的保管期限原则上应当按照本办法附表执行，本办法规定的会计档案保管期限为最低保管期限。

单位会计档案的具体名称如有同本办法附表所列档案名称不相符的，应当比照类似档案的保管期限办理。

第十六条　单位应当定期对已到保管期限的会计档案进行鉴定，并形成会计档案鉴定意见书。经鉴定，仍需继续保存的会计档案，应当重新划定保管期限；对保管期满，确无保存价值的会计档案，可以销毁。

第十七条　会计档案鉴定工作应当由单位档案管理机构牵头，组织单位会计、审计、纪检监察等机构或人员共同进行。

第十八条　经鉴定可以销毁的会计档案，应当按照以下程序销毁：

(一) 单位档案管理机构编制会计档案销毁清册，列明拟销毁会计档案的名称、卷号、册数、起止年度、档案编号、应保管期限、已保管期限和销毁时间等内容。

(二) 单位负责人、档案管理机构负责人、会计管理机构负责人、档案管理机构经办人、会计管理机构经办人在会计档案销毁清册上签署意见。

(三) 单位档案管理机构负责组织会计档案销毁工作，并与会计管理机构共同派员监销。监销人在会计档案销毁前，应当按照会计档案销毁清册所列内容进行清点核对；在会计档案销毁后，应当在会计档案销毁清册上签名或盖章。

电子会计档案的销毁还应当符合国家有关电子档案的规定，并由单位档案管理机构、会计管理机构和信息系统管理机构共同派员监销。

第十九条　保管期满但未结清的债权债务会计凭证和涉及其他未了事项的会计凭证不得销毁，纸质会计档案应当单独抽出立卷，电子会计档案单独转存，保管到未了事项完结时为止。

单独抽出立卷或转存的会计档案，应当在会计档案鉴定意见书、会计档案销毁清册和会计档案保管清册中列明。

第二十条 单位因撤销、解散、破产或其他原因而终止的，在终止或办理注销登记手续之前形成的会计档案，按照国家档案管理的有关规定处置。

第二十一条 单位分立后原单位存续的，其会计档案应当由分立后的存续方统一保管，其他方可以查阅、复制与其业务相关的会计档案。

单位分立后原单位解散的，其会计档案应当经各方协商后由其中一方代管或按照国家档案管理的有关规定处置，各方可以查阅、复制与其业务相关的会计档案。

单位分立中未结清的会计事项所涉及的会计凭证，应当单独抽出由业务相关方保存，并按照规定办理交接手续。

单位因业务移交其他单位办理所涉及的会计档案，应当由原单位保管，承接业务单位可以查阅、复制与其业务相关的会计档案。对其中未结清的会计事项所涉及的会计凭证，应当单独抽出由承接业务单位保存，并按照规定办理交接手续。

第二十二条 单位合并后原各单位解散或者一方存续其他方解散的，原各单位的会计档案应当由合并后的单位统一保管。单位合并后原各单位仍存续的，其会计档案仍应当由原各单位保管。

第二十三条 建设单位在项目建设期间形成的会计档案，需要移交给建设项目接受单位的，应当在办理竣工财务决算后及时移交，并按照规定办理交接手续。

第二十四条 单位之间交接会计档案时，交接双方应当办理会计档案交接手续。

移交会计档案的单位，应当编制会计档案移交清册，列明应当移交的会计档案名称、卷号、册数、起止年度、档案编号、应保管期限和已保管期限等内容。

交接会计档案时，交接双方应当按照会计档案移交清册所列内容逐项交接，并由交接双方的单位有关负责人负责监督。交接完毕后，交接双方经办人和监督人应当在会计档案移交清册上签名或盖章。

电子会计档案应当与其元数据一并移交，特殊格式的电子会计档案应当与其读取平台一并移交。档案接受单位应当对保存电子会计档案的载体及其技术环境进行检验，确保所接收电子会计档案的准确、完整、可用和安全。

第二十五条 单位的会计档案及其复制件需要携带、寄运或者传输至境外的，应当按照国家有关规定执行。

第二十六条 单位委托中介机构代理记账的，应当在签订的书面委托合同中，明确会计档案的管理要求及相应责任。

第二十七条 违反本办法规定的单位和个人，由县级以上人民政府财政部门、档案行政管理部门依据《中华人民共和国会计法》《中华人民共和国档案法》等法律法规处理处罚。

第二十八条 预算、计划、制度等文件材料，应当执行文书档案管理规定，不适用本办法。

第二十九条 不具备设立档案机构或配备档案工作人员条件的单位和依法建账的个体工商户，其会计档案的收集、整理、保管、利用和鉴定销毁等参照本办法执行。

第三十条　各省、自治区、直辖市、计划单列市人民政府财政部门、档案行政管理部门，新疆生产建设兵团财务局、档案局，国务院各业务主管部门，中国人民解放军总后勤部，可以根据本办法制定具体实施办法。

第三十一条　本办法由财政部、国家档案局负责解释，自2016年1月1日起施行。1998年8月21日财政部、国家档案局发布的《会计档案管理办法》(财会字〔1998〕32号)同时废止。

分层次练习

A. 基础练习

简答题：会计档案的归档和保管的基本要求有哪些？

B. 从业资格考试习题

一、单选题

1. (　　)是指会计凭证、会计账簿和财务会计报告等会计核算专业资料，是记录和反映经济业务事项的重要历史资料和证据。

　A. 原始凭证　　　　B. 领料单　　　　C. 会计档案　　　　D. 发票

2. 各单位每年形成的会计档案，应当由(　　)按照归档的要求，负责整理立卷，装订成册，编制会计档案保管清册。

　A. 会计机构　　　　B. 档案室　　　　C. 工商局　　　　D. 税务局

3. 当年形成的会计档案，在会计年度终了后，可暂由会计机构保管(　　)。

　A. 1个月　　　　B. 1年　　　　C. 2个月　　　　D. 2年

4. 季度财务报告的保管期为(　　)年。

　A. 5　　　　B. 10　　　　C. 20　　　　D. 30

5. 银行对账单保管(　　)年。

　A. 5　　　　B. 10　　　　C. 20　　　　D. 30

6. 总账的保管期限为(　　)年。

　A. 5　　　　B. 10　　　　C. 20　　　　D. 30

二、多项选择题

1. 会计档案的内容包括(　　)。

　A. 会计凭证　　　　B. 会计账簿　　　　C. 财务报告　　　　D. 其他会计资料

2. 下列属于会计档案的是(　　)。

　A. 辅助账簿　　　　B. 月度财务报告　　　　C. 银行余额调节表　　　D. 请假条

3. 会计档案的保管期限分为(　　)。

　A. 不定期　　　　B. 定期　　　　C. 随机可取　　　　D. 永久

4. 下列属于永久保存的会计档案是(　　)。

　A. 中期财务报告　　　　　　　　B. 年度财务报告

　C. 会计档案保管清册　　　　　　D. 会计档案销毁清册

5. 下列哪些档案需要保管30年？（　　）

A. 现金日记账　　　　B. 银行存款日记账　C. 明细账　　　　　　D. 档案移交清册

三、判断题

1. 各单位一定要加强对会计档案的管理，确保会计档案资料的安全和完整，并充分加以利用。（　　）

2. 不按规定管理会计档案，致使会计档案毁损、灭失的应当受到法律的制裁。（　　）

3. 其他的会计凭证不属于会计档案。（　　）

4. 出纳人员可以兼管会计档案。（　　）

5. 重要的电子会计档案应当异地保管。（　　）

6. 会计档案的保管期限，从会计年度终了后的第一天算起。（　　）

7. 各单位的会计档案可以借出。（　　）

8. 本单位人员查阅会计档案需经单位领导批准。（　　）

9. 单位分立后原单位存续的，其会计档案应当由分立后的存续方统一保管，其他方可以查阅、复制与其业务相关的会计档案。（　　）

10. 会计档案的内容主要包括三部分：会计凭证、会计账簿、会计报表。另外还有其他一些会计材料。（　　）

参考文献

[1] 董京原.会计综合实训.北京：高等教育出版社，2015

[2] 李占国.基础会计.北京：高等教育出版社，2015

[3] 赵丽生.会计基础.北京：高等教育出版社，2014

[4] 会计从业资格考试大纲(修订).财办会〔2014〕13号